UTB 2251

W0088250

Eine Arbeitsgemeinschaft der Verlage

Beltz Verlag Weinheim und Basel
Böhlau Verlag Köln · Weimar · Wien
Wilhelm Fink Verlag München
A. Francke Verlag Tübingen und Basel
Paul Haupt Verlag Bern · Stuttgart · Wien
Verlag Leske + Budrich · Opladen
Lucius & Lucius Verlagsgesellschaft Stuttgart
Mohr Siebeck Tübingen
C. F. Müller Heidelberg
Quelle & Meyer Verlag Wiebelsheim
Ernst Reinhardt Verlag München und Basel
Ferdinand Schöningh Verlag Paderborn · München · Wien · Zürich
Eugen Ulmer Verlag Stuttgart
Vandenhoeck & Ruprecht Göttingen
WUV Wien

Wieland Freund/
Winfried Freund (Hrsg.)

Der deutsche Roman
der Gegenwart

WILHELM FINK VERLAG MÜNCHEN

Die Deutsche Bibliothek – CIP-Einheitsaufnahme

Der deutsche Roman der Gegenwart / Hrsg.: Wieland Freund;
Winfried Freund. – München: Fink, 2001
(UTB für Wissenschaft; 2251)
ISBN 3-8252-2251-9
ISBN 3-7705-3594-4

© 2001 Wilhelm Fink Verlag GmbH & Co. KG
Ohmstraße 5, 80802 München
ISBN 3-7705-3594-4

Printed in Germany.
Herstellung: Ferdinand Schöningh GmbH, Paderborn
Einbandgestaltung: Atelier Reichert, Stuttgart

UTB-Bestellnummer: ISBN 3-8252-2251-9

Inhaltsverzeichnis

Einzelanalysen

Vorbemerkung

Serienbildung erleichtert das Geschäft. Ein Band über den deutschen Roman der Gegenwart nimmt von vornherein nur in den Blick, was in deutscher Sprache geschrieben ist, Roman und gegenwärtig. Mag aber die Sprache noch ein unstrittiges Kriterium sein, was Roman ist, ist keineswegs mehr so sicher, und mit dem Begriff der Gegenwart zu operieren schließlich ist bereits tollkühn. Sei es drum. Eine Genrediskussion erspart sich dieser Band, und was die Gegenwart betrifft: Die hier beschriebenen Romane sind mit wenigen Ausnahmen seit 1989 erschienen, einer Zeitenwende, die immerhin auch die Literatur nicht ganz unberührt ließ.

Daß die hier getroffene Auswahl trotzdem problematisch ist (und deshalb hoffentlich anregend), verdankt sich nicht zuletzt dem Boom deutschsprachiger Literatur im vergangenen Jahrzehnt. Der war lang ersehnt, und deshalb bedanken sich die Herausgeber dafür, daß sie die Qual der Wahl hatten. Nicht zuletzt bei denen, die am Prozeß des Literaturmachens beteiligt sind. Den Autoren in erster Linie, den Lektoren natürlich, den Kritikern und den Literaturwissenschaftlern auch. Vertreter aller vier Gruppen sind an diesem Band beteiligt. In einer ihrer vornehmsten Funktionen. Als Leser nämlich.

Wieland Freund

Nach dem Nach.
2001: A Literary Odyssey

Auch das war 1995: der deutsche Großschriftsteller und der deutsche Großkritiker gingen wieder einmal aufeinander los. Der eine hatte wieder einmal einen gewichtigen Roman veröffentlicht, der andere hatte ihn wieder einmal verrissen. Das ging seit über dreißig Jahren so, und wer in die Herrschaftszeit dieser beiden hineingeboren war, kannte es schlicht nicht anders. Ein wenig anders aber war es schließlich doch. Anders als 1959 (zum Beispiel und jenseits aller Zahlenspiele), als der deutsche Noch-nicht-Großschriftsteller Günter Grass einen Roman mit dem Titel „Die Blechtrommel" veröffentlichte und der deutsche Noch-nicht-Großkritiker Marcel Reich-Ranicki diesen verriß. 1959 war „Die Blechtrommel" ein wichtiges Buch, und Reich-Ranickis Kritik beanspruchte genau den Platz, der einer Rezension zusteht: einige Zeilen in der Zeitung. 1995 war „Ein weites Feld" vor allen Dingen „der neue Grass", und Reich-Ranicki zerriß den Roman ganz buchstäblich – und zwar auf dem Titelbild des Nachrichtenmagazins Der Spiegel.

Was war geschehen? Zweierlei. Erstens: Zwischen 1959 und 1995 hatte der große Medienzirkus eröffnet. Zweitens: Eine ehemals übermächtige Literaturgeneration war dabei, so lauthals wie unfreiwillig Abschied zu nehmen. Wenn 1959 das Boom-Jahr der deutschen Nachkriegsliteratur war, in dem Grass' „Blechtrommel", Johnsons „Mutmaßungen über Jakob" und Bölls „Billard um halbzehn" erschienen, dann war 1995 das Jahr des Generationswechsels. Ein letztes Mal gerieten die alten Protagonisten aneinander, bevor der Nobelpreis für Grass den Streit in die Stille der Historie verabschiedete. Gleichzeitig erschienen

Thomas Brussigs „Helden wie wir", Schelmen-Roman der untergegangenen DDR, Christian Krachts „Faserland", Roman der Affirmation statt der Kritik, und Marcel Beyers „Flughunde", Roman der unerlebten Vergangenheit. Spätestens 1995 also war die Epoche der Nachkriegsliteratur zu Ende, sechs Jahre nachdem mit dem Fall der Mauer die Nachkriegszeit zu Ende gegangen war. Spätestens 1995 begann eine neue Epoche, eine nach dem Nach.

Zuvor war vor allem Weh und Klagen. Der neue Lenz, der neue Grass, der neue Walser wollten die Lesebedürfnisse nicht mehr recht befriedigen. Neu in den zeitgenössischen Kanon aber hatten es maximal Peter Handke geschafft und Botho Strauß. Die Literatur der Gegenwart galt als defizitär. Vor allem deshalb, weil es keinen Platz für sie gab. Einmal, 1985, machte ein 36jähriger Autor namens Patrick Süskind von sich reden, aber sein postmoderner Roman „Das Parfum" war leicht abqualifizierbar. Er hatte nämlich weltweit großen Erfolg. In der Logik des Nachkriegsliteraturbetriebs hieß das: Er war trivial und damit nicht weiter gefährlich. Wieder einmal blieb der längst überfällige Generationswechsel aus. Die literarischen Meinungsführer machten weiter: der neue Lenz, der Grass, der neue Walser. Alles beim Alten? Nicht alles.

Auch das war 1995: Christian Döring – damals Lektor im Nachkriegsverlag par excellence, dem Haus Suhrkamp nämlich, und später mitverantwortlich für das neue Nachnachkriegsliteraturprogramm des Dumont Verlags – gab ein Taschenbuch heraus mit dem programmatischen Titel: „Deutschsprachige Gegenwartsliteratur. Wider ihre Verächter". Darin machte vor allem Jochen Hörisch deutlich, was sich tatsächlich verändert hatte zwischen '59 und '95: „Die literarischen Neuerscheinungen der letzten Jahre", schrieb Hörisch, „sind nicht grundsätzlich ‚schlechter' als die um 1960. Aber ihre mediale Konkurrenz ist ‚besser' geworden – und effektvoller sowieso. Die Gegenwartsliteratur hat ausschlaggebende Funktionen an Film und Fernsehen verloren." Nicht die deutsche Gegenwartsliteratur also war in der Krise, sondern die Literatur hatte ihre Rolle als Leitmedium eingebüßt. Die Nachnachkriegsliteratur trat an unter völlig veränderten medialen Voraussetzungen. Anders als der Großkritiker der Nachkriegsliteratur, der sich – egal ob auf dem Spiegel-Titel oder im öffentlich-rechtlichen Fernsehen – zum Kasper der neuen Mediengesellschaft machen ließ, wußte sie davon. Ob es sich um Christoph Ransmayrs „Die letzte Welt" handelt oder Marcel Beyers „Flughunde": ohne Reflexion seiner medialen Bedingtheit kommt kein Roman der Gegenwart aus.

Wie groß die Sehnsucht nach einer neuen Erzähler-Generation war – die begeisterte Aufnahme von Ransmayrs „Die letzte Welt" im Jahr 1988 macht es deutlich. Sofort wurde der Roman zum postmodernen Klassiker erklärt – sein Anknüpfen an die Antike machte das auch dem Nachkriegsliteraturapparat leicht. Dann kamen die Zeitläufte zu Hilfe. Der November '89 machte alles neu. Nur war die Literatur langsamer als die Debatten, die nun so heftig um sie geführt wurden. Daß in diesem Jahr '89 der durchaus programmatisch lesbare Debütroman Thomas Hettches erschien, „Ludwig muß sterben", fiel noch nicht weiter auf. Dabei kapitulierte gerade dieser Text vor der erzählten Geschichte. Ein Postmoderner plädierte hier, gegen alle ‚avantgardistischen' Zweifel, für die Rückkehr des Erzählens.

Bis ein Bewußtsein davon die literarische Öffentlichkeit buchstäblich erreichte, vielleicht dauerte das bis 1996, als die von Martin Hielscher herausgegebene Anthologie „Wenn der Kater kommt" erschien. Ihr Untertitel war programmatisch: „Neues Erzählen", lautete der, und die versammelten 38 deutschsprachigen Autorinnen und Autoren waren in vielen Fällen eben jene, die den soeben begonnenen Boom deutscher Gegenwartsliteratur trugen oder tragen würden: Helmut Krausser, Karen Duve, Georg M. Oswald, Katja Lange-Müller, Burkhard Spinnen und ... und ... und ...

Keineswegs zufällig erschien diese Anthologie im Kölner Verlag Kiepenheuer & Witsch. Denn dort wurden auch die Werke der Amerikaner Bret Easton Ellis und Don DeLillo verlegt, die – neben Raymond Carver, der damals noch im Original rezipiert werden mußte – einen immensen Einfluß hatten auf die deut-

sche Literatur nach 1989. Bei ihnen – natürlich nicht nur bei ihnen – knüpfte das zeitgenössische Schreiben, das sogenannte
„neue" Erzählen an. Jene, die über Jahrzehnte für die literarischen Schlagzeilen gesorgt hatten, Grass, Lenz, Walser, Böll
(und nicht: Johnson, Hildesheimer, Arno Schmidt), blieben
ohne Einfluß auf die nachfolgende Generation. Geschrieben
wurde maximal in Opposition zu ihnen.

Diese Opposition – nirgends wird sie deutlicher als in dem
Teil der sogenannten Pop-Literatur, deren Gemeinsames es ist,
die Gegenwart bis zum Zynismus zu affirmieren. Ihr Protagonist, Christian Kracht, publizierte natürlich auch im Verlag Kiepenheuer & Witsch und tat am Ende nicht mehr, als das Konzept Bret Easton Ellis' ins Deutsche zu übertragen. Der Roman
„Faserland" bedeutete die offene Provokation sowohl der unmittelbaren Nachkriegs- als auch der Protestgeneration. Die Literatur der Affirmation, die mit Kracht in Deutschland an Boden gewann und deren Vertretern Florian Illies den Namen „Generation Golf" verpaßte, setzte gegen die Konsumkritik den
Konsum, gegen die notorische Jugendbewegtheit der Protestgeneration die kapitalistischen Symbole des Wohlstands und der
Wohlgesetztheit und gegen die Vergangenheitsbesessenheit der
Nachkriegsliteratur schließlich die Vergangenheitsvergessenheit
der Pop-Kultur.

Dabei ist gerade die deutsche Vergangenheit auch in der Literatur der unmittelbaren Gegenwart lebendig. Nur ist diese
Vergangenheit nicht erlebt. Autoren wie Ransmayr, Beyer und
W. G. Sebald wird die Möglichkeit der Spurensuche deshalb
notwendig immer selbst zum Thema, gleich ob sie wie Sebald
manisch die Fragmente des Gestern im Heute aufspüren oder
wie Ransmayr in „Morbus Kitahara" die Geschichte eine Ab-
zweigung in den Raum der Fiktion nehmen lassen oder wie Beyer
die medialen Voraussetzungen der Aufzeichnung von Vergangenheit grundsätzlich überprüfen.

Natürlich ist der Boom der Gegenwartsliteratur nicht auf den
Roman beschränkt. Sogenannte junge deutsche Literatur lebt
auch in anderen Erzählformen – der Short Story vor allem, aber

auch der Novelle –, in der Lyrik natürlich und sogar zu Teilen
im Drama. Dennoch – das Objekt ganz außerliterarischer Sehnsüchte bleibt der Roman. Zuletzt gezeigt hat das im Jahr 2000
die Debatte um Michael Kumpfmüllers „Hampels Fluchten".
Dieser Text, so hieß es in der FAZ, sei „wahrscheinlich der deutsche Roman, den alle so ersehnen". Natürlich war er das nicht.
Was dort ganz ungeniert ersehnt wurde, war nämlich die Rückkehr des repräsentativen Romans, der „groß" ist und „deutsch",
ein Nationalroman für die Berliner Republik am Ende. Doch es
ist Verlaß auf die Literatur: dieser Roman wird nicht geschrieben werden. Das Buch wird nie wieder Leitmedium einer Gesellschaft und somit repräsentativ sein. Der deutschsprachige
Roman der Gegenwart hat das als jene berühmte Chance begriffen, die man nicht hat und deshalb nutzen muß.

Übersichtsdarstellungen

Guido Graf

„Was ist die Luft unserer Luft?"
Die Gegenwart der Vergangenheit in neuen deutschen Romanen

> „Gerade das aufgeklärte Denken gewährt dem My-
> thos Raum: Den Schrecken beschreibt das Hebel-
> gesetz ..., doch wer die Sprache der Vögel versteht,
> wird seinerseits nicht mehr verstanden. Lustig im
> Leid sing' ich von Liebe; wonnig ans Weh web' ich
> mein Lied: Nur Sehnende kennen den Sinn. So hören
> die Geschichtslosen es raunen ..."
> *Alban Nikolai Herbst, Wolpertinger oder Das Blau*

Es gibt Fragen, die zerreißen einem das Herz. Wo die Literatur
unsere poröse Gegenwart mit dem Sandstrahl der nationalsozia-
listischen Vergangenheit Deutschlands konfrontiert, werden,
wenn es denn gelingt, eben diese Risse sichtbar, und die Instru-
mente, die dazu eingesetzt werden, sind immer wieder diese
Fragen, die imstande sind, beruhigte bundesrepublikanische
Gefühlswelten zu zerstäuben. Nicht nur die Verwerfungen zwischen den Generationen sorgen immer wieder dafür, daß
Schriftsteller Fragen an die Vergangenheit stellen, um das Ver-
schüttete und Verdrängte wieder sichtbar zu machen. Immer

geht es dabei auch und gerade um den Versuch, die eigene Gegenwart überhaupt erst zu verstehen, ihr das Risiko einer Tiefen-
struktur zuzugestehen, auf die Gefahr hin, von Strudeln und
Obsessionen erfaßt zu werden, die im glücklichsten Fall für Stagnation im Hier und Jetzt sorgen. Allzu selten entkommen die
diesbezüglichen Echokonstruktionen der Romanliteratur einer
für leichte Abfuhr von Widersprüchen geeigneten Ökonomie
aus Schuld und Anklage. Komplexitätsreduktion der Sujets und
Plots sorgt für politische und didaktische Korrektheit. Wo die
Literatur statt Entlastung den Weg einer historischen und emo-
tionalen Dekonstruktion, eines offenen Resonanzraums wählt,
kommen die Fragen so schnell an kein Ende.

„Was ist die Luft unserer Luft?" Um diese Frage windet sich
das ganze Leben von Christian Rauch, dem Ich-Erzähler von
Thomas Lehrs Buch mit dem beunruhigend zarten Titel „Frühling" (2001). Und hinter dieser einen Frage lauern weitere, auf
die es keine Antwort gibt. Rauchs älterer Bruder hat sich mit
siebzehn vor einen Zug geworfen, und von Rauch selbst erleben
wir die letzten neununddreißig Sekunden vor seinem eigenen
Tod. Neunundreißig kurze Kapitel, rückwärts gezählt. Ein Film
in extremer Zeitlupe, „ein hoffnungsloses Hin- und Herruckeln
eines einzigen Motivs". Ein ganzes Leben zieht vorbei, es flieht
durch alle Ritzen der wenigen verbleibenden Zeit nach dem
Schuß, der ihn getroffen hat. Immer wieder rückt das eine Erin-
nerungsbild ins Zentrum. Der elfjährige Rauch kommt mit seinem drei Jahre älteren Bruder vom Angeln nach Hause. Sie haben zwei Fische im Fahrradkorb und noch am Wasser, beim Einholen der Angelschnüre, fragt Rauch den Bruder: „wenn man uns
angelt was ist dann die Luft unserer Luft?" Was dann geschieht,
begreift der Junge nicht. In der Einfahrt – an das Knirschen von
Kies kann er sich noch erinnern – stehen sich der Vater und ein
Fremder gegenüber, schauen sich voller Entsetzen und Wut an
und schweigen. Die Kinder werden ins Haus geschickt, auch der
Vater kommt nach, doch der Fremde bleibt, er zieht sich nackt
aus und bleibt im Garten stehen.

Das Ungeheuerliche dieser Szene ahnt Rauch, doch klammert

er sich sein Leben lang an das Recht, nicht begreifen zu müssen,
was seinen Bruder, der den Fremden dann befragt hat, in den
Abgrund trieb, auf die Schienen, in den Tod. Wo der eigene Tod
heranrast, wird alles durchsichtig, wird sich Rauch selbst ein
Schrecken, als er ausspricht, daß der Fremde ein überlebender
KZ-Häftling war und der Vater ein SS-Arzt. „Versprengte
Wortnomaden" aus „betäubten Gehirnschichten" suchen sich
verzweifelt einen Weg, in Sprache zu fassen, was an Schrecken
alles auflösen will. Was Rauch noch sieht an sich, ist ein Mensch
aus Schatten und Scham, dem jede kleinste Geste zur Lüge geraten ist, der selbst Arzt werden wollte, ein „Arzt ohne Berührung", und dann in einen Pharmabetrieb eingeheiratet hat.

Ein Grab in den Lüften, da liegt man nicht eng: Rauch hat
den Namen seiner Frau angenommen, um der ewigen Delega-
tion durch den Vater zu entkommen. Doch was ihn verfolgt,
spricht auch noch aus diesem Namen, eine Wahrheit, die alles
zerstört. Auch die Sprache, in der Thomas Lehr erzählt: Der ver-
rinnende Erzählrhythmus, die Sätze werden in kleinste Bestand-
teile seziert, unwillkürlich tauchen Passagen in durchgängige
Kleinschreibung ab. All das geschieht mit größter Ökonomie
und Genauigkeit, buchstabiert ein fragiles Alphabet des Entset-
zens.

In seinen Romanen „Zweiwasser", „Die Erhörung" und „Nabokovs Katze" hat Thomas Lehr seine erzählerische Souveränität mit komplexen Versuchsanordnungen demonstriert. Doch
hier kommt eine neue Erfahrung hinzu: das Gefühl der Vernichtung. Lehr hat eine Sprache dafür gefunden. Er macht dem Leser fühlbar, wofür es, so Rauch im siebten Abschnitt vor dem
Ende, keine Erklärung gibt, zumal nicht für Kinder: „es. Ist etwas in. Unser Haus gekommen wie. Eine Kälte Starre eine ge-
staltlose bedrohung ein ständiges zerbrechen von dingen deren
vorhandensein man gar nicht bemerkt hat und deren scherben
laulos fallen und unsichtbar."

In den letzten Atemzügen sehnt sich Rauch danach, endlich
seinem Bruder folgen zu können, und weiß zugleich, daß er es
hätte anders machen müssen. Doch fühlt er, wie seine Lebenszeit

zerteilt worden ist, der Riß, den er zu sehen bekommen hat, geht mitten durch ihn hindurch, weil es keine Alternative gibt. Ihm scheint die Antwort auf die Frage, was sein Vater getan hat, ebenso tödlich wie die Nichtbeantwortung: zwei Brüder, die sich jeder auf ihre so vollkommen verschiedene Art selbst zu fanatischen Waisen machten, um die Eltern in sich zu begraben, „damit sie uns nicht ermorden konnten aber sie schafften es doch". Beides, der Selbstmord des Bruders, die eigene, lebenslange Amnesie, waren Lügen, Schutz vor dem Wissen, das sie sich hätten erarbeiten müssen. Statt wegzulaufen, hätten sie suchen können: „was ich nicht wissen mochte: das ist in mir ein abgrund geworden der mich verschlungen hat in mehr als dreißig jahren unerbittlich bei lebendigem leib." Am Ende der neununddreißig Sekunden steckt dem Leser ein Luft abschnürender Schrecken in den Gliedern, von einem Todeslauf durch die Zeit, durch das gleißende Licht der Erinnerung, zu einer Kinderfrage, in der Verzweiflung leicht wird: „was ist die: luft unserer luft?"

„Ist das Herr Karnau, der jetzt zu uns kommt?" Der Stimmenforscher und -sammler Hermann Karnau hört sich die Aufnahmen von Wachsmatrizen an, die er in den letzten Tagen des Zweiten Weltkriegs im sogenannten Berliner Führerbunker von den sechs Kindern der Familie Goebbels angefertigt hat, die eben dort ermordet wurden. Am Ende wird das Atmen von sechs Kinderlungen immer leiser, bis es ganz erlischt. Den letzten vollständigen Satz, den er von der Aufnahme verstehen kann, ist diese Frage: „Ist das Herr Karnau, der jetzt zu uns kommt?" Karnau ist sich einigermaßen sicher, daß es Helga ist, die diese Frage spricht, die älteste der Schwestern.

Der Leser von Marcel Beyers Roman „Flughunde" (1995) weiß zu diesem Zeitpunkt, was Karnau zu erinnern sucht. Denn Beyer verschränkt in seinem Buch zwei Erzählstimmen: die von Karnau und eben die von Goebbels' Tochter Helga. Die letzten Minuten ihres eigenen Lebens und von dem ihrer Geschwister hören wir, so scheint es, von ihr. Doch das nachträgliche akusti-

sche Tasten Karnaus, vom Schmerz über die letzte Frage schier
zerrissen, wirft ein anderes Licht auf die Konstruktion des Romans. Im Juli 1992, so erzählt Beyer, wird zufällig im städtischen
Waisenhaus in der Nähe des Dresdener Hygienemuseums ein
altes Schallarchiv entdeckt. Unter anderem lagern dort einige in
Papier geschlagene Schallplatten mit genau den Aufnahmen aus
dem Bunker. Der Keller des Dresdener Waisenhauses ist ein Ort
des Schreckens. Auch mit Hilfe von Karnaus Informationen, der
nach dem Krieg untertauchen konnte, wird alsbald klar, daß hier
grauenvolle medizinisch-akustische Experimente veranstaltet
worden sind. Gerade hier ist nun die sachlich berichtende Stimme eines Erzählers von geradezu gepreßter Uneigentlichkeit zu
vernehmen, der sonst nicht in Erscheinung tritt oder, wie nun zu
vermuten ist, sich hinter die Stimmen von Karnau und Helga zurückzieht. Auf diese Weise erfahren wir von einem Aufnahme-
studio, das „aus einem gekachelten, neonbeleuchteten Raum
besteht, der seiner Ausstattung nach einem Operationssaal entspricht: Unterhalb der Mikrophonanlage steht ein OP-Tisch mit
herabhängenden, rotbraun verklebten Gurten". In die Blutbah-
nen wurden Sonden eingeführt, um Körpergeräusche aufzunehmen. Karnau hört seine Aufnahmen nun nach fast fünfzig Jahren
wieder. Doch diese Vergegenwärtigung ist nicht die einzige. Was
wir zuvor gelesen haben, müssen genauso Mitschnitte sein wie
das, was dann folgt. Vierzig Seiten, die nur die Stimme Helgas
enthalten, die von den letzten Tagen im Bunker erzählt. Es ist
dieselbe Stimme wie zuvor, als Beyer sie noch im Wechsel mit
Karnau hat auftreten lassen. Die Stimmen, die uns im Verlauf
des Romans immer eindringlicher, geradezu im körperlichen
Sinne die innere Resonanz des vergangenen Schreckens hörbar
und lesbar machen, kommen aus unvermuteter Nähe, aus einer
Gegenwart, die wir teilen mit dem Autor und dem greisen Karnau, dem halb realitätsblinden Hörmonster, der wie durchlässig
scheint für die Oberflächen der Dinge und Menschen, mit denen
er in seinem Leben zu tun bekommt. In alles lauscht er hinein,
und sei es mit einer Gewalt, von deren Grausamkeit er nichts zu
verstehen scheint. Leid ist ihm nur vorstellbar als still, taub und

stumm. Goebbels' Kinder lernen Karnau zu lieben, und wie sie
macht Beyer uns als Leser und Hörer durch die perspektivische
Reduktion seiner Romankonstruktion zu Gefangenen von Karnaus Lauschangriffen. Mehr noch, wir hören eigentlich nur das,
was uns Karnau hören lassen will, wir nehmen teil an dem lust-
vollen Schauder des Stimmensammlers. Was vergegenwärtigt
wird, sind Stimmen, und was wir hören, zielt ins Innerste, ins
Herz, und bringt um den Verstand, wer die zugehörigen Bilder
damit abklären will. Das Abstoßende dieser Resonanzen bleibt,
wie es ist. Und doch stellt sich – was vielleicht das eigentlich
Unerhörte an Beyers Roman ist – spätestens, als Karnau bei
Kriegsende Instruktionen erhält, wie er sich verhalten soll, falls
er von den Feinden Deutschlands aufgegriffen wird, die Frage,
wieviel Inszenierung die Vergangenheit verträgt, was an Gegenwart noch möglich ist, wenn die Abgründe, in die uns die Spuren
der Stimmen von Opfern und Tätern führen, nie mehr auszulo-
ten sind. „Vordringlichste Aufgabe ist es nun, wie ein Opfer
sprechen zu lernen. Erinnern Sie sich genau an die Worte, den
Satzbau, den Tonfall Ihrer eigenen Versuchspersonen, rufen Sie
sich das alles ins Gedächtnis. ... lassen Sie Pausen im Sprachfluß,
als sei Ihnen Grausames widerfahren, dessen Beschreibung Sie
nicht über sich bringen – und lassen Sie in ihrer Rede genau dieses vermeintliche grausame Geschehen aus." Was der Arzt
Stumpfecker hier fordert, formuliert nichts anderes als das Kon-
struktionsprinzip von Beyers Roman. „Sie müssen jetzt lernen,
genau das zu tun, was Sie an anderen immer angewidert hat, ein
Abscheu, der überhaupt erst Anlaß Ihrer Tätigkeit gewesen ist:
Sie müssen stottern, aussetzen, Worte verfehlen. Wir werden leider übergangsweise unter der Herrschaft gebrochener Stimmen
stehen." Diese Herrschaft, das ist Beyers beunruhigende Botschaft, dauert an.
    „Eine Stimme fällt in die Stille des Morgengrauens ein." Der
Roman beginnt mit einem Satz, der auf den ersten Satz eines
anderen Romans anspielt, der den Zweiten Weltkrieg zwar in anderen Kontexten bespielt, aber doch eben auch in dem Zusammenhang von Krieg und Medien. Thomas Pynchons Roman „Die

Enden der Parabel" („Gravity's Rainbow", 1973) beginnt mit
dem Satz: „Ein Heulen kommt über den Himmel". Beyers
Hommage annonciert in jedem Fall die Einsicht, daß der Krieg
die Medien und Technologien hervorbringt, die er benötigt.
Schreibmaschine, Radio oder Internet wurden in ihren Grund-
formen zu kriegstechnischen Zwecken entwickelt. Und zu dieser
medienhistorischen Konstante gehört offenbar auch eine Ökonomie des Vergessens, deren grausige Anteile uns Beyers „Flughunde" bisweilen brutal vor Augen führen. Die Frage der Kinder am Ende, die ihren Mörder erwarten, nach Karnau muß –
wie alle diese Fragen – ohne Antwort bleiben. Karnau scheint wie
ein Hohlkörper, am liebsten würde er in sich selbst verschwinden: „Ich stehe mir selber gegenüber wie einem Taubstummen:
Es gibt da einfach nichts zu hören, und auch die Gesten und die
Mimik kann ich nicht verstehen. Mit Ende Zwanzig eine noch
ungravierte, glatte Wachsmatrize, wo sich andern längst unzähli-
ge Spuren eingeprägt haben .... Keine erkennbare Vergangenheit, und nichts, das mir widerfährt, nichts in meiner Erinnerung
könnte zu einer Geschichte beitragen." Immer wieder kommt
die Sehnsucht auf, alles auszulöschen. Gemeint ist jedoch lediglich der Wunsch nach der reinen Stimme, einer Stimme reiner
Innerlichkeit, ohne Körper, ohne Licht und ohne Bilder, ohne
Kontext und ohne Widerstände, außerhalb der Zeit, in ewiger
Gegenwart.

Im selben Jahr wie „Flughunde" erschien Bernhard Schlinks
„Der Vorleser" (1995), eines der erfolgreichsten deutschsprachigen Bücher der neunziger Jahre. Der Roman steckt voller Fragen, die keine Antwort haben wollen. Sie sind anrührend bisweilen, aber davor, herzzerreißend zu sein, schützt sie ihre Parabel-
haftigkeit. Die Geschichte spielt in der deutschen Nachkriegszeit und erzählt von der Liebesbeziehung zwischen einem 15jäh-
rigen Schüler und einer erheblich älteren Straßenbahnschaffne-
rin, von der sich im Verlauf des Romans herausstellt, daß sie
Wärterin in einem KZ war und viele Menschenleben auf dem
Gewissen hat. Das Buch besteht vor allem aus Ersatzhandlun-

gen, und die ersten sexuellen Erfahrungen des jungen Ich-Erzählers gehören dazu. Verfolgt man die oft enthusiastischen Reaktionen auf diesen Roman, ist bemerkenswert, daß die eigentliche
Provokation darin zu liegen schien, daß ein vermeintlich nicht
altersgemäßer sexueller Verkehr geschildert wird und diese
Übertretung zusätzlich noch dadurch belastet wird, daß das
Objekt der Begierde Schuld auf sich geladen hat. Schuld und
Liebe scheinen einander auszuschließen, bis der Jura-Student gewordene Ich-Erzähler Hanna Schmitz in einem Kriegsverbre-
cherprozeß als Angeklagte wiedertrifft. Nachdem im Namen des
Volkes ein Urteil ergangen ist, schickt er der ehemaligen Geliebten Aufnahmen ins Gefängnis, wo sie hören kann, wie er ihr vor-
liest, ganz so wie früher, quer durch die Weltliteratur. Was sie
sagt, teilt uns der Erzähler nur selten mit. Sie kann wohl nur ein
einsilbiges Wesen sein, damit sie ihm genügend moralische Projektionsfläche bieten kann. Was ihm als Kind nie aufgegangen
ist, wird ihm während des Prozesses plötzlich klar: Hanna
Schmitz kann nicht lesen und schreiben. Mit dieser Konstellation pervertiert Schlink das alte romantische Modell von der
buchstabilen Erziehung der Frauen durch die Muttersöhne. Re-
gelrecht fraglos bleibt, was sich hier gegen die Kontinuität dieses Modells sperren soll: ein Vakuum namens Auschwitz.

Nahezu jedes der kurzen Kapitel von Schlinks Roman endet
mit moralischen Reflexionen, die vor diesem Hintergrund, der
ja eigentlich nichts als eine einzige Aussparung bleibt, eine aus-
bleibende Konfrontation, etwas unangenehm Erbauliches bekommen. Unterderhand, so scheint es bisweilen, soll doch noch
eine Art Bildungsroman dabei herauskommen. Schlink läßt seinen Leser Revue passieren, welche Etappen das Leben seines
Protagonisten nach dem einen Sommer der frühen und dann ab-
gebrochenen und nie wieder erreichten Liebe mit der ungekann-
ten KZ-Wärterin durchlaufen hat. Und natürlich bietet gerade
die juristische Laufbahn allerlei Anlaß für korrekte Aufarbei-
tung. Immer wieder taucht dabei zwar der Begriff Flucht auf für
den melancholisch-unbeteiligt beschrittenen Weg. Doch spiegelt der Roman an solchen Stellen eine derart in sich beruhigte

Trauer- und Betroffenheitshaltung vor, die nur als Regression
erklärbar ist: „Nun ist Flucht nicht nur weglaufen, sondern auch
ankommen. Und die Vergangenheit, in der ich als Rechtshistori-
ker ankam, war nicht weniger lebensvoll als die Gegenwart. Es
ist auch nicht so, wie der Außenstehende vielleicht annehmen
möchte, daß man die Lebensfülle nur beobachtet, während man
an der gegenwärtigen teilnimmt. Geschichte treiben heißt Brük-
ken zwischen Vergangenheit und Gegenwart schlagen und beide
Ufer beobachten und an beiden tätig werden. Eines meiner For-
schungsgebiete wurde das Recht im Dritten Reich, und hier ist
besonders augenfällig, wie Vergangenheit und Gegenwart in eine
Lebenswirklichkeit zusammenschießen. Flucht ist hier nicht die
Beschäftigung mit der Vergangenheit, sondern gerade die ent-
schlossene Konzentration auf Gegenwart und Zukunft, die blind
ist für das Erbe der Vergangenheit, von dem wir geprägt sind
und mit dem wir leben müssen." Für Verzweiflung ist hier kein
Raum. Vielmehr formuliert Schlink ein Konzept für Wiederho-
lungstäter sehnsuchtsheißer Pubertätserlebnisse. Die Ankunft in
der Vergangenheit wird zum Schutzschild gegen Zukunft und
Gegenwart. Was in diesem Roman als Bekenntnis auftritt, dient
mindestens auch dem wohlinszenierten Einfrieren einer lebenslangen narzißtischen Kränkung. Die Erinnerung an Leidenschaft
und Mitleid muß einstehen für eine versäumte Konfrontation
mit den Schrecken, die sich hinter den Chiffren verbergen, die
im Schatten der Liebesgeschichte liegen. Viele Fragen des „Vor-
lesers" beginnen mit „Warum?", doch keine von ihnen bleibt
letztlich davon verschont, mit Antworten zugeschüttet zu werden, die sie nicht einmal verlangen.

„Was ist mit Euch? Was ist das für ein Leiden?" Irgendwann
kann Bering, der als Kind nur wie ein Vogel schrie, in Christoph
Ransmayrs ebenfalls 1995 erschienenem Roman „Morbus Kitahara" diese Fragen Ambras stellen, dem ehemaligen Zwangsar-
beiter und dann Verwalter des Steinbruchs und damit Herrscher
von Moor, einem Badeort an einem Bergsee, nun, nach Ende des
großen Krieges, am Rande der zivilisierten Welt. Ambras, der

Hundekönig genannt wird, weil er sich furchteinflößend mit einer Schar von Doggen und ähnlichen Hundetieren umgibt, hat Bering zu seinem Leibwächter gemacht. Hinzu tritt Lily, eine Schmugglerin und Tochter eines Schergen des einstigen Regimes. Gespräche finden zwischen ihnen eigentlich nie statt, alles wird nur hervorgepreßt, jeder geht seiner Wege durch das wüste Land, das Ransmayrs kunstfertig staffierte Apokalypse entwirft. Was bei Schlink noch Züge einer moralinen Parabel trug, steigert Ransmayr in mythische Dimensionen. Die Zeit soll endlich rückwärts laufen und alles Zerschlagene wieder zusammenfügen. Dazu bedarf es einer Stimme, die Mythen erzählen kann, und um nichts anderes ist Ransmayr stetig bemüht. Er umschreibt das mit der Fähigkeit, im größten Lärm noch eine plötzliche Stille zu entdecken, in der die Welt, „in der *alles* anders war", auf geheimnisvolle Weise nah ist.

In diesen absoluten Größenordnungen wird alles auch klein. Vor den Verwandlungen, Maskierungen oder auch nur Travestien, denen Ransmayr Kriegswahn und Naziverbrechen unterzieht, wird ihr Schatten in der Wirklichkeit merkwürdig blaß. Daß die Vergangenheit noch lange nicht vergangen ist, wird dem verwahrlosten und rohen Volk von Moor ebenso eingetrieben wie dem Leser. Die Befreier, die nun die Besatzer sind, errichten zur Mahnung an die tausenden Toten, die im Steinbruch von Moor umkamen, ein riesiges Mal aus Steinlettern, eine permanente Anklage der Täter und der Überlebenden. Außerdem läßt Ransmayr in seiner Fiktion, unter anderem Namen, den Plan des einstigen amerikanischen Finanzministers Henry Morgenthau Wirklichkeit werden, das besiegte Deutschland in einen rückständigen Bauernstaat ohne jede Industrie zurückzuwerfen. Von dem wenigen, das Ambras von seinem eigenen schrecklichen Schicksal erzählt, bleibt da nicht viel übrig. Mit jedem kleinsten Detail scheinen Verschlüsselungen oder mindestens Verschiebungen aus der Realität in die Romanfiktion verbunden zu sein. Die Vergangenheit gerinnt zum Entschlüsselungsfatum der Gegenwart.

Bering stellt die Frage auch, für sich selbst: „Was ist das für

ein Leiden?" Eine wirkliche Antwort erfährt der Leser hier noch
weniger. Bering fürchtet zu erblinden: „Du willst wissen, woran
du leidest? ... Das mußt du dich selber fragen, mein Junge.
Worauf starrt einer wie du? Was will einem wie dir nicht aus dem
Kopf?" Die Diagnose lautet auf „allmähliche Verfinsterung des
Blicks": Morbus Kitahara, eine Krankheit, die sonst nur die bekommen, „die sich aus Angst oder Haß oder eiserner Wachsamkeit ein Loch ins eigene Auge starren, Löcher in die eigene Netz-
haut, undichte Stellen ... Was immer es ist, laß es los. Schau anderswo hin." Bering wird die Angst genommen, die Symptome
verschwinden wieder, nicht einmal Alpträume bleiben, allein die
apokalyptische Drift des Romans, die natürlich im Tod der drei
monadischen Protagonisten endet. Am Ende steht auch hier nur
eine ins Ornamentale gewendete Erlösungsphantasie, in der Vergangenheit und Gegenwart bodenlos und zukunftslos verschmelzen, in der nicht nur Bering schließlich loslassen kann,
hinein in eine Leere, in der alles leicht wird.

Was einem in inhaltlicher, kompositorischer wie sprachlicher
Hinsicht synthetischen Verfahren wie dem von Christoph Ransmayr entgegenzuhalten wäre, ist: Gleichzeitigkeit. Das Metamor-
phosenprinzip für den Roman trägt nicht der Einsicht Rechnung, daß Vergangenheit und Gegenwart durchaus auch neben-
einander her verlaufen können, daß die Zeit an einem Ort still-
stehen kann und anderswo jäh vergeht, daß sich die Überlebenden immer wieder stellen müssen, wollen sie ihren Gefühlen
Raum geben und sich mit den Toten verständigen, die außer der
Zeit sind.

„Aber wenn alles weiß sein wird, wie wissen dann die Eichhörn-
chen, wo sie ihren Vorrat verborgen haben?" Genau so hat, erzählt ihm seine ehemalige Kinderfrau in Prag, das Kind Jacques
Austerlitz immer von neuem gefragt, im Winter 1938. Seine
Geschichte erzählt W. G. Sebald in einem Buch, das eigentlich
gar kein Roman ist, aber eben die Frage stellt, was wir wissen
von der Vergangenheit, wie wir uns überhaupt erinnern und wie
wir dann damit weiterleben und davon erzählen können: diese

Fragen, die einem das Herz zerreißen können, gelten der Gegenwart. Der kleine Austerlitz wird nach diesem Winter fortgeschickt von den Eltern, nach London, er wächst bei Pflegeeltern in Wales auf, führt ein einsames Leben und beginnt erst spät zu entdecken, woher er eigentlich stammt, daß seine Mutter in Theresienstadt interniert war und 1944 in den Osten, in den Tod deportiert worden ist. Die Vergangenheit ist gegenwärtig in allen Dingen, in den Gefühlen, sie ist da als ungeheuerliche Angst: „Es nutzte mir offenbar wenig, daß ich die Quellen meiner Verstörung entdeckt hatte, mich selber, über all die vergangenen Jahre hinweg, mit größter Deutlichkeit sehen konnte als das von seinem vertrauten Leben von einem Tag auf den anderen abgesonderte Kind: die Vernunft kam nicht an gegen das seit jeher von mir unterdrückte und jetzt gewaltsam aus mir hervorbrechende Gefühl des Verstoßen- und Ausgelöschtseins. ... Ich glaubte aufschreien zu müssen und brachte doch keinen Ton über die Lippen, wollte auf die Gasse hinaus und kam nicht von der Stelle, sah mich tatsächlich einmal, nach einer langen, qualvollen Kontraktion, von innen zerspringen und Teile meines Körpers über eine finstere und ferne Gegend verstreut."

Das Spektrum von Romanen, die aus den Schrecken der Vergangenheit heraus die Gegenwart gefangennehmen oder auch nur beschreiben wollen, wiederholt in bemerkenswerter Weise immer wieder die gleichen Muster und Strategien: Generationenkonflikte, mythische Entrückungen, moralische Parabeln finden sich in der deutschsprachigen Romanliteratur nach 1945 zuhauf, sei es in den Büchern von Heinrich Böll, Wolfgang Koeppen oder Arno Schmidt in den frühen fünfziger Jahren oder in den Werken der sechziger und siebziger Jahre, die sich erstmals explizit der Väter- als Tätergeneration zuwandten. Die Bedeutung der Medien, der Sexualität und der Mythologie in den Romanen sind Modalitäten des Erzählens, die mit unterschiedlichem Erfolg das Problem der Gleichzeitigkeit im Epischen angehen, das eben auch ein Problem der Gleichzeitigkeit von Leid und Leben ist, wie ein Leben noch zusammenhängt, wenn Schuld es scheinbar längst zerfressen haben müßte.

Georg M. Oswald

Wann ist Literatur Pop?
Eine empirische Antwort

Die Geschichte des Wörtchens „Pop" in der deutschen Gegenwartsliteratur ist eine Geschichte der Mißverständnisse. Das liegt
schon an dem Begriff Pop selbst, der seine Strahlkraft unter anderem der Tatsache verdankt, daß er sich nicht definieren läßt –
und besser noch, daß seine ständige Neudefinition wesentlicher
Bestandteil seiner selbst ist. So wird man nicht einen Menschen
auf diesem Planeten finden, der leugnet, daß Phänomene wie
Andy Warhol und Madonna Pop sind – und keine zwei, die dies
gleich begründen.
  Es liegt aber auch daran, daß der Begriff Pop viel enger mit
der Produktion zeitgenössischer Musik verbunden ist als mit der
zeitgenössischer Literatur. Von Vergleichen zwischen Musik und
Literatur aber war noch nie viel zu halten.
  „Heute ist es schick, von Malerei im Musiker- und Literaten-
jargon und von Literatur im Malerjargon zu reden, als wenn es
im Grunde nur eine einzige Kunst gäbe, die sich unterschiedslos
in der einen wie der anderen dieser Sprachen ausdrückte, so wie
die Substanz Spinozas von jedem ihrer Attribute adäquat wider-
gespiegelt wird", schimpfte Jean-Paul Sartre 1948 in „Was ist
Literatur?", und daran hat sich bis heute nichts geändert.
  Was soll denn genau gesagt sein, wenn etwa der Schriftsteller
Matthias Politycki fordert: „Literatur muß sein wie Rockmusik"? Wie „ist" Rockmusik? „Ehrlich" und „hart", vielleicht?
Das glaubt wohl selbst Matthias Polyticki nicht. Aber auch diverse Gegenproben („Literatur muß sein wie Klassik", „Literatur muß sein wie Free-Jazz", „Literatur muß sein wie Fahrstuhl-
Musik") liefern keinen Sinn. Vielleicht erschöpft sich dieser ja in

dem – für manche Ohren – duften Klang von Polytickis Forderung.

Wann ist Literatur „Pop"? Die Frage läßt sich mangels Definition nur empirisch beantworten: Dann, wenn sie dafür gehalten wird. Bei Autoren wie etwa Rainald Goetz, Thomas Meinecke, Andreas Neumeister etwa schon deshalb, weil in ihren Texten Popmusik thematisch eine große Rolle spielt. Aber auch, weil ihre Texte in – höchst unterschiedlichen – Verfahren generiert werden, deren Referenzsystem neben dem Kosmos der Literatur das Paralleluniversum der Popmusik ist.

Die literarische Bezugnahme auf dieses Paralleluniversum wurde von der Mehrzahl der professionellen Literaturrezipienten in unserem Land lange als Tabubruch begriffen, als schlichtweg „unliterarisch".

Nachdem sich Rolf Dieter Brinkmann schon vor seinem frühen Tod 1975 von seiner einstigen Pop-Begeisterung distanziert hatte, gab es in Deutschland keinen popsozialisierten Schriftsteller mehr, der diese Erfahrung in den Mittelpunkt seiner Arbeit stellte. In dieser Hinsicht ist bei Rolf Dieter Brinkmann im übrigen das häufig zitierte „Rom, Blicke" viel weniger interessant als der kaum mehr gelesene, 1968 erschienene Roman „Keiner weiß mehr", die düstere, traurige Geschichte eines jungen Paares, das sich verliert, während um es herum deutscher Sechzigerjahremuff mit den frisch ins Land gekommenen Verheißungen des alles über den Haufen werfen wollenden Beats aufeinanderprallt. Obwohl dieser Roman nach seinem Erscheinen sogar von Marcel Reich-Ranicki – schon damals der prominenteste und einflußreichste Literaturkritiker in Deutschland – bemerkt und gelobt wurde, machte er keine Schule.

Erst durch einen Schnitt in die Stirn mit einer Rasierklinge kam Pop zurück ins Spiel. In der Ikonographie der deutschen Literaturgeschichte seit 1945 hat Rainald Goetz' Stirnschnitt beim Klagenfurter Literaturwettbewerb 1983 mittlerweile einen festen Platz, und vielen gilt er deshalb heute als geschickte mediale Selbstinszenierung, obwohl er damals als das genaue Gegenteil gemeint war, nämlich als besonderer Ausweis von Authentizität. „Ich schneide ein Loch in meinen Kopf, in die Stirne schneide ich das Loch. Mit meinem Blut soll mir mein Hirn auslaufen" war die Stelle aus „Subito", dem Text, den er in Klagenfurt vorlas, als er tatsächlich zum Schnitt ansetzte und dann, heftig blutend, weiterlas.

In „Subito" formulierte Goetz sein literarisches Programm gegen die herrschende, staatstragende Literatur des „BIG SINN": „Wir müssen etwas Wichtigeres tun. Wir müssen ihn kurz und klein zusammenschlagen, den SauSinn, damit wir die notwendige Arbeit tun können. Die ist was viel Schwereres, die notwendige Arbeit ist: die Wahrheit schreiben von allem, die keinen BigSinn nicht hat, aber notwendig ist, notwendig ist das einfache wahre Abschreiben der Welt."

Das „einfache wahre Abschreiben der Welt" ist auch immer noch die programmatische Absicht, die Goetz' 1998 zuerst im Internet und 1999 als Buch erschienenen Text „Abfall für Alle – Roman eines Jahres" trägt. Dieser „Roman eines Jahres" ist das Epizentrum der von Goetz in den vergangenen zwei Jahren vorgelegten, nicht nur ihrem Umfang nach erstaunlichen Produktion, bestehend aus fünf Büchern, die zusammen eines ergeben: 5.1 „Rave", Erzählung, 5.2 „Jeff Koons", Stück, 5.3 „Dekonspiratione", Erzählung, 5.4, „Celebration", Texte und Bilder zur Nacht und 5.5 „Abfall für Alle", Roman eines Jahres.

Wer heute in die Buchhandlung geht und sich „Abfall für Alle" kauft, sieht sich getäuscht: Vor ihm liegt ein dickes Buch, 864 Seiten aus dünnem, eng bedrucktem Papier, schwer wie, sagen wir, „Der Mann ohne Eigenschaften", „Die Brüder Karamasoff" oder „Ulysses". Doch so kam „Abfall für Alle" nicht in die Welt, nicht als mächtiger, respektgebietender literarischer Weltentwurf, jahre- und jahrzehntelang einsam erdacht und dann dem staunenden Publikum hingeworfen, sondern öffentlich geschrieben, Tag für Tag, im Internet. Unter der Netzadresse www.rainaldgoetz.de, die auch auf den Rücken des Buches gedruckt ist, schrieb Goetz vom 04.02.1998 bis zum

10.01.1999 einfach wahr die Welt ab und veröffentlichte täglich, was er tags zuvor geschrieben hatte.

Im Vordergrund der Rezeption stand deshalb zunächst die neuartige literarische Nutzung des Internet. „Abfall für Alle" hat das Phänomen der Gleichzeitigkeit als ästhetische Größe in die Literatur wenn nicht eingeführt, so doch auf die Spitze getrieben.

Ich selbst habe im Oktober 1998 einen Text über „Abfall für Alle" in der „Hundspost – Zeitung für die literarische Gegenwart" geschrieben, der zeigt, wie sehr die Rezeption von „Abfall für Alle" während seiner Entstehung von diesem Phänomen der Gleichzeitigkeit geprägt war:

„Konkret: Es ist dadurch zum Beispiel möglich geworden, Helmut Krausser auf einer Party zu treffen, ihm zu erzählen, was Goetz über Kraussers ‚Thanatos' schreibt, das Urteil oder die Meinung darüber aber zunächst einmal offen zu halten – weil es ja morgen weitergeht. Ein anderes Beispiel: Am 08.08.98 konnte man morgens Diedrich Diederichsens Artikel ‚Alles ist Pop' im SZ-Feuilleton lesen und am Nachmittag in ‚Abfall für Alle' postwendend, wie sich Goetz dazu stellt. Natürlich kann es vorkommen, daß man – zum Beispiel – Diedrich Diederichsens Artikel für eine ziemlich gelassene Analyse hält und Goetz erste Einlassung am selben Tage dazu für uninspiriert oder sogar für Gejammer. Aber was soll's, schließlich schwankt die Tagesform, und es gibt Tage, an denen Goetz schlichtweg indisponiert ist. Dafür glänzt er an anderen: So zum Beispiel, als er am 09.08.98, also nur einen Tag später, überzeugend genau auf den Punkt brachte, was ihm an DDs Artikel nicht gepaßt hat. Vielleicht hat Goetz zwischen beiden Texten mit diesem oder jener über den Artikel gesprochen. Man selbst hat sich währenddessen vielleicht auch mit anderen darüber ausgetauscht, was natürlich in die weitere Lektüre einfließt. So entsteht, innerhalb und außerhalb des Netzes, ein faszinierend komplexes Beziehungsgeflecht zu, unter und zwischen den täglichen Texten, eine – und da haben wir's – wirklich poetische Dichte.

Aber auch eher spontane Einsatzmöglichkeiten von ‚Abfall

für Alle' sind möglich. Zum Beispiel konnte man unlängst den
Techno-DJ Hell live von der Loveparade auf VIVA auflegen se-
hen, den Sound über die Anlage laufen lassen und gleichzeitig in
‚Abfall für Alle' lesen, was Goetz über ihn schreibt."

Goetz mußte also die relative Gleichzeitigkeit des Schreibens
und Lesens in seine Überlegungen mit einbeziehen und tat das
auch.

Aus diesem Grund ist es auch richtig, das in Buchform geron-
nene Projekt „Roman eines Jahres" und nicht etwa „Tagebuch"
zu nennen. Ein konventionelles Tagebuch ist, auch wenn es das
eines Schriftstellers ist, nicht notwendig schon zum Zeitpunkt
seines Entstehens zur Veröffentlichung gedacht. Goetz aber
stellte seine täglichen Eintragungen, stets einen Tag nachdem er
sie geschrieben hatte, ins Netz. Die Texte variierten der Länge
nach vom einzelnen Wort bis zur wenige Seiten umfassenden
Aufzeichnung. Diese offene, kurze Form gab ihm dabei Gelegenheit auf aktuelle Ereignisse zu reagieren und, noch wichtiger,
die angesprochene relative Gleichzeitigkeit von Niederschrift
und Rezeption für sich zu nutzen. Das führte dazu, daß etwa in
Tageszeitungen hin und wieder aus „Abfall für Alle" zitiert wurde, was natürlich nicht Goetz' primäre Absicht gewesen war,
aber zeigte, daß es möglich war, als Schriftsteller über das Internet in die öffentliche Rezeption der eigenen Arbeit einzugrei-
fen. So wurde den Lesern, die sich bei ihm einwählten, zur Zeit
seiner Poetik-Vorlesung in Frankfurt im Frühjahr 1998 neben
dem, was in den Zeitungen darüber stand, zugleich eine „Innen-
perspektive" präsentiert. Diejenigen, die versuchten, „Abfall für
Alle" als das Projekt eines exhibitionistischen Vorturners abzu-
tun, verkannten, daß Goetz sich damit ein Instrument geschaffen hatte, das ihm – wenn auch nur für begrenzte Zeit – eine
beachtliche Autonomie innerhalb des Kulturbetriebs sicherte.

Die Attraktion des Projekts erschöpfte sich deshalb auch
nicht darin, „den Dichter bei der Arbeit" zu sehen oder gar
„überraschende Einblicke in sein Privatleben" gewährt zu bekommen. „Abfall für Alle" ist Tagebuch nur in dem buchstäblichen Sinn, daß es Tag für Tag geschrieben und veröffentlicht

wurde, sein Bauplan seriell ist, weil er der Ordnung des Kalenders folgt. Private Äußerungen enthält es, wenn überhaupt, nur in codierter Form, Goetz gibt Auskunft über sein Denken, seine intellektuelle Biographie, und er schreibt sie fort. Das Alltägliche (Einkaufen, Putzen usw.) taucht wenn dann als Bedrohung auf, über die Goetz, wenn er sich sicher genug fühlt, Witze reißt: „Putzen heißt auch: wer bin ich? Was ist hier da, um mich herum? Wie lebe ich? Was hatte ich vor? Was habe ich vergessen? Es ist nicht SO schlimm, wie ich eben noch dachte. Danach kennt man sich bei sich wieder bißchen besser aus, Zuversicht entsteht."

Goetz selbst beschreibt am Ende, am 10.01.99 um 19.29h nämlich, sein Jahr im Internet so: „Die Menschen in meiner Nähe wurden durch Abfall in eine nicht unkomplizierte, seltsame Geschichte verwickelt, und ich war darauf angewiesen, daß man gemeinsam praktisch so tut, als gäbe es das gar nicht. ... Im träumerisch adressat-gerichteten Tasten ist eine Art abstraktes Du entstanden, von dessen Schweigen ich mich angezogen und geführt gefühlt habe meistens."

Dieses schweigsame Du ist der einzige verläßliche Orientierungspunkt, den ein Schriftsteller hat, wenn er schreibt. Fehlt ihm dieses Du oder kommt es ihm abhanden, mißlingt der Text. Bleibt es, wie in ‚Abfall für Alle', bis zum Ende gegenwärtig, erzeugt es jene Evidenz, die das literarische Experiment zum geglückten Kunstwerk macht.

Andere Leute haben ganz andere Probleme. Autoren wie Benjamin von Stuckrad-Barre, Christian Kracht und Joachim Bessing gehen in ihren Büchern akribisch den Fragen nach, die vom Plateau des aktuellen gesellschaftlichen Bewußtseins aus betrachtet, die entscheidenden sind: Was ziehe ich an? Welche Musik höre ich heute? Wofür gebe ich mein Geld aus? Die Frage „wie soll mein Leben aussehen?" stellen sie im buchstäblichen Sinn, die Gestalt der Oberfläche ist es, die sie interessiert. Wer etwa Joachim Bessing bei einem öffentlichen Auftritt frei reden hört, wird feststellen, daß der Begriff des Angenehmen in seinem

Denken eine wichtige Rolle spielt. Er begründet bemerkenswert
viele seiner Urteile damit, daß ihm etwas angenehm oder unangenehm sei. Der Begriff beinhaltet natürlich weit mehr als die
physische Reaktion auf bestimmte Phänomene, vielmehr repräsentiert er die letzte ästhetische Kategorie dieses Autors. Im
Kern geht es darum, durch die Wahl der richtigen Accessoires
das Leben zu perfektionieren, eben alles Unangenehme zu elimi-
nieren. Die Literatur kann bei derartigen Überlegungen, wenn
überhaupt, nur noch durch ihr ansprechendes Äußeres überzeugen. So ist es auch absolut folgerichtig, wenn Christian Kracht in
einem Radiointerview nicht über den Inhalt seines neuen Buches
spricht, dafür aber ausführlich die Gestaltung des Umschlags
erläutert, die er maßgeblich mitbestimmt hat, um am Ende zu
erklären, er würde am liebsten nur noch die Cover zu seinen
Büchern gestalten, diese selbst aber gar nicht mehr schreiben,
was jedoch wegen der Verleger, die das nicht wollen, leider nicht
möglich sei.

In seinem Buch „Generation Golf" preist Florian Illies Stuckrad-Barre und Kracht weniger für ihre Bücher denn für das öffentliche Bekenntnis, eine Putzfrau zu beschäftigen, das offenbar wie ein Befreiungsschlag betrachtet werden soll. Diese Ein-
schätzung läßt etwas von dem kleingeistigen Muff erahnen, in
dem diese Generation herangewachsen ist. Voll versteckten Haß
blickt sie zurück auf eine Zeit, die von einer merkwürdigen Me-
lange aus alt-sozialdemokratischer Biederkeit und Kohlschem
Spießertum geprägt war und erst heute überwunden werden
kann, da ein beherztes Ja zum freien Markt wieder möglich ist.
Was derzeit als Popliteratur firmiert, atmet den Geist dieses
großen, alles Alte über den Haufen rempelnden „Ja".

Fünf junge Intellektuelle zwischen vierundzwanzig und drei-
unddreißig Jahren logieren für drei Tage im Berliner Nobelhotel
Adlon und versammeln sich zu Gesprächen in der Executive
Lounge im vierten Stock, mit Blick auf das Brandenburger Tor.
Die fünf jungen Intellektuellen heißen: Christian Kracht, Eck-
hart Nickel, Alexander von Schönburg, Benjamin von Stuckrad-
Barre und Joachim Bessing, Arrangeur und Protokollant, viel-

leicht auch Spiritus rector dieses Treffens. In seinem Vorwort
zum Buch schreibt er: „Dort nun, im Adlon, wollten wir uns drei
Tage lang zu Gesprächen einschließen, um dann am Sonntag
abend ein Sittenbild unserer Generation modelliert zu haben; so
weit der Plan."

Nichts Geringeres beanspruchten jene fünf also, denn Spre-
cher ihrer Generation zu sein. Wer oder was aber ist diese Generation? Diese Frage bleibt, wie viele andere in „Tristesse Royale" offen. In langen Passagen erörtern die jungen Männer ihre
Ablehnung der Ironie als Haltung schlechthin, und doch spielen
sie selbst, indem sie sich von ihrer Hybris in immer aberwitzige-
re Behauptungen hineintreiben lassen, das hochironische Spiel
„Wer-zuerst-lacht-hat-verloren". Und in diesem Sinn gewinnen
sie alle fünf, denn gelacht wird bis zum Ende nicht.

Nach seinem Erscheinen löste „Tristesse Royale" in den deutschen Feuilletons – man kommt nicht um diese Formulierung
herum – eine Welle der Empörung aus. Warum? Spätestens bei
der im April 2000 von Maxim Biller in der Evangelischen Aka-
demie in Tutzing initiierten Schriftstellertagung kamen die Kar-
ten auf den Tisch. Dieses Buch beanspruchte die Deutungshoheit für eine ganze Generation, und das empörte vor allem diejenigen, die diese Deutungshoheit selbst einmal für sich in Anspruch nahmen, etwa den Spiegel-Redakteur Reinhard Mohr,
der wenige Jahre zuvor die „78er-Generation" erfunden hatte.
Dieser Reinhard Mohr war es denn auch, der zusammen mit
Henryk M. Broder in einem zweiseitigen, geifernden Verriß im
Spiegel über „Tristesse Royale" hergefallen war, der einen vermuten lassen mußte, das Buch sei in seiner ganzen Verwerflich-
keit etwa mit „Mein Kampf" auf einer Stufe.

Mit derart verblendetem Eifer kommt man der Sache freilich
nicht bei. Was also erzählt dem Leser „Tristesse Royale"? Es
erzählt von einer Form des Elitarismus, wie sie seit Beginn des
bürgerlichen Zeitalters gerne vom Nachwuchs der sogenannten
besseren Kreise gepflegt wird. Alexander von Schönburg und
Christian Kracht fällt dabei die Rolle der Schnösel aus gutem
Hause zu. Kracht gibt den blasierten Snob, ein wenig hinfällig

und verwirrt, von Schönburg den ganz in seiner Abstammung aufgehenden, leicht unterbelichteten Adelsmann. Nickel posiert mangels Stammbaum als Geistesdandy in der Bernhardnachfolge, Bessing als Stilrichter und männliche Miß Manners. Von Stuckrad-Barre schließlich präsentiert sich als später Nachfahre der einst von Diedrich Diederichsen so genannten Hip-Intellektuellen, freilich reduziert um den in den Achtzigern noch obligatorischen „subversiven" Gestus.

Der Einsatz, den die Fünf zu geben bereit sind, ist hoch. Es ist ein Vabanquespiel um den Preis der vollständigen Selbstentblößung, und sie sind sich dessen bewußt. Sie huldigen einem Ausschlußprinzip, dessen Ideal der „Stil" schlechthin ist, und in den helleren Momenten kann ihre Überreiztheit als Anzeichen für ihren Wunsch nach *sophistication* gelesen werden. Joachim Bessing formuliert es so:

„Ich weiß nicht, ob es wirklich darum gehen soll – um die Abgrenzung zu anderen Menschen aus ästhetischen Gründen. Bekanntschaften abzulehnen und zu vergessen, weil sie das Falsche anhaben, oder das Richtige zur falschen Zeit; weil sie nicht ordentlich gebräunt sind, zu blaß sind, zu verbrannt oder zu solariumsichtbar; weil sie sich nicht gerade halten können; weil ihnen nichts einfällt im Gespräch oder sie zu schnell emotional werden; weil sie zuviel arbeiten und auch noch davon erzählen wollen, stolz darauf sind; weil sie nicht reisen oder immer an die falschen Orte; weil sie Asien noch nie geschaut haben oder dort in den falschen Hotels wohnten; … weil sie kein Kokain hacken können oder es mit der falschen Karte hacken wollen; weil sie schon einmal andere mit Nasenpilz angesteckt haben; weil sie Bodybuilding machen, keinen gottgegebenen Körper haben; weil sie mit der falschen Attitüde Geld sparen; …" Undsoweiter undsoweiter. Die Liste der denkbaren und tatsächlichen Verfehlungen ist lang, endlos genaugenommen, und bringt die Helden zur Verzweiflung.

Wer will, kann in dieser Denkweise den Wunsch erkennen, dem Leben durch Verfeinerung Eleganz zu verleihen und es dadurch erträglicher zu machen. In den trüberen Momenten des

Gesprächs – und sie führt uns das Buch im wesentlichen vor –
bleibt aber von diesem ästhetischen Verlangen nichts übrig. Das
zur Stilbildung angewandte Ausschlußprinzip kippt und wird
zum Ausdruck eines dumpfen protofaschistischen Schmorens in
spießbürgerlichen Vorurteilen. Dann wird auf Homosexuellen
herumgehackt, wobei sich Christian Kracht mit dem Satz her-
vortut: „In Deutschland gibt es seit diesem Jahr keine Diskrimi-
nierung der homosexuellen Menschen mehr, seit in Hamburg die
homosexuelle Ehe eingeführt wurde." (Mit der gleichen hetzeri-
schen Scheinlogik ließe sich begründen, daß es in den USA keinen Rassismus gebe, weil Ehepartner nicht von gleicher Haut-
farbe sein müssen.) Es wird festgestellt, daß es in den Kölner
Clubs wegen des Döner-Verzehrs seiner Gäste „deutlich anders"
(Eckhart Nickel) rieche als anderswo.
    Und der Leser erfährt durch von Schönburg, der sich an die-
ser Stelle als ausgewachsener Reaktionär entpuppt, daß er, in
seiner derzeitigen Geistesverfassung, im Herbst 1914 bei den
Kriegsfreiwilligen ganz vorne dabeigewesen wäre.
    In solchen Momenten ist „Tristesse Royale" die Karikatur ei-
nes wilhelminischen Burschenabends, wie sie uns im „Simplicissimus" überliefert sind – schwulen- und ausländerfeindlich,
kriegslüstern und dumpf.

„Soloalben sind fast immer scheiße." Heißt es auf Seite 25 von
Benjamin von Stuckrad-Barres „Soloalbum". Benjamin von
Stuckrad-Barre hat einen Roman geschrieben, der auf alles verzichtet, was man gemeinhin vermutet, wenn ein Buch unter diesem Gattungsbegriff erscheint. Das ist kein Einwand, denn es
gibt hervorragende Romane, die auf Handlung, Charaktere, Psychologie, Konflikte verzichten und dennoch – wie bruchstück-
haft auch immer – überzeugend eine Weltsicht offenbaren. In
„Soloalbum" hingegen gibt es nur eines: einen Ich-Erzähler, der
Bescheid weiß. Er witzelt sich mit einer Art „Galgenhumor"
durch die Trennung (Erzählanlaß!) von seiner Freundin, war
Musikjournalist, wird Mitarbeiter in einem Musikverlag und
beobachtet die Welt. Angeblich muß er die Trennung von seiner

Freundin verwinden, doch schon bald begreift der Leser: Hier wird er von einem Erzähler mit auf die Reise genommen, der keinen Passanten vorbeiziehen läßt, ohne zu erklären, was er von ihm hält. Dabei ist ihm keine Zote abgeschmackt genug. Erzählt er davon, wie er seine Freundin mit einer anderen, alleinstehenden Frau einmal betrog, heißt das: „es war ja nur ... eine Gastrolle auf einer Single, im wahrsten Sinne des Wortes ...“ Auch hier also regiert der Schenkelklopfer auf Stammtischniveau, und der Ich-Erzähler bewegt sich stets auf der sicheren Seite, indem er sich nur die leichtesten Opfer wählt: Wohngemeinschaftshippies und Frauenpowerfrauen, Lesben und Schwule sowieso, Aldi-Menschen, Werbefritzen und Angestellte allgemein, Musikhörer, die es nicht richtig blicken, undsoweiter. Auf Seite 74 ist es dann soweit und der Leser erfährt: „Es gibt drei Sorten Mensch. Die einen machen zuviel falsch und sind deshalb völlig indiskutabel. ... Die anderen machen viele Fehler *nicht*. Und dann sind da noch ganz wenige, die nicht nur manches *nicht* falsch machen, sondern vieles, man ist versucht zu denken: ALLES !! richtig machen.“ So einfach ist das. Und zu dieser letzten Kategorie von sozialkompetenten Einserschülern gehört der Ich-Erzähler, der deshalb munter weiter quasseln darf, im sicheren Bewußtsein der eigenen Superiorität. Er spricht wie ein Stand-up-Comedian von seiner Bühne herab, und um sein Publikum bei Laune zu halten, nimmt er sich schon auch mal selbst aufs Korn – allerdings nur, um danach wieder um so heftiger auf andere einzuschlagen. Der schlimmste Dorn im Auge sind ihm dabei die Urheber schlechter Musik. Egal ob „Pur“, „Fool's Garden“, Heinz Rudolf Kunze, „Genesis“ und wie die ohnehin erledigten Fälle alle heißen – sie bekommen ihr Fett weg, absolut gratis und unverbindlich, wie eine Verbraucherfibel der Stiftung Warentest. Dagegen steht die – vor dem Hintergrund seiner Spottlust eigentlich unverständliche – pseudoreligiöse Verehrung von „Oasis“, jener in den frühen Neunzigern von rätselhaftem Erfolg heimgesuchten, etwas angewelkten *revivalists*, über deren Vorstellungen von Stil sich nun wirklich streiten läßt. Aber auch das ist letztlich egal, denn am Ende, das weiß der lebens-

kluge Ich-Erzähler, „geht wieder alles nur ums Ficken" (S. 58).
Selbst wenn er damit recht haben sollte, ist diese Erkenntnis allein noch nicht ausreichend, um einen zweihundertfünfzigseiti-
gen Roman ordentlich hinzubekommen.

In „Tristesse Royale" wie auch in „Soloalbum" wird der Leser mithin bis zum Überdruß mit den Befindlichkeiten der Ak-
teure konfrontiert, die nicht agieren, aber unentwegt kommen-
tieren. Soziologisch mag das von Interesse sein – literarisch be-
deutsam ist es nicht.

Anders hingegen Andreas Neumeisters 1998 erschienener Roman „Gut laut". Neumeisters Text ist offen, er wirkt nicht linear, sondern so, als sei er nach dem Prinzip der Anreicherung um
bestimmte Sätze und Satzgruppen herum entstanden, die in
vielfältigen Variationen wiederkehren.

„Gut laut" ist Produkt und Zeugnis einer lebenslangen Besessenheit. Mit dem Blick des Ethnologen, der er der Ausbildung nach ist, sammelt Neumeister die Fakten seines Musikle-
bens, seines Lebens als Musikhörer und Musiksüchtiger und ar-
rangiert sie zu einer Art unpersönlichen Biographie, die beim
Leser eine Vielzahl von Momenten des Wiedererkennens auslöst,
weil die Namen, die Orte, die Klänge, um die es kreist, diejenigen sind, die auch seine eigene popmusikalische Sozialisation
bestimmt haben, wenn er um 1960 herum geboren wurde. Neumeister betrachtet die Popmusik und ihre Rituale als ethnolo-
gisch auszuwertenden Fundus.

In Jugendkulturen, dem eigentlichen Ursprungsort aller Popmusik, herrschen oftmals stammesähnliche Strukturen und
Übereinkünfte, etwa in der Techno-Szene, die selbst ethnolo-
gisch geprägte Begriffe wie „tribe" und „gathering" verwende-
te, um sich selbst und ihre Zusammenkünfte zu beschreiben.

Trotzdem ist „Gut laut" natürlich kein wissenschaftliches,
sondern ein poetisches Buch, denn Neumeisters Antrieb zu
schreiben ist nicht die Neugier des Forschers, sondern die Obsession des Musikabhängigen, der sich durch die Popgeschichte
hört, und zwar von „Mjunik" aus, der Stadt, die so seltsame

Dinge wie „Giorgio Moroder's Late-Seventies Plastic Sound of Munich" hervorgebracht hat. Ein Sound übrigens, dem auch aktuelle Münchner Bands wie die „Merricks" huldigen, die 1998 mit ihrer CD „The Sound of Munich" in Japan Erfolge feierten. Selbstverständlich spielen sämtliche Mitglieder der „Merricks" wichtige Rollen in Neumeisters Buch, ebenso wie der ganze Rest der Musikszene Mjuniks. Unter anderem kann auch die Plattensammlung von Thomas Meinecke, Schriftsteller („Tomboy") und Ex-Produzent der „Merricks", bewundert werden.

Neumeister hat großen Spaß daran, mit derlei Verknüpfungen zu spielen. Keineswegs ist es aber so, daß nur der eingeweihte Leser diesen Spaß teilen könnte. „Gut laut" ist der Münchner Soundtrack zur Entwicklung der Popmusik seit den siebziger Jahren und ein gelungener Versuch, diesen Soundtrack mit literarischen Mitteln wiederzugeben.

Mit einem zwischen alle Fronten hineingesungenen „Ja zur Modernen Welt" begann die Band FSK („Freiwillige Selbstkontrolle") Anfang der achtziger Jahre Popmusik zu machen. Thomas Meinecke, der führende Kopf der Gruppe, veröffentlichte in den Achtzigern und Neunzigern fünf Bücher, die letzten zwei davon Romane, „The Church of John F. Kennedy" (1996) und „Tomboy" (1998). Letzterer, um den es hier gehen soll, ist mindestens ebensosehr ein Produkt von Meineckes musikalischer Entwicklung in den vergangenen zwei Jahrzehnten wie seiner literarischen. Das „Ja zur Modernen Welt", ursprünglich ein Nein zur enttäuschten Weltflucht übriggebliebener Hippies, brachte Meinecke dazu, nicht nur selbst neue Musik zu machen, sondern sie auch – vor allem als Radio-DJ – überall zu suchen: In den Achtzigern etwa im deutschen Underground zwischen Punk und Neuer Deutscher Welle, danach in Louisiana, Mississippi und Texas bei den Nachfahren deutscher Auswanderer (hiervon handelt auch „The Church of John F. Kennedy"), oder beim postfeministischen Postpunk von Riot Girls, der unter anderem auch den Soundtrack zu „Tomboy" liefert. Vivian Atkinson, Tochter eines amerikanischen GI und einer deutschen Mutter, ist die

Hauptfigur dieses Romans, sie schreibt ihre Magisterarbeit zum Thema „Zweihundert Jahre Geschlechterpolarität". „Tomboy" – der Titel zitiert das amerikanische Wort für ein Mädchen, das sich wie ein Junge gibt – ist ein Diskursgenerator, in dem buchstäblich alles, was Vivian Atkinsons Thema berührt, zu einem schier endlosen Sample verbunden wird. Meinecke verzichtet auf einen Plot im herkömmlichen Sinn, seine Figuren erscheinen nicht als „realistische" Charaktere, sondern sind die diversen Sprechöffnungen des großen Diskursgenerators, und die „Handlung" des Romans wird bestimmt durch die Assoziationen seiner Figuren. Das Ergebnis ist ein Text, der – hier so offensichtlich wie kaum irgendwo sonst – aus anderen Texten entsteht, die er zitiert, kolportiert, generiert und zu anderen in Beziehung setzt. Das liest sich zum Beispiel so: „Telefax von Hans Mühlenkamm, Praxis Dr. med Ancelet, 04.07.1997, 15:03 Liebe Viv, nach mehrmaligem begeisterten Anhören des aktuellen Doppelalbums der Formation Conjoint um den Vibraphonisten Karl Berger und unserem Heidelberger Helden David Moufang alias Move D, der hier sogar Gitarre spielt, legte ich mir gestern abend noch einmal die neue LP von Sleater-Kinney auf, die Du mir nach unserem Münchner Ausflug ausgeliehen hast. Silvia Bovenschen, deren Namen ich ebenfalls erst durch Dich kennenlernte, hat ja schon 1979, in ihrem bahnbrechenden Buch Die imaginierte Weiblichkeit, das denkwürdige Verhältnis, ich denke, daß ich es Mißverhältnis nennen darf, zwischen den wenigen schreibenden und jenen Heerscharen von beschriebenen Frauen seit dem achtzehnten Jahrhundert."

Das von Meinecke entwickelte Erzählverfahren läuft auf eine skurrile Form zeitgenössischer Sinnstiftung hinaus, denn der Leser bekommt von ihm vorgeführt, daß am Ende alles mit allem zusammenhängt, wenn man es nur richtig miteinander in Beziehung setzt. Und in dieser Kunst ist Meinecke ein Meister.

Die hier angesprochenen Bücher waren und sind keineswegs die einzigen, die in den vergangenen Jahren unter der Überschrift „Popliteratur" diskutiert wurden, und vieles andere, was geschrieben wurde, ist vielleicht mehr Pop als diese. Aber an ihnen wurde in der breiteren Öffentlichkeit erstmals das Bewußtsein für die Tatsache geschärft, daß Gegenwartsliteratur, die diese Bezeichnung zu Recht trägt, versucht, aktuelle kulturelle Entwicklungen in sich aufzunehmen. Die hier besprochenen Bücher stammen alle von Schriftstellern, die mit Fernsehen, Kino, Schallplatten, CDs und PCs aufgewachsen sind. Was sie dort gesehen und gehört haben, ist ein enormer kultureller Fundus – auch für die Literatur.

Wieland Freund

„Eine Generation von Wallfahrern".
Roadnovels – sehr europäische „Amerikanische Reisen"

> „Doch, doch, in Avalon braucht man unbedingt einen Wagen!"
> Helmut Krausser, Könige über dem Ozean

> „Amerikawüstenmotelästhetisch. Mit Fernseher. Cola. Zigaretten, Zippo und überquellenden Aschenbechern."
> Herbert Genzmer, Letzte Blicke, flüchtige Details

> „Nur daß es keinen Westen mehr gibt, egal, in welche Richtung man fährt."
> Ulrich Woelk, Amerikanische Reise

> „Ich habe es mir vor den Piloten nie anmerken lassen, daß ich die Wahrheit wußte: Es ist nur der Autopilot."
> Christian Kracht, Faserland

Wenn eine Geschichte vollends codiert ist, kann man sie in fünfzig Wörtern erzählen, und zwar ganz: „„Die Corvette schaltet runter, die Corvette beschleunigt, die Corvette segelt n Viertelkilometer runter zum Pazifischen Ozean. Einfach so über'n Rand weg. Später kam raus, daß der Typ am Steuer die Corvette am selben Morgen erst gekauft hatte. Hatte n Laufpaß gekriegt, der Junge. Die Bremslichter', sagte er, ‚haben nicht mal kurz geblinkt.'"
Was der US-Autor Denis Johnson hier, in seinem Roman „Al-

ready Dead" (1997, dt. 2000 unter dem Titel „Schon tot"), eine
seiner zahlreichen kaputten Figuren erzählen läßt, ist lesbar als
Abstract der vielleicht amerikanischsten aller Erzählformen, die
für das amerikanische Jahrhundert, das Jahrhundert des Auto-
mobils, das Jahrhundert der Industrialisierung von Zeit und
Raum, das Jahrhundert des Tourismus schließlich, das zwanzigste Jahrhundert also insgesamt, zur charakteristischesten Erzählform überhaupt geworden ist: die Roadstory. Natürlich hat sie
sich im Jahrhundert des Films als Roadmovie festgesetzt in den
Köpfen der Leute, aber es gibt ja kein Genre mehr, daß sich
nicht zwischen den verschiedenen Medien entwickelte.

Die Geschichte des Roadmovies ist lang. Sie entspinnt sich
parallel zum Western, ist mal dessen Erbe, dann dessen Pate, die
Genres tauschen ihre Topoi, funktionieren osmotisch, auch wenn
nicht immer die Konzentrationsunterschiede ausgeglichen werden: Nicht jeder Western ist ein Roadmovie, und manches
Roadmovie ist ein Gangsterfilm. Cineasten erzählen die Geschichte des Roadmovies trotzdem gern als eine ganz eigene. Je
nachdem, welche Zutaten sie für konstituierend halten, lassen sie
sie beginnen in den dreißiger oder spätestens vierziger Jahren,
und in jedem Fall reicht sie immer bis in die letzten Sekunden
der Gegenwart. Von „Bonnie and Clyde" (1967) über „Easy Ri-
der" (1969), die „Mad Max Trilogie" (1979–1985) bis zu den
New Queer mit „My Own Private Idaho" (1991) zum Beispiel
und immer weiter.

Aber eben nicht jede Roadstory ist ein Roadmovie. Viele
Roadnovels kennt die Literatur, und als der Fels, auf den die
Kirche der Roadnovel gebaut ist, gilt gemeinhin Jack Kerouacs
Roman „On the road" (1957, dt. 1959 unter dem Titel „Unterwegs"). So wie dieses Buch bereits von Film beeinflußt ist – es
zitiert sehr bewußt Preston Sturges' Roadmovie „Sullivan's Tra-
vels" (1941) –, so beeinflußt es dann wiederum den Film. Roadstorys sind mediale Bastarde, die, weil sie daran leiden, daß sie
keine Grenzen finden, auch keine Grenzen kennen. Sie funktionieren zwischen den Medien, zwischen den Genres und natürlich
auch zwischen den Sprachräumen.

Mit „der gegenwärtigen, höchst bewegten Epoche und durchaus erleichterter Kommunikation" (tatsächlich: Goethe) ist ein auf einen Sprachraum beschränktes Genre ohnehin nicht mehr denkbar. Und so wie in den USA die Roadnovel sich prächtig weiterentwickelt, von Kerouac zu Don DeLillo natürlich („Americana", 1971, dt. 1995) bis zu Stewart O'Nan („The Speed Queen", 1997, dt. 1998), gibt es französische Ausprägungen (Virginie Despentes' „Baise-moi", 1999, dt. 2000 unter dem Titel „Wölfe fangen", zum Beispiel) und deutsche natürlich auch. Wo sie gelingen, gelingen sie in der Abweichung vom Code der Roadstory, und was man von den vier signifikantesten Roadnovels im deutschsprachigen Roman der Gegenwart – Helmut Kraussers „Könige über dem Ozean" (1989), Christian Krachts „Faserland" (1995), Herbert Genzmers „Letzte Blicke, flüchtige Details" (1995) und Ulrich Woelks „Amerikanische Reise" (1996) – gewiß sagen kann, ist, daß sie sehr europäische Ausformungen einer sehr amerikanischen Geschichte sind. Mag sein, daß es nur einer jener Fehler ist, die sich durch das Weitererzählen wie ein Schneeball vergrößern: Interessant aber bleibt es allemal, daß eine Ausstellung in Hildesheim im Sommer 2000, die „Junge literarische Karrieren" beleuchten wollte, unter anderem das Spielzeugmodell eines Ford Mustang präsentierte, „das Roadmovie-Mobil schlechthin", wie die Süddeutsche Zeitung – etwas leichtfertig – kommentierte. Die Roadstory-Mobile von Krausser bis Woelk sind durchaus anderer Art: ein ICE, ein Interregio, ein Flugzeug, ein Opel Kadett, sein S-Mercedes, ein Golf oder ein Porsche aus dem Jahrgang des Autors. Und eine Corvette hätte es natürlich auch getan.

Zurück zu Denis Johnsons 50-Wörter-Roadstory also: Ein Mann, ein Auto, die Auflösung einer sozialen Einheit: das ist die halbe Geschichte. Der Rest ist Aus- oder Überformung. Aus dem einen Mann werden oft zwei, das berühmteste Beispiel: Sal Paradise (sell paradise!) und Dean Moriarty aus „On the road". Oder aus zwei Männern werden zwei Frauen, das berühmteste Beispiel: Der Film „Thelma & Louise". Schlußendlich ist jede

Kombination möglich. Die in den Blick genommenen Roadnovels deutscher Autoren präsentieren: einen einzelnen jungen Mann (Genzmer), ein Paar (Woelk), eine postmoderne Patchworkfamilie mit Mann, Frau und homosexuellem Freund (Krausser) und einen von der Welt allein Gelassenen (Kracht). Dem Code der Roadstory zufolge sind ihre Protagonisten sozial bindungslos, und oft ist diese Bindungslosigkeit der Grund der Fahrt, die die Roadstory beschreibt. Ethan (John Wayne) bricht in John Fords „The Searchers" (1956) erst auf, nachdem er seine Familie verloren hat. Und so beginnt Genzmers Roman „Letzte Blicke, flüchtige Details" mit einem Elternmord, Woelks „Amerikanische Reise" mit dem Verlassen des Ehemanns der Frau, dem Freund des Mannes. Und so sind auch Kraussers zentrale Protagonisten, der homosexuelle Graphiker Richard und der Sozialhilfeempfänger Hagen, sozial bindungslos. Den einen hat seine Krankheit der Gesellschaft entfremdet, der andere ist schlicht nicht gesellschaftsfähig. Bei Kracht wiederum, in „Faserland", hat eben die totale Gesellschaftsfähigkeit bis hin zur Selbstaufgabe den Ich-Erzähler aus der wirklichen Welt fallen lassen. Ohne jeden Kontakt zu ihr taumelt er durch Deutschland. Überspitzt formuliert: die Roadstory wird erst mit dem Zusammenbruch klassischer Familienstrukturen möglich. Diese Voraussetzung ist immer zugleich ihr Thema. Ulrich Woelks „Amerikanische Reise" umkreist es fast manisch. Immer wieder überprüft der Text die Möglichkeiten und Unmöglichkeiten von Liebe. Doch so wie der Halleysche Komet, der Jan und Kristin auf ihrer Fahrt begleitet, die Erde verfehlen wird, verfehlen sie einander. Jans Bindungs- und Verantwortungslosigkeit, die ihn zum Roadnovel-Helden stempelt, macht eine Beziehung unmöglich. Nur Kristin, die umkehren wird, wird mit einem Kind ein Zeichen der Hoffnung setzen. Zu einem Zeitpunkt allerdings, als sich für Jan das Gesetz des Roadmovies schon erfüllt hat: Er ist tot.

Noch einmal zurück zu Denis Johnson deswegen: Ein Mann, ein Auto, die Auflösung einer sozialen Einheit, der Weg nach Westen, die Sackgasse, der Tod: das ist die ganze Geschichte. Keine Roadstory kommt aus ohne das Element der Fahrt. Was Jean Baudrillard für die amerikanische Gesellschaft formuliert hat, gilt ebenso für das zwanzigste Jahrhundert wie für seine originäre Erzählform: Die Roadstory, ganz gleich ob Film oder Literatur, ist „space, speed, cinema, technology". Die in der Roadstory unternommene Fahrt allerdings ist keine Reise. Sind ihre Ziele auch keineswegs egal, sondern in ihrer Zufälligkeit signifikant, die Fahrt findet statt in totaler Ortlosigkeit. „Wo sind wir, wenn wir reisen?" fragt Baudrillard. „Wo liegt dieses ‚Land der Geschwindigkeit', das nie genau mit dem zusammenfällt, das wir durchqueren?" Die Antwort: Roadstorys spielen in der Bewegung. Dennoch sind sie keine Reiseromane, spielen sie auch gerade in ihrer europäischen Ausformung stets auf den Reisebericht an. Nicht umsonst echot Woelks Titel „Amerikanische Reise" Goethes „Italienische Reise". Doch reist der Bald-Klassiker Goethe, um über Italien zu sich selbst zu kommen. Seine Reise ist platonisch: sie führt zurück nach Hause. Die Fahrt der Roadstory hingegen soll ihre Protagonisten ins Andere führen. Das allerdings ist rar, wenn überhaupt auffindbar. Deshalb ist jede klassische Roadstory die Geschichte eines Exodus.

Die Protagonisten der Roadstory kranken an den Krankheiten des zwanzigsten Jahrhunderts. Die Fremde, die sie suchen, können sie nicht finden. Zeit und Raum sind industrialisiert, der Tourismus hat die Reise ersetzt, die Lebensformen scheinen globalisiert. Wo immer sich der Hase Mensch hinwendet, der Igel, seine eigenen Bilder nämlich, sind stets vor ihm da.

Wer trotzdem on the road ist, versucht den zum Scheitern verurteilten Ausbruch aus dem globalen Gefängnis. *„East* oder *west"* fragt Jan in der „Amerikanischen Reise", und Kristin antwortet: *„West".* Sie kann nicht anders. Das Amerikanische der Roadstory gibt diese Antwort vor. Im Westen lag die „New Frontier", aber natürlich ist auch im Westen nichts Neues. Denis Johnsons namenloser Held fährt einfach weiter geradeaus, auch, wenn dort nur der Tod im Pazifik auf ihn wartet. Und auch Helmut Kraussers Roadnovel-Couple, der Kranke und der Trinker, wenden sich zunächst nach Westen. Daß sie dann in die USA nicht einreisen dürfen und am Ende doch in Goethes Italien landen, gehört zu den feinen Ironien des Texts, der sich bis zu ihrer Umkehrung von den Codes der Roadstory löst und sich ihre Zeichenhaftigkeit dabei doch bewahrt.

Natürlich sind es die Bilder auch des Roadmovies selbst, die den Protagonisten der Roadstory im Weg stehen. So ist Woelks „Amerikanische Reise" eine Roadnovel über Roadmovies. „Es ist merkwürdig", heißt es. „Sobald irgendwo die abendliche Lichtskyline einer Metropole auftaucht, sieht man wie von selbst eine amerikanische Stadt, und wenn ein Roadmovie nicht durchs *Monument Valley* führt, hat man den Eindruck, daß etwas nicht stimmt." Das ist mehr als ironische Selbstbezüglichkeit. Am Ende nämlich stehen Jan und Kristin vor dem Problem, daß sie den Sehnsuchtsort Amerika gar nicht erreichen können. Seine Bilder haben sich endgültig vor die Wirklichkeit gelegt. *„Objects in this mirror may be closer than they appear"* steht auf dem Außenspiegel von Jan und Kristins Roadnovel-Mobil, und dieser „Schriftzug ruht wie ein Filmtitel auf der im Spiegel abfließenden Landschaft". Was so nah ist, rücken die Bilder im Kopf in unendliche Ferne.

Und so erreicht auch der Elternmörder Alex Oliver Thon, Herbert Genzmers Protagonist in „Letzte Blicke, flüchtige Details" weder das Amerika seiner Flucht noch eine Wirklichkeit. „Othon" nennen ihn seine Freunde, eine ironische Erinnerung daran, daß an diesem Helden, angefangen von seiner Bluttat bis hin zu seinem Ende, nichts original ist. Othon bleibt in Europa gefangen. Zwar erreicht er dessen westlichsten Punkt, dort aber muß er sterben: unweit von Lissabon, der großen Sterbestadt Europas – von Fielding bis zu Nooteboom. „Rechts im Wasser stand der Turm von Belem. Führe er von diesem Turm aus mit einem Schiff, denn das wäre die einzige Möglichkeit, nach Westen, ... so würde er sich weg bewegen aus der bekannten Welt und geriete in die Labyrinthe des Unbekannten, denn am Turm verläuft die Grenze zwischen Wirklichkeit und Phantasie. So, wie er fuhr – von Norden

nach Süden –, streifte er diese Grenze nur. Ihr Beben hatte er ge-
spürt." Die Wirklichkeit aber erreicht Alex Oliver Thon nicht.
Sein Tod bedeutet das endgültige Verschwinden hinter den Bildern: „… als der Schuß fällt, geschieht die Chamoisverfärbung
der Welt, die Grobrasterung des Bekannten, wie das intensive
Eindringen in ein Zeitungsfoto, bis die Welt nur noch aus dicken
Bildpunkten, nur noch aus flüchtigen Details besteht, aus letzten,
sich auflösenden Blicken, bis Erkennen unmöglich ist, bis alles
sich ausgelöscht hat, bis alles verschwindet".

Was Genzmer hier schildert, ist die letzte mögliche Grausamkeit der Roadstory: die Verweigerung der Befreiung durch den
Tod. Denn sosehr das Genre seinen Protagonisten den Ausweg
und mit ihm das Andere versagt, so hält es doch immer noch
einen letzten Trost bereit. Die Roadstory nämlich ist, in ihrer
klassischen Codierung, auch die Geschichte jener Reise, die man
nur einmal macht. Anders gesagt: geradeaus geht es immerhin in
den Tod. Und der wiederum ist immerhin wirklich. Der Ich-
Erzähler aus Krachts „Faserland" – als er gar nicht mehr kann,
läßt er sich auf den Bodensee hinausrudern in der Hoffnung auf
Erlösung: „Bald sind wir in der Mitte des Sees. Schon bald."
Und ganz ähnlich macht es Richard, der auf den Tod kranke
König über dem Ozean. Mit dem Roadstory-Mobil fährt er so
lange geradeaus, bis er das Meer erreicht hat. Dann schwimmt er
hinaus: „Nach einer Stunde war er noch nicht zurückgekehrt."

Dennoch: Helmut Kraussers Umgang mit den Codes der Roadstory gleicht einer Decodierung. In „Könige über dem Ozean"
münzt er die Roadstory um zur romantischen Reise: „Zwischen-
durch nannte sie mich einen Romantiker –", heißt es einmal,
„das verstand ich nun überhaupt nicht – Hatte ich irgendwas
falsch erzählt?" Ja, genaugenommen alles. Deshalb ein letztes
Mal zurück zu Denis Johnson: Ein Mann, ein Auto, die Auflösung einer sozialen Einheit, der Weg nach Westen, die Sackgasse, der Tod: das war die ganze Geschichte. Bei Krausser geht sie
ganz anders: Der Einzelne ist kein einzelner, denn die Outlaws
finden sich zusammen zu einer neuen, sehr unheiligen Familie.

Das Auto ist kein Garant für die Geschwindigkeit des zwanzigsten Jahrhunderts, sondern ein alter Opel Kadett, mit dem man auch keine Reise nach Westen unternimmt, sondern, ganz wie die deutsche Kleinfamilie der fünfziger und sechziger Jahre, über die Alpen Richtung Italien gondelt. Und eine Sackgasse ist der Weg auch nur für den, der ohnehin sterben muß. Obwohl: nicht einmal das ist sicher. „Ich fuhr am Fluß entlang, in der Geschwindigkeit des trägen Wassers. Je näher wir dem Meer kamen, desto schneller floß es, ganz sicher, obwohl es nicht stärker bergab ging als vorher. ‚Er freut sich!' sagte Richard. ‚Ja. Es ist sein Zuhause.' ‚Ich möchte auch ein Fluß sein. Tausend Sachen erleben und doch wissen, daß man am Schluß nach Hause kommt.'" Eben das also gelingt Richard am Ende. Wie ein Fluß kehrt er ins Meer zurück, während Hagen einfach nach Hause fährt. Helmut Krausser macht aus dem Exodus der Roadnovel eine platonische Reise. Wie für Novalis' „Heinrich von Ofterdingen", dessen berühmtes Wort Krausser später seinem Roman „Thanatos" vorangestellt hat, gilt für seine Figuren: „Wo gehen wir denn hin?" „Immer nach Hause." Damit ist für den überlebenden Hagen zwar kein Ausweg gefunden, der Autor aber hat sich immerhin frei gemacht von den Codes der Roadstory und mithin von den Bildern des Roadmovies. Seine amerikanische Reise endete schon auf Seite 49. In einem sehr realen New Yorker Knast. Westlich davon wären gewesen: Bilder, die einen nicht entlassen können. „Lohnt es überhaupt, in die Vereinigten Staaten zu fahren, nachdem man in ungezählten Fernsehserien, Filmen und Nachrichten bereits dort gewesen ist?", so lautet die Frage in der „Amerikanischen Reise". Und weiter: „Der erste Besuch ist bereits der zweite mit all seinen Enttäuschungen und Ernüchterungen. Es gibt in den meisten Kulturen einen ersten Besuch, der im Grunde keiner ist, der nicht die Funktion einer Reise hat, sondern die eines Rituals: die Wallfahrt – eine Reise also, bei der es gar nicht darum geht, eigene Erfahrungen zu machen, sondern kollektive Erfahrungen zu teilen. Man könnte also sagen, daß die Menschen heutzutage immer mehr von Reisenden zu Pilgern werden – die Bilder erzeugen eine Generation von Wallfahrern."

Alexandra Pontzen

Lust – keine Lust.
Der weibliche Körper
im erotischen Roman von
Ulla Hahn bis Elfriede Jelinek

Die Frage, wer in der Sexualität größere Lust empfindet, Mann oder Frau, entzweit die Geschlechter von alters her. Die Antwort, die der Weise Teiresias dem über die Lustdifferenz zerstrittenen Paar Zeus und Hera gibt, die Frau empfinde im Liebesakt neunmal größeren Genuß, erzürnt nicht etwa Zeus, sondern Hera. Daraus lassen sich Schlüsse ziehen, nicht nur über die verschwiegene Sprache des Begehrens in der Götterwelt. Wo die Fähigkeit, Lust zu empfinden, nicht auszeichnet, sondern diskreditiert, erweist sich die vorgeblich leibfreundliche antike Gesellschaft als (latent) sexualitätsfeindlich. Das hat sich in der Sache nicht wesentlich geändert. Was Hera erzürnt, bleibt als Stereotyp von der triebgesteuerten Natur des Weibes lange Bestandteil des misogynen Diskurses. Erst im postemanzipatorischen ausgehenden zwanzigsten Jahrhundert richtet sich der Vorwurf größerer Lustempfindung gegen den Mann, dessen Sexualverhalten als egoistisch diffamiert und als Rücksichtslosigkeit gegenüber den vorgeblich andersartigen Bedürfnissen der Frau angeklagt wird. Die Rede von der männlich dominierten und für Frauen kaum je befriedigenden Sexualität kulminiert in der Forderung nach dem weiblichen Recht auf Orgasmus.

Ungebrochen bleibt das Vertrauen in biologisches Erfahrungswissen. Seinerzeit glaubte man Teiresias, weil er, von den Göttern mit einem Geschlechtswechsel bestraft, sieben Jahre lang als Frau gelebt hatte; heute signalisiert die große Popularität von sogenannter erotischer Literatur aus der Feder von Frauen die Hoffnung, aus berufenem Mund über das Geheimnis weiblicher Lust sprechen zu hören.

Das Kapitel „Lust – keine Lust" ist ein Reflex auf diese Entwicklung. Es behandelt Romane (von Ulla Hahn, Monika Maron, Elfriede Jelinek, Sibylle Berg, Julia Franck und Marlene Streeruwitz) auch unter dem Gesichtspunkt der Autorschaft und setzt nicht, wie andere Überblickskapitel in diesem Band, ausschließlich bei Thema oder Machart der Texte an. Das Wechselverhältnis von Sujet und Autor zur Prämisse der Lektüre zu machen ist heikel, zumal wenn Sexualität als Romangegenstand und Sexus des Textproduzenten die thematische Klammer stiften sollen. Doch die Verschränkung von weiblicher Autorschaft und ‚erotischer' Literatur entspricht der heute vorherrschenden Präsentation von Unterhaltungsliteratur. Kein Roman einer Frau erscheint ohne Photo der Autorin, „Liebediener" liefert im ausklappbaren Schutzumschlag gar ein Porträt der Autorin Julia Franck mit, das sich nicht nur im Format mit den BRAVO-Starschnitt-Postern messen kann. Eindeutig ist die Inszenierung der Autorinnen zu jungen Wilden, sanften Schönen oder zum „Fräuleinwunder"-Phänomen ein wesentlicher Bestandteil der Buchvermarktung und – das wird zwangsläufig die Folge sein – ein Faktor der Lektüre.

Seit in den siebziger Jahren weibliches Körperbewußtsein und die Schwierigkeit seiner angemessenen Darstellung zu einer Kernfrage feministischer Literatur und ‚weiblicher Ästhetik' wurde, sucht man allenthalben nach dem ‚weiblichen Blick' auf Eros. Die Diskussionen erreichen zwar nicht mehr Heftigkeit und Breitenwirkung von Verena Stefans spektakulärem Erfolg „Häutungen" aus dem Jahr 1975, und das Sexuelle wird heute als ein „hoch Erotisches" verklärt und im literarischen Diskurs konversationsfähig gemacht. Die Tatsache aber, daß Frauen über Sexualität schreiben, wirkt immer noch beunruhigend, und die Art, wie sie dies tun, verstört zuweilen, vor allem, wenn sich Sexualitäts- mit Gewaltdarstellungen verbinden und statt zärtlicher Zweisamkeit Perversion, Brutalität oder die Gefühlskälte beiläufiger Onanie geschildert werden.

Die weibliche Selbsterfahrungsliteratur war inhaltlich und stilistisch gekennzeichnet von zwei gegenläufigen Tendenzen: einerseits von Drastik und Tabulosigkeit bei der Beschreibung von körperlichen Vorgängen, andererseits von dem Bemühen um eine poetische Sprache für jene Teile und Vorgänge des Frauenkörpers, die von der medizinischen oder sexistischen Sprachkonvention nicht oder nur unzureichend erfaßt waren und deren positive Konnotierung das weibliche Selbstbewußtsein heben sollte. Die breitere Öffentlichkeit begegnete diesen Texten mit ostentativem Ekel, eine moralische Kritik monierte Indiskretion, die ästhetische Kritik erklärte die neue Körperpoesie der ‚Blütenlippen‘ und ‚Lippenblüter‘ zu Kitsch. Die Frauenbewegung reagierte zwiespältig auf die ästhetisch-ideologische Engführung von ‚Frau‘ und ‚Körper‘, Frauenkörper und Natur und vermißte das gesellschaftspolitische Moment der einst modischen Selbsterfahrungsberichte.

Dennoch sind die Spät- und Langzeitwirkungen der frühen literarischen Frauenbewegung nicht zu unterschätzen. Ohne sie wären Romane wie Ulla Hahns „Ein Mann im Haus" (1991) und Monika Marons „Animal triste" (1996) schwer erklärlich, beide weder Frauen- noch eindeutig traditionelle Liebesromane. Beide konterkarieren die Erwartung, das Verhältnis eines verheirateten Mannes und seiner sehnsüchtig sich verzehrenden Geliebten gewährleiste eine romanhafte Liebesgeschichte. Hahn überführt die empfindsame Konstellation in die Realität einer sexuellen Folterbeziehung, in der die Frau zur Rächerin ihrer jahrelangen Duldsamkeit wird und ihre Besessenheit vom Körper des Mannes in die Grausamkeit einer erzwungenen geschlechtlichen Intimität verkehrt. Die Geliebte, vormals Opfer des an eine andere gebundenen Mannes, nötigt diesen Mann in ihre Gefangenschaft und überträgt die psychischen Mechanismen ihres Liebesverlangens in eine Partitur physischer Folter, aus der sie ihn erst als einen seelisch und geistig Gebrochenen in die Arme seiner Ehefrau rückentläßt.

„Ein Mann im Haus" bleibt, trotz der stofflichen Originalität, ein schwacher Roman, traditionell aufgebaut und konventionell erzählt. Seine Grundidee, die blutrünstigen Finessen eines weiblichen Racheakts aus dem Alltag der Heldin, einer Goldschmiedin, zu entwickeln und mit dessen Mitteln zu gestalten, führt zu manierierten Konstruktionen nicht ohne unfreiwillige Komik, wenn etwa in einem Akt erotisch brutalisierter Transsubstantiation das Ringsymbol der Eheschließung zum Schmieden goldener Fesseln wird, mit denen die Geliebte „Küstermann", den verheirateten Mann im Kirchendienst, an das Bett des Ehebruchs kettet. Das Lächerlichmachen von Sex und Sexus eines Provinzakademikers und das bemüht ironische Loblied auf weibliche Tugenden wie Pragmatismus und Fürsorge, deren betuliche Harmlosigkeit bedrohliche Wirkungen zeitigt, wenn die Frau sich verschmäht, enttäuscht oder sexuell frustriert fühlt, dieses Spiel mit der Doppelgesichtigkeit der beschaulichen Kleinstadt-Idylle erinnert an die Kriminalromane Ingrid Nolls und propagiert das Frauenideal der schelmisch Spätemanzipierten.

Marons „Animal triste" situiert den Geschlechterkrieg im Berlin des Jahres 1990, wo die letztlich scheiternde Liebesobsession zwischen der Ostberliner Paläontologin für den verheirateten westdeutschen Insektenforscher die Sehnsüchte deutsch-deutscher Annäherung und die Fragwürdigkeit der Wiedervereinigung reflektiert. Maron erzählt die Ehebruchsgeschichte als Geschichte von den Leiden der Geliebten, die hofft, im privaten Glück jenen Halt zu finden, den der Umsturz der vertrauten Verhältnisse ihr genommen hat. Doch die Ingredienzien des verboten-verborgenen Verhältnisses – die Verlustangst im Moment der nächtlichen Trennung, die lähmende Anspannung des Wartens, Ungewißheit und Schmerz der Eifersucht – lassen an die Stelle der Liebespassion die Entzugspassion treten. Zermürbt vom Wechselbad der Gefühle und der Willkür fremder An- und Abwesenheiten ausgeliefert, ersetzt die Wartende die Lust am anderen Körper durch die Plage des eigenen, der „kneift und beißt [...], zerrt [...] und [...] schmerzt, als zöge mir jemand bei lebendigem Leibe die Nervenstränge durch die Wirbel".

Die Hypochondrien der Selbstbeobachtung entschädigen für die
Aufmerksamkeit, die der Geliebte der Frau vorenthält. Erst mit
dem Tod des Mannes, an dem die Ich-Erzählerin nicht unschuldig ist, enden die Hoffnung, er möge sich für ein Leben mit ihr
entscheiden, und die Angst vor der sich wiederholenden Enttäuschung. Der Tod des Geliebten beendet aber keinesfalls jenen
Zustand weltvergessener Körpergegenwart, in dem die Frau sich
ihrer selbst versichert, sondern stellt im Gegenteil diesen Zustand auf Dauer – ein Phänomen, für das Maron die Metapher
der geistigen Umnachtung wählt, das bei Hahns Heldin als luzi-
der Wahnsinn, bei Sibylle Bergs Protagonistin als kreischender
Irrsinn und bei Julia Francks junger Liebender als kindliche Ent-
rückung in eine Traumwelt in Erscheinung tritt; auch darin zeigt
sich das allen Romanen gemeinsame, lediglich in unterschiedlicher Deutlichkeit unterlegte Konzept bedingungsloser Liebe,
das als eigentlicher Erzählhintergrund fungiert. Die Auslöschung
des Mannes, den die Frau geliebt und erlitten hat, und ihre un-
klare Rolle bei seinem gewaltsamen Verschwinden bedeuten in
fast allen Texten den Beginn der Erinnerung. Sie ist Schöpfung,
Nach- und Neuerfindung der Liebesgeschichte, eine Erfindung,
in der die Frau sich selbst genügt und die den Schöpfermythos,
den gemeinhin der männliche Künstler für sich in Anspruch
nimmt, umwandelt zum Pharmakon für jene, die den Geliebten
überwinden müssen, um sich die Idee der Liebe zu erhalten und
nach den Lustqualen der imaginierten Symbiose in die Kontur
eines handlungsmächtigen Ichs zurückzukehren.

Die demütigende Erfahrung vom Ichverlust in der Dreiecks-
konstellation des Ehebruchs und die Rückgewinnung von Identität im Akt der Gewalt gegen den männlichen und gegen den eigenen Körper, den Hahn und Maron thematisieren und aus der Perspektive der Frauen darstellen, fungiert für beide Protagonistin-
nen als Movens des Erzählens. In diesem Produktivmachen der
Opferrolle mag man ein emanzipatorisches Moment ausmachen.
Auf der Höhe der Zeit (und ihrer Erzählkonventionen) sind die
Romane deshalb noch nicht. Hahns und Marons Fallgeschichten
erzählen, obgleich 1991 und 1996 erschienen, im Duktus der acht-

ziger Jahre, es dominiert die Kategorie der Einfühlung, Ausgangs-
konstellation und Plot funktionieren konventionell. Das Verhältnis von Geliebter und verheiratetem Mann variiert lediglich den
Topos von der Unerreichbarkeit des Geliebten, der Unmöglichkeit von Dauer und rezitiert die Apologie des gestohlenen, unwie-
derholbaren erfüllten Moments. Die Philosophie der wenig nüchternen Naturwissenschaftlerin in „Animal triste": „Man kann im
Leben nichts verpassen als die Liebe", reiht sich als Credo der
Selbstaufopferung in die Tradition eines Frauenbildes, das Emotion zur Leitkategorie weiblicher Lebensgeschichte deklariert.
Dieser Masochismus, der „das große Gefühl" und das mit ihm
identifizierte Objekt zu Existenzgrundlage und Inhalt weiblicher
Biographie macht und Unterwerfung unter dieses Konstrukt lust-
voller Abhängigkeit fordert, wird in beiden Romanen vorgeführt,
bei Hahn ironisch überformt, bei Maron archaisch stilisiert. Beide
Verfahren kratzen weniger am Mythos der ‚Liebe', als daß sie, mal
aggressiv, mal larmoyant, Klage führen über die unzureichende,
weil nicht absolute Liebesfähigkeit des anderen. Daß dieser andere ein Mann ist, spielt für das Ungenügen eine Rolle, ist aber nicht
dessen erschöpfende Erklärung. Der Mythos ‚Sexualität' kommt
kaum zu seinem Recht; dafür aber, und das ist in dieser Art Literatur relativ neu, der konkrete Akt, auch in seiner realen Unzuläng-
lichkeit und inklusive jener Spermaflecken auf dem Laken, die
vom bemühten Detailrealismus zeugen. Die Lust der Körper aneinander indes bleibt, mal heftiger, mal befriedeter, insgesamt
fraglos. Wenn hier und da eine Bemerkung über das Ungenügen
(„Dezenz") eines männlichen Geschlechtsteils Distanz signalisie-
ren soll, so ist es die spitzbübische Distanz, mit der Frauen einander seit eh und je ihre Unabhängigkeit von der Macht des Eros
versichern. Die Mischung aus kühler Berechnung und überlege-
nem Lächeln, mit der die Geliebte den biederen Vorlieben des
Ehemanns Rechnung trägt, der bei ihr – Garant der Frivolität –
statt der heimischen Biberwäsche Satinbettwäsche vorzufinden
wünscht, ist ein weiterer Topos im vertraulichen Freundinnen-
gespräch. Es gehört in den Vorstellungshorizont dieses im verborgenen wirkenden Matriarchats, mit der Überwindung der „Mis-

sionarsstellung" die sexuelle Gleichberechtigung als Hegemonie
weiblicher Lust verwirklicht zu glauben.

Frauen, die in den neunziger Jahren über Sexualität schreiben,
schreiben nicht notwendig über Liebe. Der harsche Ton, der,
etwa bei Berg, Ekel zum Programm und das Häßliche zum Maßstab macht, setzt sich von der frühfeministischen Schamlippen-
verkitschung ebenso ab wie von der feuilletonistischen Verklärung des Sexuellen zum Erotischen. „Erotik ist der Moment vor
dem Geschlechtsverkehr. Wo wir beim Ficken wären", wird der
Leser beschieden, in der Sache präziser als in der Grammatik.
Schnoddrigkeit und eine demonstrative Langeweile angesichts
von beidem, dem Sexualakt und seiner Beschreibung, kenn-
zeichnen den forciert abgeklärten Blick auf die Torturen, die der
Körper im Übergang vom Vegetieren zum Tod aufsucht und die
Berg „Sex" nennt. Der auch sprachlich unbarmherzige Zugriff
auf die Schrecken der Wirklichkeit und die Rücksichtslosigkeit
gegenüber dem Leser, dem jede tröstende Zuflucht (zur Psychologie, zur Sentimentalität, zur Ästhetik) verwehrt wird, haben ihr
Vorbild in Elfriede Jelineks Roman „Lust" (1989), einer lustvoll
zelebrierten Lektürequal und einer medial organisierten Publi-
kumstäuschung von beeindruckendem Erfolg.

Mit „Lust" beginnen die Mißverständnisse über „weibliche
Erotik" und „erotische Literatur von Frauen". Bereits seit dem
Erfolg der „Klavierspielerin" (1983) genießt Jelinek die Aufmerksamkeit der Medien, weniger als Autorin denn als Frau unter dem Verdacht „exhibitionistischer Selbstbefreiung" im
Werk (Wiesbadener Kurier). Das verhilft der Buchbesprechung
zur Popularität der lebenssatten home-story. Als Jelinek im Januar 1987 gegenüber der „Süddeutschen Zeitung" äußert, sie
arbeite „an einer Art erotischem Roman – ich sage nicht Porno
–, einem weiblichen Gegenentwurf zur ‚Geschichte des Auges'
von Georges Bataille", befördert das, verstärkt durch die zeitli-
che Nähe zu Alice Schwarzers PorNo-Kampagne in „Emma",
die Neugier auf einen „Weiblichen Anti-Porno" aus der Feder
der „Literatur-Domina" (Quick) und „schreibenden Erotoman-
in" (Vogue). Die Rechnung geht auf: Die Beachtung, die

„Lust" im Feuilleton erfährt, übertrifft die Summe aller Besprechungen früherer Texte der Autorin. Zu den literarkritischen Ingredienzien des medial beförderten Skandals gehört die bei den Kritikern einhellige Grundannahme, es handle sich bei „Lust" um eine „realistische Erzählung" über die Ehe des österreichischen Unternehmerpaars Herrmann und Gerti. Er, Direktor einer Papierfabrik in einem von Ski-Touristen heimgesuchten Alpental, hat aus Angst vor Aids seine Bordellbesuche eingestellt und läßt seine Frau Gerti ihm mehrmals täglich die Dienste der Prostituierten ersetzen. Sie, alternd, isoliert, trinkt und erschöpft sich in ihrer „Mutterliebe" zu dem gemeinsamen Sohn. Dieser, eine Miniaturausgabe des machtlüsternen Vaters, weiß sich seiner Mutter gezielt zu bedienen und zu entziehen. Gerti beginnt eine Affäre mit dem Studenten Michael, der sie, unterstützt von seinen Sportsfreundinnen und -freunden, sexuell mißbraucht und vergewaltigt. Zwischen Michael, der sie verrät, und Herrmann, der sie wieder in Besitz nimmt, irrt Gerti hin und her, bis sie zuletzt den Sohn, den der Vater mit einem Schlafmittel betäubt hat, damit er das elterliche Beisammensein nicht stört, erstickt und in einem Bach „abtreibt".

Wer Jelineks Roman so liest und die Glaubwürdigkeit des Erzählten an den Regeln der Wahrscheinlichkeit bemißt, bezweifelt wie Karasek die exorbitante Potenz des Fabrikdirektors Herrmann oder beklagt wie Reich-Ranicki, daß „diese Frau ein Buch geschrieben hat, wo die Sexualität unentwegt mit äußerster Kraft denunziert wird als das Widerlichste auf Erden". Der Text leistet einiges, um nicht naiv als realistische Story gelesen zu werden, indem schon das Buchäußere sich als Mogelpackung in eroticis zu erkennen gibt. Der von Klaus Detjen gestaltete Schutzumschlag macht deutliche Anleihen bei den Umschlägen, die Imre Reiner in den sechziger Jahren für Arno Schmidt entworfen hat. Auch der Titel ist nicht aus erster Hand. Genau hundert Jahre zuvor, 1889, erschien Gabriele D'Annunzios „Il piacere", ein Text, den Jelinek als Muster von faschistoidem Sexismus 1975 bereits den „Liebhaberinnen" unterlegt hat.

Auch die Grundfabel ist ‚uneigentlich'; anders als „Ein Mann

im Haus" und „Animal triste", die das Schema des Ehebruch-
romans nur variieren, exponiert „Lust" den Typus selbst als Kli-
schee. Im Zitat begegnen Stereotypen der Seifenoper der achtziger Jahre, wo die „besseren Kreise" und der Glanz des Winter-
sports den Hintergrund für ein Privatdrama um Ehe und Ehe-
bruch abgeben, jugendliche Liebhaber mit gesetzten Ehemän-
nern konkurrieren, die Lebenssüchte und Sehnsüchte von gelangweilten Hausfrauen sich in Mutterliebe und Alkoholismus nie-
derschlagen, Sportbegeisterung und bildungsbürgerliche
Kunstliebe die Zeit ausfüllen sollen und sich an der „Lust" die
Geschlechter scheiden, weil die Frau ‚Liebe', der Mann Macht,
Geld und Sex darunter versteht.

Was als sieben Tage aus dem Leben eines Paares erzählt wird,
meint eigentlich ein ganzes Leben und die Ordnung der Welt,
wie sie sich im westlichen Europa des ausgehenden zwanzigsten
Jahrhunderts darbietet. Gesprochen wird im Duktus der Allge-
meingültigkeit, und der Anstrich des Zeitlosen macht den Zir-
kel der Gesamterzählung zur Endlosschleife, jenem Ordnungs-
prinzip, das der Text mit dem Pornofilm teilt. Das Gefühl von
Leerlauf und Monotonie des Immergleichen dominiert über die
Macht der Handlung. Der letzte Satz des Romans „Aber nun
rastet eine Weile!" kennzeichnet den Plot, die Ermordung des
Kindes durch seine Mutter, als letzten Akt einer pervertierten
Schöpfung, indem er auf den letzten Tag der Schöpfung, den
Sonntag verweist – den Tag, an dem der Roman einsetzt. So
schließt sich der Kreis, der nicht nur als Kompositions-, sondern
auch als Funktionsprinzip des Textes dient. Wie ein Hamster im
Laufrad bewegt der Leser den Text und dieser bewegt ihn. Die
so entstehende Orientierungslosigkeit macht es unmöglich, den
Roman zu verlassen, ohne beim Übertritt auf dem Boden außer-
sprachlicher Wirklichkeit aufzuschlagen. Was „Lust" funktionieren läßt, macht den vergleichenden Blick zwischen dem Text
als Welt und der Welt als Text zum schwindelerregenden Seh-
test. Denn „Lust" ist ein hoch artifizieller, inhaltlich und metho-
disch programmatischer Roman. Wenn er auf Eigennamen verzichtet und sie durch generalisierende Synekdochen ersetzt, die

Person im Sexus (der Mann, die Frau) aufgehen läßt oder auf ihre sozioökonomische Stellung (die Armen, der Direktor, die Arbeiter) reduziert, dann tut er dem Subjekt auf eine Weise Gewalt an, die sich gegen die zentrale europäische Tradition des Erzählens vom Menschen als einem Individuum richtet. „Lust" demonstriert Gewalt als sprachliche Gewalt. Sie illustriert, wie sich gesellschaftliche Erfahrung als körperliche Erfahrung niederschlägt und umgekehrt. Deshalb handeln auch nicht länger Charaktere, kaum mehr Typen, sondern Körper. In der Erhöhung des Körperlichen zum literarischen Subjekt geht Jelinek den Autorinnen Berg, Franck und Streeruwitz voran.

Der Körper der Frau gehört dem Mann, ist „vollgeschüttet und vollgeschissen von ihm", während der Mann, mit seinem Körper identisch, von seinem Geschlecht regiert wird. Der Penis, das „halbe Kilo Fleisch, das sein Meister ist", macht den Mann zum Herrn, zu Herrmann, über Gerti. „Es ist vorgesehen, daß sie bis zum Abend auf ihn warten soll, bis er käme, das Haupt in sie zu betten." Jelineks Poesie der Obszönität, die Penis und Kopf in eins setzt und den Machtaspekt dieser poetisch sanktionierten Verschiebung herausstellt, unterläuft die Illusion von sprachlicher Unmittelbarkeit. Nie verweist ein sprachliches Zeichen direkt auf einen außersprachlichen Tatbestand. Immer existiert zumindest ein sekundäres Zeichensystem, auf das die Lautkette verweist und das seinerseits weiterverweist. Diese Komplexität schlägt sich besonders in der Metaphorik nieder, die sowohl sexuelle als auch soziale Konnotationen abruft. Auf der Ebene des Bezeichneten verschränken sich soziale und sexuelle Herrschaft in den Metaphern des Körpers, der unter der Ägide von Marx, Nietzsche und Freud, von Arbeit, Herrschaft und Begehren steht. Der Körper ist Instrument der Arbeit, so wie die Männer als „Handwerker ihrer Lust" die „Arbeit der Geschlechter" zu leisten haben; der Körper verhilft der Macht zu physischer Präsenz, denn „der Direktor ist so groß, daß unmöglich an einem Tag um ihn herumgegangen werden kann". Als Agent des Begehrens schließlich beherrscht der Körper das Vokabular und die Idiomatik. Was in anderen belletristischen

Werken gesucht werden muß, jene „Stellen", die den Ge-
schlechtsakt beschreiben, ist in „Lust" omnipräsent. Diese Parallele zum Porno gibt den Hauptanlaß, den Roman als porno-
graphischen lesen zu wollen. Das allerdings muß scheitern. Denn
die Sprache des Körpers entsinnlicht die Körpersprache und
verunmöglicht die bildhafte Imagination im Kopf des Lesenden
durch eine Überfülle divergierender Verweise und sich selbst ge-
nerierender Bildbrüche. Laufend zerstört der Text die laufen-
den Bilder. Er destruiert allerdings nicht unmittelbar, sondern
dekonstruiert nach Maßgabe seiner eigenen Möglichkeiten durch
Vereindeutigung des Zweideutigen und Zweideutigkeit des Ein-
deutigen, wenn etwa idiomatisierte Metaphern auf die Wortbe-
deutung zurückgeführt werden.

Sex heißt in „Lust" das Eindringen des Mannes in die Frau –
ein Akt, den der Text wiederholt, indem er ihn in unterschiedliche „Diskurse" übersetzt. Die biblisch verankerte Sprache bra-
chialer Aggression steht neben Bildern väterlicher Fürsorge: „Er
spaltet ihr den Schädel über seinem Schwanz" und „zieht ihr den
Scheitel"; er vollendet an ihr sein Werk als tapferer Naturbe-
herrscher, der rodend Land gewinnt, denn „er hat ihr je schon
eine Spur vorgelegt mit seinen Geschossen, die brüllend Schnei-
sen in den Wald gebrochen haben"; so steht er in der Nachfolge
des großen Herrn und Schöpfers: „Lächelnd treibt der Schöpfer
aus den Männern ihr Produkt, damit es unter uns herumzurasen
sich angewöhnen kann. Der Mann zerteilt die Schöpfung mit
seinen kräftigen Tempi, und auch die Zeit vergeht in ihrem eigenen Tempo." Und natürlich erweist sich der mit auctoritas Aus-
gestattete auch im Sexualakt als Autor und „zieht das Geschlecht seiner Frau auseinander, ob er sich auch leserlich dort
eingeschrieben hat". – „Lust" betrachtet den Koitus aus radikal-
feministischer Perspektive. Heterosexualität erscheint als Symptom und Symbol männlicher Gewalt; die Fixierung auf genita-
le Sexualität und den Penis als deren Exekutor fordert das Eindringen in die Frau, um in diesem grenzverletzenden Akt die
Unterwerfung des weiblichen Menschen unter den männlichen
zu besiegeln und über die Intimität des Schlafzimmers hinaus als

historische und gesellschaftliche festzuschreiben. Der weibliche
Körper steht dazu grundsätzlich zur Disposition, seine Öffnun-
gen laden den Mann ein, sich auszubreiten. Die männlichen
Grenzüberschreitungen funktionieren – in Theweleitscher Manier – als Körperausdehnung und Machterweiterung mit den
Mitteln der Technik, des Autos, durch Werkzeug und Sportge-
rät und – naturgemäß – qua Erektion. Körperliche Entgrenzung
ermöglichen ersatzweise auch Nahrungsaufnahme und Entleerung. Essen und Ausscheiden sind in „Lust" strukturell und
funktional identisch mit Penetration und Ejakulation, die Kör-
persäfte des Geschlechtsakts gelten folglich als Fäkalien. In einer
Mischung aus groteskem Spiel und mechanischem Zwang ge-
braucht Herrmann alle Körperöffnungen seiner Frau, und diese
mit Gewalt und Anstrengung verbundene „Arbeit" macht als
Gewaltakt vor dem Leser nicht halt. Der Roman nutzt die ihm
dargebotenen Körperöffnungen des Lesers, während er seinerseits vom Leser benutzt wird: „In saftiger Ruhe schiebt der
Mann das Bild seiner Frau in den Schlitz des Betrachters." Durch
ästhetische Anschauung in der Lektüre zum Betrachter gemacht,
wird der Leser zum Videorecorder, zum programmierbaren Ab-
spielgerät fremder Phantasien. So bekommt der Voyeur, was er
will, muß jedoch seine Illusion, selbstbestimmt außerhalb zu stehen, aufgeben.

Durch den Machtakt, Bildhaftigkeit im Kopf des Lesers zu er-
zwingen, wo dieser in der Abstraktion verharren möchte, und die
Konkretion der Anschauung zu verweigern, wo ein pornographi-
sches Interesse sie fordert, unterläuft der Roman „Lust" das Programm seines Titels. Die Lektüre frustriert das Begehren, das sexuell stimulierte und das akademisch abstrahierende. Insofern
agiert der Roman ebenso wirkungsästhetisch wie er argumentiert
und führt vor, daß nicht Sexualität als Phänomen oder „Ding an
sich" sein Gegenstand ist, sondern „Lust" als Mythos des Sexuellen, tradiert und präsent „in den Erscheinungen". Den überkommenen Wahrnehmungs- und Darstellungsstereotypen gelten die
Mühen der Dekonstruktion. Sie will, was als „Begehren" und
„Verlangen" die Weihen einer existentiellen Suche empfangen hat

und als „Lust" und „Geilheit" rauschhafte Vitalität in unmittel-
barer Körperlichkeit verspricht, als Phantasma überführen.

Jelineks Sprache führt vor, daß alles, jede Geste, jede Objekt-
konstellation sexualisierbar und daß das Sexuelle seinerseits Ausdruck der Macht, Ohnmacht, Lust und Unlust ist. Dabei rücken
vor allem jene Spielarten des Sexuellen in den Blick, in denen
das Vermittelte und die Simulation die vorgebliche Ursprüng-
lichkeit des Triebaktes ersetzen: Pornographie statt Sexualität,
Animation statt Lust, Lektüre statt Koitus. In der permanenten
Anwesenheit des Sexus nimmt das Schlüpfrige, Obszöne und
Vulgäre den Platz des erotisch Verklärten und sakral Überhöhten ein. Wenn Verse aus Hölderlins Hymnen so in den Roman
eingefügt und mit Bildkonventionen und Satzrhythmen der por-
nographischen Stimulation gleichgeschaltet werden, daß sie sich
als sexuell motiviert und Sexuelles motivierend darbieten, wird
das Hymnisch-Ätherische derart mit Körperrealität und Unter-
leibsaktivität aufgeladen, daß das dichterische Werk weit über
die zitierten Einzelstellen hinaus kontaminiert bleibt, was zur
nachhaltigen Verstimmung des gebildeten Lesers beiträgt. Denn
entmystifiziert wird neben der Idee der „Lust" eben auch das
Konzept ihrer Sublimierung, jene Leistung, ohne die Textpro-
duktion und Lektüre nicht möglich wären und die der Roman
auf eine Stufe stellt mit der vorgeblich durch sie überwundenen
niederen Triebhaftigkeit des Sexus. Kurz: (Hölderlin) lesen ist
nicht besser als Pornos sehen.

„Lust" ist ein einziger Angriff auf die Person, deren Status
aufgehoben ist, wo Körper einander und sich selbst nur noch als
Objekte, in objektivierender Veräußerung erfahrbar sind, ohne
jemals zu sich selbst zu kommen, denn „die Menschen fliehen
vor ihrer Leere ausgerechnet ineinander, wo immer schon einer
ist". Das Eindringen in den anderen Körper als Flucht vor den
Abgründen der Langeweile, Sex als ebenso routinierter wie ver-
zweifelter Versuch, etwas zu empfinden, was das Individuum,
und sei es im Selbstverlust, seiner Existenz versichert, diese al-
ters- und klassenübergreifende Fixierung auf körperliches
Schmerz-Lust-Erleben ist das Motiv, das die fiktionalen Kurz-

biographien in Bergs Romanen umkreisen. Und während „Lust"
der erzählerische Anspruch innewohnt, die Geschichte des Ge-
schlechterverhältnisses polemisch und letztgültig zu dokumen-
tieren, indem der Stereotyp einer Story als ihr Archetyp behauptet wird, suchen die Romane von Berg im Patchwork der pseu-
dodokumentarischen Einzelporträts das Panorama menschlicher Lüste und Sehnsüchte. Doch gerade im Rund- und Über-
blick reduzieren sich die Motive und Ziele menschlichen Han-
delns auf die Kernthemen: Schmerz – Kälte – Fühllosigkeit –
Langeweile und Warten auf Erlösung im Tod. Der Titel „Ein
paar Leute suchen das Glück und lachen sich tot" (1997) ist
wörtlich zu verstehen. „Ein paar Leute", das sind Vera, ihre
magersüchtige Tochter Nora und ihre Freundin Bettina, die alte
Ruth und Karl, Veras Mann Helge, Barpianist und Gigolo, Veras Liebhaber, der erfolglose Rockmusiker Pit, der mit Bettina
einen one-night-stand hatte, von dem sie sich den Beginn einer
Beziehung erhoffte, der Photograph Tom, vormals eine Bett-
bekanntschaft Bettinas, die nach ihrem Mißerfolg bei Pit an das
frühere Verhältnis anzuknüpfen sucht, doch da hat sich Tom
schon mit der von zuhause weggelaufenen Nora zusammenge-
tan, die zuvor eine sadomasochistische Kurzbeziehung mit dem
Grufti Thomas unterhielt, bis sie ihn aus Widerwillen und Neugier zu Tode quälte. Aus Eifersucht auf Bettina zündet Nora das
Haus an, Bettina und Tom kommen auf dem Weg zu ihr bei
einem Verkehrsunfall um, Helge, der spät seine homoerotische
Neigung entdeckt, wird von seinem Liebhaber erschlagen, Pit,
dessen Liebesflucht mit Vera nach Amerika scheitert und der
dort allein zurückbleibt, wird von einer drogensüchtigen Mas-
senmörderin skalpiert, und auch das Glück von Ruth und dem
armamputierten Karl, die im Altersheim zueinander finden,
bleibt kurz; Ruths Körper atme das Alter, meint Karl und erin-
nere ihn das seine; als ihn ein obdachloser Teenager anspricht,
wähnt er sich von dem jungen Mädchen begehrt; die Kränkung,
auf eine Prostituierte hereingefallen zu sein, läßt ihn seinerseits
Ruth kränken, die sich rächt, indem sie ihn erschlägt und sich,
wieder und endgültig allein, selbst vergiftet.

Das Glück, das sie alle suchen, trägt den Namen „Liebe" und verspricht Erlösung vom Alleinsein und das Herausfallen aus der Erstarrung und Anästhesie des Nicht-wahrgenommen-Seins. Sexualität fungiert als Medium der Kontaktaufnahme zum anderen wie auch zum eigenen Körper. Sie führt mittelbar oder unmittelbar zum Tod, eine traditionsreiche Verquickung, die „Sex II" als Unio mystica von Eros und Thanatos in „der Krankheit", Aids, beschwört. „Ein paar Leute suchen das Glück und lachen sich tot" variiert das episodisch zirkuläre Muster von Schnitzlers „Reigen". Kurzfristig werden die Personen zu Paaren, bei denen Zuneigung und Abhängigkeit ungleich verteilt sind; sie bleiben aus Gewohnheit, mangels Alternative oder aus Angst vor dem Alleinsein zusammen, sind aber eigentlich in sich gefangene Einzelwesen, die sich für nichts zu interessieren vermögen und, so Bettina, „wie alle, die nicht zur intellektuellen Ekstase taugen. Renne ich der Ekstase der Liebe hinterher". Die Geschichten um seelisch verwahrloste Wohlstandsgeschöpfe, magersüchtige Halbwüchsige, desillusionierte Barpianisten, einen glatzköpfigen Photographen, der „versucht, auszusehen, als wäre er ein echter Typ", eitle Rockmusiker und Journalistinnen mit dem bösen Blick illustrieren das Motiv der Sehnsucht nach dem „eigenen Menschen", den man „ganz für mich allein" hätte. Deren Erfüllung scheitert an der Unmöglichkeit, einander zu begegnen, wie an der Flüchtigkeit des Glücks, das es, wenn überhaupt, nur außerhalb der Zeit und jenseits der Sprache gibt – mit den Körpern. Diese aber erleben es weniger als sexuelle Ekstase oder erotische Verzückung denn als Geborgenheit in quasi geschwisterlicher Vertrautheit, heiter und erlöst. Dem Traum von der bedingungslosen und harmonischen Liebe hängen die Frauen mehr an als ihre Liebhaber. Waidwunde Frauenseele zeigt die erfolgreiche Karrierefrau Bettina ebenso wie die verstörte Nora, für die erfahrene wie für die erstmals Liebende ist Sexualität, ganz traditionell, Mittel, den Mann emotional an sich zu binden, um Nähe, Wärme und Geborgenheit zu finden.

Die Männer bleiben, selbst in der introspektiven Rollenprosa, letztlich Fremde, egozentrisch dem Beruf und ihrer sozialen Stellung verpflichtet und versponnen in die je eigenen Phantasmen vom ganz anderen Leben, vom Aussteigen, von Amerika, Italien oder der Wüste. Daß sie sich an eine andere Person attachiert haben, spüren sie spät und in der Regel mit Unbehagen; es verwandelt sich erst in das Bewußtsein von Stärke und Verantwortung, wenn Lieben und Begehren auseinandertreten dürfen, wenn Tom mit Bettina schläft, weil er weiß, daß er Nora „irgendwie liebt und ihr treu" ist, dann kann er sicher sein, „daß es gar nichts bedeutet, mit Bettina zu schlafen. Das ist nur so wie massiert werden."

Bergs erster Roman ist ein maliziöser Generationenroman, der Gemeinschaftsidentität stiftet und eben jene Lifestyle-Gesellschaft als Leserkreis anvisiert, die er mit gnadenlosem Blick seziert: „Fernsehleute, Zeitungsleute, PR-Leute und viele aus der Musikbranche, alle Gehälter zusammen könnten Schwarzafrika retten. Die Langeweile zusammen könnte, in Wasser umgewandelt, die Erde überfluten." „Sex II" (1998) bewegt sich aus diesem vertrauten Ambiente weg in die Tiefen der Kanalisation, die schäbigen Hinterzimmmer der Kinderschänder, die Kühlhallen der Leichenschauhäuser, in Gefängniszellen, wo ein Sodomit, erfreut über die Abwechslung, sein Kaninchen gegen einen türkischen Reiseführer austauscht, den die Eintönigkeit seines Berufs und die aggressive Ignoranz seiner Kunden zum Mörder an deutschen Touristen hatte werden lassen. Die Rollenprosa in „Ein paar Leute ..." klingt bereits recht eintönig, doch das relativ homogene Milieu, in dem alle Figuren sich bewegen, macht die geringe Bandbreite des Sounds halbwegs plausibel. In „Sex II" nutzt die Autorin nun das Konstrukt einer allwissenden Erzählerin, selbst Opfer ihrer narrativen Omnipotenz, seit sie eines nachts auf unerklärliche Weise gezwungen ist, durch Wände, in die Dunkelkammern der Köpfe und die Abgründe der Seelen zu sehen. Ihr Blick kann vor nichts als der Liebe, als sie ihr denn selbst begegnet, halt machen. Vor und nach dem Liebesfall muß die Erzählerin in Worte fassen, was den gewalttätigen Figuren wegen ihrer Sprachohnmacht nicht möglich ist. Der Roman dokumentiert die Stationen ihrer Geisterbahnfahrt durch die Stadt als Feldforschung in Sachen Perversion.

Im Stil einer abgeklärten Sozialreportage werden monadische Einzelwesen vorgeführt, die jeder Versuch, die Außenwelt durch das ihnen einzig mögliche Ventil einer triebbesetzten Handlung zu erreichen, auf sich selbst zurückwirft. Vergewaltigung und Onanie sind emotionaler Ausdruck dieser Mischung aus Einsamkeit, Autonomie und Triebzwang. Die Vergewaltiger sind ausnahmslos Männer, Triebtäter, Pornodarsteller, die ihre Partnerinnen mit Handstaubsaugern und Bohrmaschinen penetrieren, Talkmaster, die Feuerlöscher in die Vagina von Hausfrauen rammen, bis diese auseinanderreißen und verrecken. Freude an der Brutalität, Voyeurismus, Sensations- und Geldgier stimulieren und ersetzen den eigentlichen Sexualakt. Die Frauen fallen ihrer Naivität, ihrem Konsumdenken, ihrer Publikumsgeilheit zum Opfer – den modernen Varianten einer Gefallsucht, die von der psychischen zur sozioökonomischen Größe geworden ist. Um ihretwillen werden Frauen zu Täterinnen an ihren Kindern, die sie wegen mangelnder Attraktivität im Keller einkerkern oder wegen geforderter Körperzuwendung mit dem Kopfkissen ersticken. Nicht Geschlechtsverkehr verbindet Männer und Frauen in „Sex II", gemeinsam ist ihnen nur Onanie. Ähnlich wie in Michel Houellebecqs „Elementarteilchen" ist sexuelle Selbststimulation bei Berg einsinnige Metapher perspektivloser Selbstbezüglichkeit, ohne Aussicht auf Befriedigung. Als Rubrum sorgt Onanie in den Kurzporträts für die Klassifizierung der Charaktere: „Onaniert nie/ selten /oft", „onaniert zu Kriegsberichtfotos, zu Tierpornos, zu Richard Gere-Fotos" ersetzt die Beschreibung von Lebenswirklichkeit und buchstabiert zusammen mit den Angaben zu Lebensalter, Beruf und der jeweiligen psychischen Deformation jenen kulturellen Code, dessen Lektüre an die Stelle des Romans als episch breiten Erzähltext getreten ist. Die Ästhetik des Häßlichen und die Poetik des Ekels suchen dabei von Episode zu Episode nach Überbietung. Sex ist allen, Jungen, Alten, Attraktiven, Todkranken, Arrivierten und Losern die letzte Möglichkeit, der Isolierung zu entkommen; doch selbst der von Gewalt, Ekel, Demütigung und Tortur stimulierte Orgasmus bestätigt nur den Zustand, aus dem er heraushelfen sollte. Die

Perversion der Schamverletzung scheitert, wenn die verwöhnte
Studentin („Hobby: Schöne Kleider, einkaufen") den ultimati-
ven Kick sucht, indem sie sich zur Domina eines nackten Leck-
sklaven erhebt, der die Exkremente seiner Herrin essen soll, und
der Akt der Entleerung unter den Augen des gelangweilten Jungen mißlingt. Der Überdruß an sich selbst, der Normalität und
der Normverletzung atmet eine Trostlosigkeit, die sich selbst zu
entkommen sucht, indem das noch extremere Bild, die noch weniger vorstellbare Geschmacklosigkeit aufgesucht werden. Während Jelineks Roman die trostlose Monotonie dessen, was er erzählt, in seiner Machart reproduziert und die Ähnlichkeit von
Sexkonsum und Textkonsum vorführt, sucht „Sex II" durch
phantastische, halbwegs positive Gegenwelten, die „Geschichten gegen den Wahnsinn", jenes Korrektiv zu schaffen, dessen
Einsatz nötig ist, um die Grausamkeit der realen Welt immer
von neuem zu empfinden. In diesen Geschichten und in den sur-
realen Miniaturen, die im Zerrspiegel die Absurdität kleinbür-
gerlicher Einrichtungsaccessoires wie der Phototapete zu Bewußtsein bringen, liegt die Stärke der Autorin. Erst die Haßtira-
den auf die Normalität, mit denen Berg sich schon im „Zeit-
Magazin" einen Namen gemacht hat, beleben das dumpf-trau-
rige Horrorkabinett menschlicher Monstrosität, das uns schok-
kieren soll – allein, man spürt die Absicht ...
    Julia Francks Roman „Liebediener" (1999) integriert Sexua-
litätserfahrung als paradigmatische Körpererfahrung einer jungen Frau in den lebensgeschichtlichen Zusammenhang eines Lie-
bes- und Kriminalromans. Beyla, in einer Berliner Kellerwoh-
nung lebende Clownin Mitte zwanzig, erzählt aus der Retrospek-
tive ihre Liebesgeschichte mit dem attraktiven Pianisten Albert.
Sie beginnt, als Beyla Zeugin eines Unfalls wird, bei dem Charlotte, eine im selben Haus lebende Bekannte, ums Leben kommt
und an dem der Fahrer eines roten Autos nicht unschuldig ist.
Gedrängt durch Charlottes alte Tante, übernimmt Beyla die
Wohnung und bald auch das Leben der Toten, einschließlich
deren Beziehung zum ein Stockwerk höher wohnenden Albert.
Als sie glaubt, in Albert den Fahrer des roten Autos zu erkennen,

geht sie diesem Verdacht nicht nach, aus Angst, das Glück des
Verliebtseins zu gefährden. Die Erkenntnis, daß Albert als Callboy von Charlotte ausgehalten wurde, läßt Beyla das Verhältnis
beenden und Alberts Bemühungen, zuvor ersehnt und vermißt,
zurückweisen. In einem Zustand zwischen Realität und Traum
imaginiert sie Alberts Tod, wird allerdings aus dieser phantastischen Selbstbefreiung herausgerissen, als Charlottes Tante an-
deutet, Albert für Beyla engagiert zu haben.

Die Story lebt vom kriminalistischen Spannungsbogen des
analytisch Erzählten, ihr Reiz besteht darin, daß die Ich-Erzählerin sich selbst spätestens im nachhinein beim Fühlen beobachtet und beim Beobachten der eigenen Empfindungen beschreibt. Die mehrfache Brechung wird – zuweilen etwas plakativ – vorgeführt und signalisiert vor allem eines: Nicht die
Erzählerin ist der sich verzehrende „Liebediener", vielmehr
dient die Liebe ihr, Zeit und Phantasie auszufüllen. Und Albert, der professionelle ‚Liebediener', dem Beyla sich verfallen
glaubt, ist nicht mehr als ein Gefühlsvorwand, der Auslöser
einer hormonell-sentimentalen Projektion. Die Umwertung des
Mannes vom Subjekt zum Objekt des Begehrens, vom selbst-
bestimmten Liebhaber zum Callboy, schlägt sich auch in den
„erotischen Geschichten" nieder, mit denen Albert die Lust
Beylas weckt. Die sexuellen Phantasien erweisen sich im nachhinein als bezahlte, von ihm erbrachte Liebesdienste. Sie variieren das Motiv des Wunschmannes, des sexuellen Märchen-
prinzen, und sind Ausdruck der weiblichen Sehnsucht nach
dem zärtlichen, rücksichtsvollen oder dem hemmungslos lei-
denschaftlichen Liebhaber, der die Begierde weckt, wo sie im
Leben eines verkrüppelten Mädchens, einer Todkranken oder
einer überlasteten alleinerziehenden Mutter keinen Ort findet.
Auch wenn der Mann hier als Projektionsfläche und Erfüllungsgehilfe weiblicher Körpersehnsucht intrumentalisiert und
auf ein Lustobjekt reduziert scheint, ist das implizierte Ge-
schlechtermodell nicht emanzipatorisch. Vielmehr bleibt das
Begehren des Mannes, dessen Käuflichkeit behauptet wird, der
Maßstab weiblicher Selbstwahrnehmung und die Bedingung

der Aussöhnung mit dem eigenen Körper. Die Lust der Frau, auch an sich, hat die (simulierte) Lust des Mannes an ihr und auf sie zur notwendigen Voraussetzung.

Die Darstellung von Sexualität aus der Perspektive der Heldin ist traditionell. Die modische Ruppigkeit des Jargons – „ficken" – bleibt verbale Mutprobe, Sex heißt im Liebesfall „sich lieben" und wird vorgestellt als weibliches Verlangen nach dem Bedeckt-Werden, als Warten darauf, daß der Mann sich nähert, um die Kleider beiseite zu ziehen, und „alles unter sich zu legen". Wenn die Heldin sich selbst imaginiert, die „Haut bloß, die Brüste nackt", und die Vorstellung vom eigenen Körper (freilich aus der Perspektive des Mannes) zur sexuellen Stimulation einsetzt, ist sie zwar Herrin ihrer Phantasien, nicht aber Subjekt ihrer Lust. Erst die doppelte Spiegelung, das imaginäre Hineinversetzen in die Perspektive des Mannes und der eigene Objektstatus, der sich daraus ableitet, lassen sie über die Projektion des Begehrtseins zum Begehren gelangen. Das ist nicht neu und ästhetisch allenfalls zu rechtfertigen, wenn man unterstellt, daß in eroticis dieselben Stereotypen des tradierten Geschlechterdiskurses aus Beyla sprechen, die sie – auf die Frage, was sie eigentlich wolle – antworten lassen: „Ein Kind" – eine ihr unerklärliche Antwort, die „schneller war als ich und deshalb ohne meine Erlaubnis in die Welt gelangt war". Dies mag man als ironischen Reflex auf die Stimme der Natur und deren Renaissance im Weiblichkeitsdiskurs ‚moderner' Frauenzeitschriften deuten. Gesteht man dem Roman aber zur Ehrenrettung Ironie zu, so spricht man ihm zugleich seine von der Kritik hervorgehobene Qualität, die Sinnlichkeit des neuen Erzählens, ab. Sinnlichkeit, nicht nur die des Sexus, kennt viele Schattierungen, eine ironische freilich gehört nicht dazu. Wer den gemeinsamen Verzehr von Hühnerherzen als erotisches Mahl und als Akt magischer Inkorporation zelebriert, zeigt ein redliches Bemühen um anschauliches Erzählen, mehr aber auch nicht.

Die Anstrengungen nur behaupteter Sinnlichkeit werden deutlich im Vergleich mit der beiläufigen Welthaltigkeit und Dingpräsenz in den Romanen von Marlene Streeruwitz. „Verfüh-

rungen. 3. Folge Frauenjahre." (1996), „Lisa's Liebe." (1997)
und „Nachwelt." (1999) haben die Lebenswelt einer Büroange-
stellten, einer Lehrerin und einer Dramaturgin zum Gegenstand.
Der Versuch, den Alltag von berufstätigen alleinerziehenden
Frauen mittleren Alters zu poetisieren, funktioniert nicht – wie
etwa bei Brigitte Kronauer – mit Rückgriff auf die Poetik der
Romantik, die das Märchenhafte und Phantastische im Vertrauten auszumachen sucht, sondern indem eine ebenso genaue wie
lakonische Beschreibung von Handgriffen, habituellen Verrich-
tungen und Gefühlsregungen deren Recht als literarisches Sujet
behauptet. Die Prosa des Unspektakulären setzt gegen die ro-
maneske Überhöhung das Verfahren der Enthierarchisierung.
Keine Wirklichkeitspartikel wird einer anderen gegenüber
sprachlich, strukturell, kompositionell privilegiert, das Ge-
schirrspülen steht neben dem Einschlafen, Denken, Küssen,
Schminken oder Lesen. Die Abstraktion der Beschäftigungen zu
Handlungskategorien wie „Arbeiten" oder „Lieben" fehlt, an
ihre Stelle tritt die Beschreibung der Details, die Evokation der
Gegenstände, Körperfunktionen, Gedankensplitter. Biographie
ist nicht mehr ein Konstrukt aus abstrakt lebensgeschichtlichen
Faktoren wie Bildung, Karriere, Beziehung, sondern die Addi-
tion von Konkreta, die nicht auf Sinnzuschreibung verzichtet,
sondern den Sinn in eben diesem alltäglich Konkreten behauptet, im „Tun, das nur Sinn hatte, während es getan wird, und
danach nicht mehr verständlich war".
   Das Zursprachebringen von Sexualität als integralem, wenn
auch häufig eher frustrierendem als befriedigendem Bestandteil
eines Frauenlebens ist Teil von Streeruwitz' Programm. In „Verführungen." versucht die in Scheidung lebende Helene, die sich
und ihre beiden Töchter durch einen Bürojob über Wasser hält,
in gelegentlichen Treffen mit einem schwedischen Musiker kleine Enklaven eines erotischen Glücks zu bewahren, und scheitert
daran, daß der ,andere Zustand' und das Recht des Alltäglichen
nicht vermittelbar sind. In „Nachwelt." rekapituliert die Wiener Dramaturgin Margarethe, die in Los Angeles für eine Biographie der Bildhauerin Anna Mahler, Tochter des Komponi-

sten und seiner Frau Alma, recherchiert, parallel zur Rekonstruktion des fremden Frauenlebens das eigene. Die späte Absage des
Geliebten, der Margarethe allein nach Amerika reisen läßt, weil
er sich um seine kranke Stieftochter kümmert, wird zur schmerzlichen Bestätigung des Nicht-geliebt-Seins. Die Kränkung der
Zurücksetzung, Vertrauensbruch und die letztliche Unzuverläs-
sigkeit des Partners überschatten die Liebesverhältnisse und bestimmen die Selbstwahrnehmung der Frauen. Die Obsession des
Wartens auf den fernen oder distanzierten Geliebten stellt Streeruwitz als körperliche Realität und als Muster ambivalenten Ver-
haltens dar, in dem Anspannung, Kontrollverlust und Selbstmit-
leid mit Eifersucht, Aggression und dem Haß der Enttäuschung
abwechseln. Das Herausgehobenwerden aus dem Zustand
schmerzhaften Nicht-Lebens verspricht Frauen jene Erlösung,
nach der im Erziehungsroman die traditionell männlichen Helden auf der Suche sind. Der Erlösungsfrage als Leitfrage der
westlichen Kultur und dem ihr inhärenten Mythos von der Frau
als Erlöserin antwortet die weibliche Sehnsucht nach Erlösung
durch den Mann. Die Biographien der Alma und der Anna Mahler rezitieren die lebensgeschichtlichen Wege zur Erlösung, die
das zwanzigste Jahrhundert für Frauen bereitstellt. Das selbst-
zerstörerische Modell der Alma Mahler-Werfel, der Irrglaube,
sich über berühmte Männer erlösen zu können, wird in seinem
Scheitern ebenso deutlich wie die romantische Illusion ihrer
Tochter Anna, als Künstlerin in der Lage zu sein, sich selbst zu
erlösen.

Die zeitgenössischen Heldinnen der Streeruwitz erwarten von
Männern immer seltener sozialen und ökonomischen Schutz; das
Versorgungsmodell Ehe ist ihnen, den gewaltsam zu finanzieller
Eigenständigkeit Gezwungenen, keine mögliche Lebensform.
Aus Erfahrung lernen sie, daß der Mann Freund nur sein kann,
wo weder Bindung noch Begehren das Gleichgewicht der Kräfte
stört. In „Verführungen." sucht Helene Erlösung noch im, ge-
nauer: unter dem Körper des Geliebten, der die Welt mit ihren
Anforderungen für Minuten verschwinden läßt. In der Separie-
rung der sich paarenden Körper von der Welt und ihrer mo-

menthaften Vereinigung zum symbiotischen Einen lebt ein Rest
alter Ganz- und Einheitssehnsucht fort. Die ältere Margarethe
hat selbst von dieser Illusion Abschied genommen, Erlösung ist
nicht länger an Mann, Leistung oder Werk gebunden, nicht me-
taphysisch und nicht sexuell. Lust als Akt der Erlösung ist nicht
Erlösung im Akt. Was in Liebesbeziehungen gesucht und von
Sexualität nicht eingelöst wird, Lust als Erlebnis vitalen Selbst-
genusses in der Selbstvergessenheit, gewährt nicht Eros, sondern
die Hingabe an den Moment des Bewegtwerdens, die Mischung
aus Auslieferung und Ichmächtigkeit wie in der nächtlichen Au-
tofahrt, allein und bei Musik. Autofahren verschafft Streeruwitz'
Heldinnen den Genuß des eigenen Körpers als Körperlosigkeit
in einem Akt, der nicht Unterwerfung, sondern befreienden
Rausch und höchste Bewußtheit zugleich bedeutet. Die Anver-
wandlung des Road-Romans, der, mit dem Amerika-Mythos
verquickt, eine Bastion männlicher Selbsterfahrung darstellt, als
Modell weiblichen Glückserlebens und als Befreiung aus jenen
Traditionen, die der Road-Mythos der Virilität auch verkörpert,
ist eine genuine Leistung von „Nachwelt". Das Auto wird als Be-
freiungsvehikel inszeniert; es erlöst aus der Unfreiheit und dem
Ich-Verlust des Wartens, dessen Zwänge das Telefon verkörpert.
Telefon und Anrufbeantworter gelten als Agenten der Verstrik-
kung, Bindung und räumlichen Fixierung und verweisen auf ein
Identitäts- und Beziehungsmodell, das weibliche Selbstwahr-
nehmung mit Defiziterfahrung gleichsetzt.

    Die alte Last Europas, sich nur spüren zu können im Schmerz,
die die Selbstdarstellung von Frauen seit den siebziger Jahren
bestimmt, hinterläßt ihre Spur in der Körperbefindlichkeits-
sprache der Streeruwitz. Im Unterschied zu ihren Vorgängerin-
nen ist die Heldin in „Nachwelt." jedoch in der Lage, diese Disposition zu reflektieren; und die Erzählerin versteht es, hypo-
chondrische Körperbeobachtung in den Beschreibungsrealismus
einer sinnlichen Welterfahrung zu integrieren. In der Wachheit
der Sinne, der Lust der Wahrnehmung und dem absichtslosen
Aufgehen im Augenblick kündigt sich ein Lebensmodus an, der
es Frauen erlaubt, auf die Erfahrung ihres Körpers nicht zu ver-

zichten und dennoch einen Platz jenseits schmerz- oder lust-
fixierter Körperlichkeit zu finden. Sprachlicher Ausdruck dieser
neuen Sicht ist der verweigerte „vollständige Satz", der als Versuch überzeugt, die domestizierende Ordnung der Grammatik,
die in Subjekte und Objekte der Handlung hierarchisiert, zu
unterlaufen oder wenigstens als eine Verstellung von Erfahrung
deutlich werden zu lassen.

Die Eingangsfrage, für wen die Lust größer sei, lassen die Autorinnen unbeantwortet. Die Darstellung des weiblichen Orgasmus bleibt Leerstelle, und auch Physiologie und Psychologie
weiblichen Begehrens kommen wenig zur Sprache. Erotik hat
ihren Platz in Phantasien, körperliche Lust verdankt sich der
Selbstbefriedigung, Sexualität von Paaren ist wenig spektakulär.
Wo sie einen zentralen Platz einnimmt, ist sie Symptom einer
tiefen Ich-Störung oder Akt der Aggression. Wo Leben für
Wirklichkeit offen ist, ist Eros ein seltener Gast oder, wie es,
wenig belletristisch, bei Streeruwitz heißt: „Sie griff sich zwischen die Beine. [...] Sie quetschte ihre Brustwarzen. Bis es
schmerzte. Dann ließ sie es bleiben."

Winfried Freund

„Neue Objektivität".
Die Rückkehr zum Erzählen in den neunziger Jahren

Eigentümlich unzeitgemäß wirken heute Romanhelden wie Xaver Zürn in Walsers „Seelenarbeit" (1979), der während einer Magenspiegelung genüßlich und selbstverliebt den Gang der Sonde auf dem Bildschirm verfolgt, überwältigt von der Schönheit seines Innern. Was in den siebziger und auch noch in den achtziger Jahren als Versuch des Subjekts verstanden werden konnte, wieder auf sich, auf seine Ängste und Hoffnungen, auf die eigenen realen Beschädigungen und seine Träume von individueller Unversehrtheit und Souveränität aufmerksam zu machen, nachdem der einzelne in den Erzählungen und Romanen der Gruppe 47 im Sog der geschichtlich-gesellschaftlichen Ereignisse mit fortgerissen schien, liest sich heute wie die unendliche Geschichte einer Lebensflucht, der Selbstgettoisierung des Ichs, das auf die geringste Berührung mit der Wirklichkeit hysterisch reagiert.

Für die Literatur der radikalen Selbsterfahrung und der Innenschau des Individuums hat man den Begriff von der „Neuen Subjektivität" geprägt. Gemeint ist vor allem die Literatur eines monomanen Monologisierens im Medium einer personalen Erzählinstanz, die sich nach außen abschottet und nur noch Einblicke in das eigene Innere zuläßt. In dem Maße aber, wie die insulare Isolation wächst, schwinden Bereitschaft und Fähigkeit, sich in die Wirklichkeit zu integrieren. Räsonnement, Bewußtseinsprotokoll und emotionale Tirade verdrängen das Erzählen, den fiktionalen Weltentwurf. Die Literatur der neuen Subjektivität ist eine Literatur der Kapitulation des von Berührungsängsten heimgesuchten, selbstverliebten Ichs vor der komplexen Wirklichkeit des Daseins.

Spätestens in den neunziger Jahren, von der Tendenz her jedoch schon früher (vgl. Katja Behrens „Die dreizehnte Fee", 1983), beginnt man, von dem manisch gewordenen Ich-Kult abzurücken und sich dem existentiellen, gesellschaftlichen und geschichtlichen Spektrum des Menschen in seiner ganzen Breite zuzuwenden. Das Subjekt tritt gleichsam aus seinem selbstgewählten Getto hervor und erlebt in der Begegnung mit objektiver Welt seine Gefährdungen und sein Ausgeliefertsein, aber zugleich auch seine Chancen und seine Möglichkeiten. Mit der erneuten Hinwendung zum Konkreten, zu dem, was unverbrüchlich ist, bereit, das Risiko der Existenz auf sich zu nehmen und Lebensmöglichkeiten zu entwerfen, erlebt sich der einzelne als Glied einer Wirklichkeit, die in der Fiktion wieder Gestalt und Fülle gewinnt. Im Lebens- und Weltentwurf des Erzählens verschmilzt das Subjektive mit dem Objektiven, der Erzähler mit dem Erzählten.

Die Literatur der neuen Objektivität ist eine Literatur der Wiederbemächtigung der Wirklichkeiten und Möglichkeiten des Daseins durch das sich öffnende, sich im andern erst selbst begegnende Subjekt. Nicht die erzählerisch letztlich unproduktive Wehleidigkeit des Ichs, sondern die Wahrheit des Menschen schafft erzählend Lebensräume, in denen der einzelne zwischen Gelingen und Scheitern seine uneingeschränkte Existenz auf sich nimmt. Geschichtliche und gesellschaftliche Erscheinungsweisen, für die Autoren der Gruppe 47 bei weitem die erzählenswertesten, sind im breiteren Erzählspektrum der neunziger Jahre nur noch Farben neben anderen. Die Literatur hat begonnen, sich von den Obsessionen des Ichs ebenso zu befreien wie von der engagiert moralisierenden Kritik an den politischen und sozialen Verhältnissen. Erzählenswert ist alles. Tabus und Ideologien, Moral und Didaktik, Programmatisches und Dogmatisches haben ausgespielt, da sie, indem sie das objektive Erlebnisfeld eingrenzen, dem Erzählen Fesseln anlegen. Fließend geworden sind die Grenzen zwischen E- und U-Literatur. Unbekümmert um mehr akademische Grenzziehungen, vermischen sich die einzelnen Erzählsituationen in der Spiegelung personaler und empirischer Vielfalt. Der Romanheld wird nicht länger einem mehr oder weniger fixierten Entwicklungsschema unterworfen, sondern erscheint als Ensemble von Möglichkeiten. Der Roman der neunziger Jahre ist im weitesten Sinne offen für die Totalität aller Lebensformen, für Wirkliches und Mögliches, für das Ich und die Welt, mit der es unauflöslich verknüpft ist.

Eine Ich-Krise gestaltet Ulrich Woelk (1960) in seinem ersten, mit dem Aspekte-Literaturpreis ausgezeichneten Roman „Freigang" (1990). Der junge Physiker Zweig, besessen von der Wahnidee, seinen Vater umgebracht zu haben, versucht nach einem Nervenzusammenbruch, in einer psychiatrischen Klinik sein bisher gelebtes Leben zu rekonstruieren. Mit seiner betont naturwissenschaftlichen Untersuchungsweise kontrastiert das mehr intuitive Vorgehen des Psychiaters Füger, der seinem Klienten jedoch alle Räume der Selbsterschließung offen läßt. Zweig kreist monomanisch um Vergangenes, um ein Leben, dem nicht er die Richtung gegeben hatte, sondern sein Vater, ein Naturwissenschaftler, der literarische Versuche seines Sohns formal mit der Kritik „sprachliche Mängel" abtut, ohne sich auch nur im geringsten auf das phantasievolle Selbstverständnis seines Sohns einzulassen. Zweig geht den vorgezeichneten Weg, realisiert die väterliche Lebensplanung, indem er die Opferrolle ebenso fraglos wie unkritisch annimmt, und verkümmert in dem Maße, wie er die Wirklichkeit und die Lebensäußerungen der anderen einschließlich der eigenen nur noch unter nüchternen, naturwissenschaftlichen Aspekten zu betrachten vermag.

Notwendig scheitert das um seine imaginative Dimension verkürzte, emotional amputierte Ich in der Liebesbeziehung zur Literaturstudentin und Schauspielerin Nina. Das formelhaft erstarrte Leben wird der Liebe, die der Phantasie zum Überleben bedarf, nicht gerecht. Physikalisch konditioniert, ist das Gesichtsfeld Zweigs bedenklich eingeengt. Woelk deckt das Di-

lemma des Ichs auf, dem in einem fortschreitenden, selbstverschuldeten Verarmungsproreß, der andere wie das andere ent-
gleitet, bis die lebendige Umwelt dem defizitär Wahrnehmen-
den nur noch als lebloses Konstrukt erscheint. Das Klinikzimmer
ist Spiegel des verengten, pathologischen Ich-Zustands. Auf sich
allein zurückgeworfen, den Mitmenschen entfremdet, ohne Zukunft nur der Vergangenheit zugewandt, äußert sich in dem
Wahn, den eigenen Vater getötet zu haben, immerhin eine Ahnung von der verhängnisvollen väterlichen Täterschaft, die ein-
schränkend und verkürzend in das Leben des Sohns eingegriffen
und es verpfuscht hat.

Problematisiert wird jede Form der Ich-Reduktion, der
Selbsteinschließung des Subjekts in ein Getto, aus dem keine
Wege mehr herausführen. Woelk stellt die sogenannte neue Subjektivität in Gestalt eines wieder auferstandenen homo faber
gleichsam auf den Prüfstand und dekuvriert sie Schritt um
Schritt als krankhafte Verkümmerung. In pointiert gesetzten
Szenarien meldet sich sinnbildhaft die Wirklichkeit in ihrer Attraktivität und Fülle zurück, die der analytische Verstand fort-
laufend verfehlt. Während einer Italienreise verbringen Zweig
und seine Geliebte Nina eine Nacht in einem alten, mit bacchan-
tischen Fresken ausgemalten Palazzo. „Liebesspiele, erotische
Angebote, Badeszenen in einsam gelegenen Waldteichen, ent-
blößte Brüste … Im Schein des Mondes streckt die Junge einen
Arm nach einer hoch hängenden Frucht. Der weiße Stoff ihres
Kleides rutscht von den Schultern auf die Hüften. Es ist Mitter-
nacht, die Geister des Waldes feiern ein Bacchanal." Der erin-
nerte Italienaufenthalt weckt in Zweig zugleich die Erinnerung
an seine Kindheit, in der er in selbstverfaßten Geschichten aben-
teuerliche Kulissen entwarf, imaginativer Ausgleich für eine allzu nüchterne Wirklichkeit. In der Klinik, auf der Suche nach der
verlorenen Zeit, tritt das Verdrängte und Vergangene wieder ins
Bewußtsein und stellt sein nüchtern und kärglich gewordenes
Leben in Frage. Die Erinnerungen an die schöpferische Kindheit
und an die Verheißungen der Kunst in dem alten Palazzo, in dessen Verfallenheit sich der bedenkliche Bewußtseinszustand des

Betrachters spiegelt und in dessen freizügigen, erhaltenen Fresken sich aber dennoch seine lebendig gebliebenen Wünsche äußern, sind in der Tat wie Freigänge aus einer neurotisch verengten Existenz, Signale eines krankmachenden seelischen Konflikts, der nach Lösungen verlangt.

Freigänge finden aber nicht nur in der erinnerten Vergangenheit, sondern auch in der erlebten Gegenwart statt. Der Kinobesuch mit Schwester Leonie wie der Besuch eines Sex-Kinos im Rotlichtviertel bringen Zweig in Berührung mit enthemmtem Leben. Trotz seiner zwanghaft physikalischen Erklärungsversuche kann er sich der Begeisterung Leonies für das Karussellfahren nicht ganz entziehen. Vorübergehend scheint in der Tat die Schwerkraft aufgehoben. Der Druck von außen läßt nach, und im Gefühl eines schwerelosen Lebens stellt sich Erleichterung ein. Beim Besuch des Kinos empfindet Zweig weder Ekel noch Entsetzen. Staunen erfüllt ihn angesichts der selbstverständlichen Nacktheit der Frauen und der unverkrampften Manifestationen männlicher Lust.

Am Ende seines Klinikaufenthalts betritt er in einer Vision, vergleichbar mit der Besichtigung des italienischen Palazzos, einen alten baufälligen Turm. „Die Wand ist übersät mit bunten Piktogrammen, flackernd beleuchtete Graffiti: erregte Glieder, die in pfeilartigen Linien ejakulieren, reduzierte Körper, Nacktheit in ihrer Minimalversion …" Wieder wird der Gang durch das alte Gemäuer zu einer Reise durch das eigene Bewußtsein, auf dessen Grund verdrängtes Leben in herausfordernden Bildern Gestalt gewinnt. Die Vision weist nach der erinnerten Vergangenheit und dem Gegenwartserleben in die Zukunft. Die modellartig verkürzten Darstellungen sind Appell, sie mit Leben zu erfüllen. Die analytisch ausgeblendete sinnliche Wirklichkeit meldet sich zurück und beginnt, das sich selbst isolierende Subjekt zurückzubinden an das objektive Dasein. Zum Schluß verläßt Zweig die Klinik, tritt beim Verlassen des begrenzten Raums gleichsam aus seiner selbstverschuldeten Beschränkung heraus. „Ich bin gesund, und ich bin frei. Die Welt ist wieder offen!"

Verdrängtes Dasein hebt auch „Die Geschichte von Herrn Sommer" (1991) von Patrick Süskind (1949) unabweisbar ins Bewußtsein. Es ist die Geschichte vom aussichtslosen Wettlauf mit
dem Tod. Ruhelos treibt es den geheimnisvollen Herrn Sommer
um den See, immer unterwegs, auf der Flucht vor dem Stillstand,
der das Ende bedeuten könnte. „Er hatte den Blick zu Boden
gesenkt und hob ihn nur alle paar Schritte, um mit weitauf-
gerissenen, gleichsam entsetzten Augen für einen Moment nach
vorne zu starren und sich seines Weges zu versichern." Der Blick
nach unten, die Gewißheit, sterben zu müssen, und der Blick
nach vorne, die verzweifelten, letztlich fruchtlosen Anstrengungen, seinem Schicksal dennoch zu entkommen, machen die
Wahrheit der Existenz sichtbar. Das Ziel liegt nicht in der Weite, sondern in der Tiefe, nicht in der fortschreitenden Entwicklung, sondern im jähen Absturz.

Der See als das zentrale Sinnbild markiert den tödlichen Abgrund, um den sich das menschliche Leben bewegt, stets im
Kreise, ohne Chance, sich von ihm in der Weite zu entfernen.
Unausweichlich und stets gegenwärtig ist der drohende Abstieg,
das letztendliche Verschlungenwerden.

Erzählt wird die Geschichte nicht aus der Sicht des Opfers,
des unmittelbar von der Todesangst getroffenen Subjekts, Erzähler ist vielmehr ein Heranwachsender, der zwischen gespann-
tem Erstaunen und geheimer Faszination die ebenso ziellosen
wie zwanghaften Wanderungen des Herrn Sommer verfolgt.
Seine Sicht, die konsequent aus der Distanz entwickelte Beob-
achtung, objektiviert das Geschehen und zeigt das Ich zugleich
ergriffen von dem anderen, das auf den ersten Blick ganz fremd
und doch auf rätselhafte Weise vertraut ist. Bereits der kindlich-
jugendliche Erzähler, erfüllt von dem Verlangen zu fliegen, der
am liebsten hoch hinauf in die höchsten Bäume klettert, erlebt
bei schmerzhaften Stürzen die auch an ihm wirksamen Fallge-
setze, die Schwerkraft, die ihn unweigerlich, mit rasanter Geschwindigkeit zu Boden zieht. Beobachter und Beobachteter,
Subjekt und Objekt, sind verbunden durch die schicksalhafte
Gesetzmäßigkeit des Daseins, der man weder in der Weite noch

in der Höhe, weder in endlosen Wanderungen noch in schwindelerregenden Kletterpartien entkommen kann. Ausschließliches Ziel ist der Absturz in die Tiefe des Raums.

Erzähler und Erzähltes sind identisch. Objektiv gültig ist allein das Gesetz des freien Falls. Die Wahl des Erzählers, der noch so weit von dem endgültigen Absturz entfernt scheint, befreit das, was vor seinen Augen geschieht und an ihm selbst geschehen wird, von subjektiver Wehleidigkeit.

Am Ende steht auf der Ebene der Erzählgegenwart, die im Kern auch die Zukunft des Erzählers sein wird, das, was jedem übrig bleibt: die persönliche Hingabe an den Tod. „Und dann, unvermittelt, setzte er sich in Bewegung, Schritt für Schritt, bei jedem dritten Schritt den Stock nach vorne stechend und nach hinten abstoßend, ging Herr Sommer in den See. Ging, als ginge er über Land in der für ihn typischen zielstrebigen Hast, mitten in den See hinein, schnurgerade nach Westen." Eigentätig, dem Gesetz der Schwerkraft wie dem gesetzmäßigen Lauf der im Westen untergehenden Sonne folgend, vollzieht Herr Sommer sein Naturschicksal. Das Subjekt, heraustretend aus seiner befristeten Existenz, wird wieder eins mit dem objektiven Sein, das seine Herkunft und sein Ziel ist. Im Kreis von Leben und Sterben ist die subjektive Existenz nur Episode, die Hoffnung auf einen erfolgreichen Ausbruch Illusion.

Eine Erfüllung des Subjekts in sich selbst kann es nicht geben. Subjektive Selbsterfahrung bleibt ohne die Öffnung zur objektiven, dem einzelnen gegenüberstehenden Wirklichkeit und ohne die bewußte Annahme des Todes ebenso defizitär wie ohne die Öffnung zum andern und die persönliche Erfüllung in der Liebe.

Robert Schneiders (1961) 1992 erschienener Roman „Schlafes Bruder" ist ein Roman von Liebe und Tod. Das erlebende Subjekt ist nicht Ausgang und Ziel des Erzählens, sondern Medium menschlicher Existenz überhaupt, der Hoffnungen und Enttäuschungen, der Aufbrüche und Kapitulationen, der Wirklichkeit der Verzweiflung und des Wunders des Glaubens. Die fiktive

Biographie erzählt „die Geschichte des Musikers Johannes Elias
Alder, der zweiundzwanzigjährig sein Leben zu Tode brachte,
…" Musik ist etwas, was auf ihn eindringt, das Tönen des Universums, seine Begabung ist die ins Unglaubliche gesteigerte
Sensibilität, das Dasein in all seinen Äußerungen akustisch zu
erleben. Der Mensch ist der Empfangende, sein Bewußtsein der
Empfänger für die Ganzheit des Seins, das tönend in ihn eindringt und als Musik wieder aus ihm herausströmt. Überwältigend ist das einzige öffentliche Orgelkonzert, in dem Elias die
Wirklichkeit des Lebens und des Todes wie die Vision jenseitiger Erlösung erklingen läßt, ohne jemals eine musikalische Ausbildung erhalten zu haben.

Die fundamentale Botschaft der Töne ist die Liebe. „Es war
das weiche Herzschlagen eines ungeborenen Kindes, eines Fötus,
eines weiblichen Menschen. Was Elias gehört und geschaut hatte, vergaß er, aber den Klang des ungeborenen Herzens nicht
mehr. Denn es war das Herzschlagen jenes Menschen, der ihm
seit Ewigkeit vorbestimmt war. Es war das Herz seiner Geliebten." Kunst und Musik sind die Mittler des erfüllten Lebens,
Signale der vorbestimmten Gemeinschaft von Ich und Du.

Elias, der Held des Romans, ist der große Liebende, begabt,
den anderen in sich aufzunehmen und das eigene Leben ganz auf
ihn auszurichten. In seiner Cousine Elsbeth erkennt er seine Geliebte, als er das Mädchen aus dem brennenden Elternhaus rettet und für einen Moment, Brust an Brust, dessen Herzschlag
vernimmt, identisch mit dem, den er einst gehört. Als sich Elsbeth einem andern zuwendet, bricht eine Welt in ihm zusammen. Verzweifelt klagt er die Vorsehung und Gott selbst an.
Gott, den er verantwortlich macht für das Scheitern seiner Liebe, ist ihm der Ungott schlechthin, kein Gott der Liebe, sondern des Hasses, den er aus der Tiefe seines Herzens verflucht.
Gerade auf dem tiefsten Punkt seiner Hoffnungslosigkeit aber
geht eine wunderbare Wandlung mit Elias vor sich. In der Kirche begegnet er einem geheimnisvollen Kind, bedeckt mit
Schrunden und in Lumpen gehüllt, das ihn aus großen, seelenvollen Augen anblickt. Als er erkennt, daß das Kind keinen Na

bel hat, also ungeboren und damit der Zeit zwischen Geburt und Tod enthoben ist, geht ihm die Göttlichkeit des Kindes auf. Gott ist der unsäglich Leidende, der alles Leid der Welt liebend auf sich genommen hat, dessen zeitenthobenes Kindsein aber die Ewigkeit des Lebens verheißt.

Elias weiß plötzlich, daß es für den Menschen nicht darauf ankommen kann, „auf die Erfüllung seiner Träume zu sinnen. Vielmehr soll er den Irrsinn des Hoffens begreifen. Hat er ihn begriffen, darf er hoffen. Wenn er dann noch träumen kann, hat sein Leben Sinn." Nicht der Hoffnung auf die Erfüllung seiner Liebe entsagt Elias, sondern der Hoffnung auf deren Erfüllung unter den geltenden Bedingungen. Seine Begegnung mit dem leidenden göttlichen Kind weitet seinen Blick über die immanenten Grenzen hinaus, in denen der unbedingt wollende Mensch immer nur enttäuscht werden kann. „Erlösung aber ist die Erkenntnis der Sinnlosigkeit allen Lebens." In dem Paradox der Hoffnung, die aus der Einsicht in den Irrsinn des Hoffens entspringt, liegt tiefste Wahrheit. Erst dort, wo der Mensch aus der Sackgasse der Zeit heraustritt, öffnet sich ihm der Weg in die Ewigkeit.

Elias beschließt, nicht mehr zu schlafen, denn im Schlaf stirbt die Liebe. Nur der Wachende ist sich seiner Liebe immer bewußt. Wachend will er Zeit und Tod überwinden. „Und dieses wache, neue Leben werde ihm die Liebe Elsbeths einbringen und die Gewißheit der ewigen Seligkeit im Himmel." Am „wasserverschliffenen" Stein an der Emmer, wo er auch mit Elsbeth gewesen war, führt ihn „Schlafes Bruder", der Tod, aus dem Leben heraus. Viel später sucht Elsbeth mit ihren Kindern die Stelle noch einmal auf und findet den Stein nicht mehr, der „wie die Fußsohle unseres Herrn und Gottes" ausgesehen hat. Getilgt sind alle Spuren des aus dem Leben Getretenen, so, als wäre er wie sein Namenspatron, der biblische Prophet Elias, entrückt worden. Elias' Leben, von dem Elsbeth ihren Kindern erzählt, kommt ihr vor wie ein „Märchen". „Sie glaube aber, daß er noch am Leben sei."

Mit dem Ausblick des Märchens auf ein mögliches Weiterle-

ben („und wenn sie nicht gestorben sind, leben sie noch") endet
der Roman, ein Ausblick, der noch über das „letzte Kapitel",
mit dem der Roman beginnt, hinausweist. Ein Ende der erzählten Hoffnung kann und darf es nicht geben. Daher bleibt der
Schluß offen. Zwar berichtet dieses letzte Kapitel 87 Jahre nach
dem rätselhaften Verschwinden von Elias und 78 Jahre nach dem
Besuch Elsbeths von dem Hungertod des letzten Bewohners des
völlig verfallenen Dorfs, aber gerade der märchenhafte Zu-
kunftsverweis läßt alles Vergangene und Verfallene hinter sich,
indem er die Grenzen des bloß Zeitlichen und Geschichtlichen
sprengt. „Schlafes Bruder" hebt durch die bedingungslose Zu-
wendung zum Du nicht nur die Isolation des Ichs auf, sondern
führt es darüber hinaus aus der Enge des Zeitlichen zum Erleben
der Ewigkeit, vor der der geschichtliche Verfall ebenso bedeu-
tungslos ist wie die Trennung der füreinander bestimmten Liebenden zu Lebzeiten. Zum Schluß scheinen Subjektives und
Objektives, Relatives und Absolutes ineinander aufgehoben.

„... das ist es auch, was ich vorwiegend tue: Ich trinke Zeit, ver-
daue Sache, ich spucke Sache, vertreibe Zeit, ..." Der Erzähler
in Peter Webers (1968) erstem Roman „Der Wettermacher"
(1993) läßt sich ein auf die Zeit und das, was in ihr geschieht.
Erzählenswert ist das andere, in dem sich der Erzähler selbst
entdeckt und bestimmt. Die Zeitläufte, über die er berichtet,
sind flüchtig und wechselhaft wie das Wetter. Licht und Sonne
wechseln mit „bösen Wolken" und „Niederschläge, wohin man
schaut." Der Erzähler selbst versteht sich als Wettermacher, der
in seiner Fiktion die wechselhaften Zeitläufte wieder heraufzie-
hen läßt und den vergangenen Großwetterlagen Wort und Gestalt gibt. Erzählen meint parallel zur Metapher vom Wetter, die
atmosphärischen Zustände und Änderungen an bestimmten Orten wiederzugeben. So entsteht von vornherein ein spannungs-
reiches Verhältnis zwischen der objektiven Wetterlage, ebenso
bestimmend wie unveränderbar, und ihrer subjektiv imaginierten Neugestaltung.
Erzählter Ort ist das schweizerische Toggenburg, das von der

Thur durchflossene Tal im Kanton St. Gallen. Es ist die Heimat des Erzählers August Abraham Abderhaldens, der an seinem zwanzigsten Geburtstag beginnt, seine „unsägliche Geschichte" zu erzählen, nachdem er bisher beharrlich geschwiegen hatte und seiner Umwelt zum Rätsel geworden war.

An einem ausrangierten Tisch im Keller eines Mietshauses in Zürich sitzend, tischt er seine Geschichte auf. Zwischen dem Vorabend seines Geburtstags bis zum Mittag des nächsten Tages versucht der Ich-Erzähler, indem er alles, was in ihn eingegangen ist, aus sich herausstellt, sich im Akt des Erzählens selbst zu finden und seine Existenz sprachlich zu begründen. Er erzählt von seinen Eltern, wie sie ihm vertraut geworden sind, von seinem Bruder, der sich in die Thur stürzte, von einer Kindheit zwischen städtischer Zivilisation und urtümlicher Bergwelt und dehnt dabei den Erzählraum und die erzählte Zeit in imaginierten Porträts der Urlandschaft und der Ahnenreihen weit nach rückwärts aus. Kritisch und ironisch setzt er sich mit der eidgenössischen Wirklichkeit auseinander, mit ihrem Provinzialismus und ihrem Perfektionswahn. Der Kondukteurs-Hut, den ihm der Vater, ein Informationsbeamter bei der Bahn, zum Geburtstag schenkt, wird ihm zur Krone und Narrenkappe zugleich, unterstreicht seinen Blick von einem gleichsam erhöhten Standort und akzentuiert die Distanzierung von der dargestellten Welt im Gefolge des Pikaros.

Verbunden fühlt er sich dem ebenfalls aus dem Toggenburg stammenden Reformator Zwingli, der ähnlich wie er das Wort zur Welt- und Selbsterkenntnis einsetzte, als Instrument der geistigen Orientierung in einer den einzelnen bedrängenden und zugleich herausfordernden Wirklichkeit. Zwingli wird dem Erzähler zu einem seiner wegweisenden Ahnen, verwurzelt wie jener im Kontext der Region, die es ihm als Identifikationsraum erst ermöglicht, sich selbst zu artikulieren.

„Dies ist die Geschichte der wundersamen Landschaft Toggenburg, die am Himmel festgemacht ist, durch die der Erzählfluß fließt, ..." Niemals aber ist die Region Heimat, in die man schicksalhaft eingebunden ist, vielmehr fordert sie zur eigenen

Standortbestimmung heraus, zur Abarbeitung des Subjekts an den objektiv gegebenen Bedingungen. Erst in der Auseinandersetzung mit den räumlichen und geschichtlichen Gegebenheiten, in der sprachlichen Durchdringung der jeweiligen Großwetterlagen und der atmosphärisch nuancierten Aneignung des Raums findet der Erzähler am Ende zu seiner eigenen Geschichte. Indem er sich mit dem anderen einläßt, begegnet er sich selbst, aus den Wechselfällen des Daseins, in die der Erzähler sich versenkt, taucht das allseits offene Ich auf.

Folgerichtig endet der Roman mit dem Aufbruch des Ich-Erzählers aus dem Toggenburg, der Landschaft, durch die er sich durcharbeiten mußte, um zur Klarheit über sich selbst zu gelangen. Aus dem Zugfenster nimmt er, „als sich Nebelschwaden einen Augenblick lang lichteten" das Versinken der Region wahr. Zürich, sein Reiseziel, erlebt er als Ort der Befreiung. „Es war hier in der Stadt, wo ich zum ersten Male unter dem Wetterrand durch und ins Offene hinausschauen konnte." Der Erzählfluß ist wieder dort angelangt, von wo er seinen Ausgang nahm, wo der Erzähler im Keller eines Zürcher Mietshauses zu seiner eigenen Sprache findet.

Neue Objektivität, das heißt aber auch kritische Auseinandersetzung mit moderner Wirklichkeit, ohne daß subjektiven Ausbrüchen eine Chance gegeben wird. Krisen und Katastrophen erscheinen unabwendbar und wiederholen sich auf Grund geschichtlicher Erfahrungen mit zwanghafter Automatik. Nicht länger wird die Wirklichkeit, wie noch bei vielen Autoren der Gruppe 47, unter dem Aspekt ihrer möglichen und wünschenswerten Veränderung zum Besseren gesehen, sondern illusionslos unter dem Aspekt ihrer schlimmstmöglichen Wendung.

Christoph Ransmayrs (1954) „Morbus Kitahara" (1995) stellt die moderne Welt als ein Krisenszenario ohne Ende dar. Hobbes' Wort vom Krieg aller gegen alle bewahrheitet sich ebenso zwingend wie erschreckend einmal mehr. In kaum verhüllter parabolischer Darstellung fühlt sich der Leser zurückversetzt in die Phase nach dem Zweiten Weltkrieg. Die Armee der

Siegermächte beherrscht die Szene und diktiert das Geschehen. In geschichtspessimistischer Pointierung aber erfolgt kein Wiederaufbau, sondern die Vertreibung der Geschlagenen aus ihren Ruinenstädten und verwüsteten Industrieanlagen zurück in eine quasi vorindustrielle Lebensweise. Hauptschauplatz ist Moor, parabolischer Ort für die vernichtende Niederlage der europäischen Feinde, ein ödes, vom Krieg verheertes Nest.

Drei Menschen, jeder auf seine Weise mit der Kriegskatastrophe verbunden, begegnen sich hier. Ambras, von den Siegern als Verwalter des Steinbruchs eingesetzt, in dem er selbst als Häftling geschunden worden war, übt eine erbarmungslose Schreckensherrschaft aus. Aus dem einstigen Opfer ist ein rachsüchtiger Täter geworden, mitleidlos und unmenschlich wie die verwilderte Hundemeute, die ihn umgibt. Ihm vergleichbar ist die Österreicherin Lily, in den Kriegswirren nach Moor verschlagen, wo sie später ein Waffenlager entdeckt, das ihr dazu dient, tödliche Jagd zu machen auf die Banden der Veteranen und Kriegsverbrecher. Bering, der Schmied von Moor, geboren in einer Bombennacht, ist der Jüngste unter den drei herausgehobenen Gestalten. Als Angehöriger des unterlegenen europäischen Volks schlägt er sich auf die Seite des Verwalters Ambras, dessen Leibwächter er wird. Brutal räumt er alles aus dem Weg, was sich aufzulehnen scheint gegen den gefürchteten und verhaßten „Hundekönig".

Angst und Haß, Vergeltung und Rache bestimmen das menschliche Klima. Die Opfer von gestern sind die Täter von heute, unfähig, aus der Katastrophe zu lernen, auf dem Weg zu immer neuen Katastrophen. Aggression wird mit Aggression beantwortet. Menschliche Begegnungen entarten zum kriegerischen Dauerzustand. Der Krieg als die eigentliche weltumspannende Kraft gewinnt dämonisches Eigenleben.

Als die Steinbrüche von Moor ausgebeutet sind, rückt man mit schwerem Gerät nach Brasilien aus, wo ein Verbündeter der Siegermächte herrscht, begierig, die eigenen Steinbrüche auszubeuten. Zurück bleibt eine verwüstete Landschaft, die fortan als „Truppenübungsgelände" nutzbar gemacht werden soll. „Ge-

räte und Maschinen ... würden daher an anderen ergiebigeren
Orten ... dem Weltfrieden nützlicher sein als hier, auf jenem
Schießplatz, in den sich der Steinbruch von Moor nach dem
Willen des Friedensbringers und seiner Generäle verwandeln
sollte." Zynisch erscheint der Frieden als Folge vergangener und
Auslöser künftiger Kriege. Verwüstung und Ausbeutung
menschlicher Lebensräume und eskalierende kriegerische Ge-
walt machen die Weltgeschichte aus.

„Morbus Kitahara", eine Augenkrankheit, geht um. Bering,
ausdrücklich von ihr befallen, ist nur einer unter vielen. In Wahrheit ist sie das Symptom des Grundübels in einer von Haß und
Angst entstellten Welt. „Alles Leute, die sich aus Angst oder Haß
oder eiserner Wachsamkeit ein Loch ins eigene Auge starren, ...
Löcher im Blick, ... trübe Flecken, die nach und nach zusam-
menfließen zu einer Verdunkelung des Gesichtsfeldes." Zwischen Angst und Aggression verfinstert sich die Welt, lösen sich
die Konturen des Menschen auf, erlischt auch das letzte Licht
der Hoffnung. Finsternis und Tod sind die eigentlichen Mächte
der Weltgeschichte.

Brasilien, Lilys Traumziel aus ihrer Kindheit, entpuppt sich
als Fortsetzung der erlittenen Verwüstung und Gewalt. Vor der
von Menschen pausenlos entfesselten Zerstörung gibt es kein
Entrinnen. Der Ausflug auf die Hundsinsel gegenüber von Rio,
ein ehemaliges Gefangenenlager, leitet den Showdown ein. Bering, mit verfinstertem Blick, im Glauben, es sei Lily, die ihm
im Wege ist, erschießt die in Lilys Pelerine gehüllte Muyra, in
die er sich verliebt hat. Noch bevor sich die Liebe erfüllen kann,
macht der Tod alles zunichte. Seine Suche nach Muyra, einen
steilen Felsen hinauf, ist von absurder Aussichtslosigkeit. Am
Ende steht sein tödlicher Absturz ins Meer. „Das müssen Wolken sein. Also stürzt er, ein Fliegender unter Vögeln, auf einen
wirbelnden Himmel zu." Eine Erlösung des Menschen ist nicht
vorgesehen. Sein Glaube ist makabre Selbsttäuschung.

Ambras, ebenfalls auf dem Felsen, hält in geistiger Verwirrung seinen ehemaligen Leibwächter für seinen Verfolger und
tappt schließlich in den Starkstromzaun des verlassenen Lagers,

vergleichbar dem, aus dem er endgültig entkommen zu sein hoffte. In Brasilien ist die Flucht zu Ende, holt den lebenslang Gefangenen die Wahrheit seiner Existenz ein und bringt ihn zur Strecke. „Und doch spürt er nach dem einen Schritt, den er jetzt tut, keinen Schlag, keinen Schmerz, auch der Funkenregen bleibt aus. Er tritt einfach ins Leere."

Lily hat die Stätte des Todes, wo sich Bering und Ambras in den Ruinen des Lagers verloren hatten, verlassen. Sie ist auf dem Weg zurück in die Welt des Patrons, der „an der Seite Amerikas und unter dem Banner seines geliebten Marechal die europäischen Barbaren besiegt" hatte und geschmückt ist „mit dem höchsten Kriegsorden Brasiliens…" Auch ihr Weg ist ein Weg in die Katastrophe. Die Vergangenheit der Verwüstung und der Kriege ist zugleich immer schon die Zukunft.

In Josef Haslingers (1955) Roman „Opernball" (1995) konkretisiert sich die Katastrophe zum objektiv miterlebbaren und miterlebten Ereignis. Die Handlung setzt im Doku-Stil ein mit der Schilderung eines Giftgas-Anschlags auf das Publikum des Wiener Opernballs, gesehen mit den Augen des Kameramanns, der das Unfaßbare, die Visualisierung des realen Chaos, auf zwanzig Bildschirmen synchron verfolgt, ohnmächtig und gelähmt vor Entsetzen. „Die Bilder glichen einander. Menschen schwanken, stolpern, taumeln, erbrechen … Einige schreien kurz, andere länger, ihre Augen sind weit aufgerissen … Sie sehen, sie spüren, daß sie ermordet werden. Sie wissen nicht von wem, sie wissen nicht, warum. Sie können nicht entkommen."

Zeugen des mit grauenhafter Detailschärfe dokumentierten, hundertfachen Erstickungstods werden die Zuschauer der weltweit ausgestrahlten Übertragung. Wie ein Film läuft die Katastrophe ab, jedem Zugriff von außen entzogen. Zu Voyeuren heruntergekommen, erleiden die Zuschauer den Bildschirm als Einfallstor des Grauens in ihre scheinbar gesicherte Welt.

Auffällig und intendiert ist die Überwältigung der subjektiven Perspektive durch das eigenmächtig ablaufende, objektive Geschehen, durch den Widersinn des Massenmords. Haslingers

Roman fingiert die Wirklichkeit eines unfaßbaren Schreckens in den vertrauten Kulissen des Alltags, indem er latente Ängste grell aktualisiert. Das analytisch angelegte Erzählen mit der vorangestellten Falldokumentation und den nachfolgenden Aufklärungsversuchen beleuchtet das Geschehen aus unterschiedlichen personalen Perspektiven. Doch alle, die zu Wort kommen, können nur das Furchtbare konstatieren, das absurde Schicksal der Opfer. Die Suche nach Motiven bleibt unbefriedigend. Der analytische, nach dem Muster der Kriminalerzählung konzipierte Roman droht ins Leere zu laufen. Glaubwürdige Fiktion gelingt offenbar nur dort, wo es um das Verbrechen selbst geht, seine Aufklärung entzieht sich dem Erzählstil, der sich weitgehend an den Darstellungsweisen der Dokumentation orientiert.

Haslingers Roman schildert den jederzeit möglichen Einbruch menschenverachtender Gewalt in eine Wohlstandsgesellschaft, die sich in Sicherheit wiegt. Ins Zwielicht gerät auf der Ebene der Darstellung der Medienjournalismus, der zur Steigerung der Einschaltquoten die Katastrophe in wechselnden Einstellungen rücksichtslos vermarktet, unterstrichen durch eine sich immer wieder durchsetzende, Emotionalität und Subjektivität abweisende neutrale Erzählsituation.

Der objektiv dokumentierte Schrecken, das anonyme Chaos drängen das Subjekt aus allen Lebensräumen und formen das teilnahmslose, in Kälte erstarrte Gesicht der Welt. Im Zentrum des Infernos steht der unkontrollierbar gewordene Prozeß der Vernichtung des Menschen und des Menschlichen, der um so auswegloser erscheint, als die Rezeption die Reflexion usurpiert und in der endlosen Gegenwärtigkeit der Bilderflut die Zukunft des Menschen versinkt.

Vergleichbar mit der Perspektive des Kameramanns und des Objektivs ist die detailscharfe Sichtweise der Erzählerin in Zoe Jennys (1974) Erstlingsroman „Das Blütenstaubzimmer", eine der meistbeachteten belletristischen Veröffentlichungen im Erscheinungsjahr 1997. Der Blick der Protagonistin enthüllt die Katastrophe unter der Oberfläche der scheinbar gesicherten Gegenwart. Doch ist es nicht das sensationell hereinbrechende Desaster, das alle Sicherungen in Frage stellt, sondern der menschlich zutiefst katastrophale Alltag, das selbstverschuldete banale Chaos.

Jo, Kind der 68er Generation, sieht sich als Abiturientin den verworrenen persönlichen Verhältnissen ihrer Eltern ausgesetzt. Sie reist zu ihrer Mutter, die sie zwölf Jahre nicht gesehen hat, in den Süden, wo diese mit einem Maler zusammenlebt. Als der Mann bei einem Unfall ums Leben kommt, schließt sich die Mutter im Blütenstaubzimmer ein, taub für die Hilferufe ihrer Tochter, nur beschäftigt mit ihrem eigenen Leiden, das sie, teilnahmslos für alles andere, förmlich inszeniert. Erst als ein neuer Mann, ein reicher Unternehmer, in ihr Leben tritt, blüht sie wieder auf. Mit allen Mitteln den Schein der Jugend wahrend, bemüht allein um eine attraktive äußere Erscheinung, mit der sie ihren neuen Liebhaber an sich zu binden versucht, gerät für sie die Tochter vollends aus dem Blickfeld. „Seit ich hier bin, habe ich keine Zeile mehr gelesen und kann es auch jetzt noch nicht, wie abgeschnitten liege ich da." Jo findet sich, nachdem ihre Mutter mit ihrem wohlhabenden Freund zu einem Urlaub am Indischen Ozean aufgebrochen ist, allein im Haus, umgeben von einem wild wuchernden Garten. „Seit Lucy fort ist, wächst der Garten wie im Fieber. Die Pflanzen haben bereits die schmalen Wege überwuchert. Sie stoßen einen Duft aus, an dem ich zu ersticken glaube."

Aus der Perspektive der jungen Generation erscheint die Welt der Eltern, in der jeder nur das eigene Vergnügen, den eigenen Spaß sucht, von bedrückender Teilnahmslosigkeit. Alle Wege zu einer persönlichen Entwicklung scheinen abgeschnitten. Die nüchterne, ungeschminkte Darstellung der jungen Frau dekuvriert die moderne Wirklichkeit als ein menschliches Pseudodasein. In dem Mädchen Rea, Tochter eines erfolgreichen, vermögenden Genforschers in äußerst luxuriösen Lebensumständen, begegnet die Erzählerin der Erbin eines Vermächtnisses, das alle Eigeninitiative von vornherein erstickt. Aus der Welt der wirtschaftlich erfolgreichen Eltern und ihrer erdrückenden

materiellen Perfektion dringen keine ideellen Impulse mehr zu
den Nachwachsenden, die sich in Erwartung des sicheren Erbes
selbst längst aufgegeben haben.

Abgerissen sind auch hier die anregenden und zukunftswei-
senden Beziehungen zwischen den Älteren und Jüngeren. Wo die
Alten alle Lebensräume besetzt halten, bleibt für die Jungen
kein Platz mehr. Groteskkomisch ist die abschließende Begegnung mit dem Vater, der röchelnd, von Medikamenten umstellt,
im Bett liegt, mit unverkennbaren Altersflecken auf den Hand-
rücken, und dessen Freundin ein Kind von ihm erwartet. Jo weiß
nach ihrer sich mehr und mehr als satirische Revue darstellenden
Odyssee durch die Welt der Eltern, daß hier kein Platz für sie
und die Nachwachsenden überhaupt ist.

Entschlossen wendet sie sich ab von der Welt der Alten, die
den Jungen keine Lebenschancen öffnet. „In der frühen Morgen-
dämmerung trete ich aus dem Haus. Es fahren noch keine Autos,
und ich gehe in der Mitte der Straße, auf der weißen Linie, die
die Fahrbahn in zwei Spuren teilt, gehe darauf der Stadt entge-
gen, wie auf einem Faden, der mich langsam, Schritt für Schritt
aufwickelt." Es ist ein Aufbruch ohne Rückkehr.

Allein der Mut der Jüngeren zur persönlichen Identität in ra-
dikaler Lösung von den Älteren weist Wege in die Zukunft. Illusionslos schildert Zoe Jennys Roman das Verhältnis der Generationen in einer vom Egoismus der Älteren beherrschten und kor-
rumpierten Welt. Wo die Alten die Jungen nicht mehr auf den
Weg bringen, sind auch alle Wege der Jungen zu den Alten abgeschnitten. Am Ende stehen nicht Teilnahme und Achtung,
sondern Verachtung und Desinteresse. Ein schonungsloser Roman, der in unterkühlter Objektivität von der Mauer erzählt, die
die Eltern zwischen sich und ihren Kindern errichtet haben, von
dem selbstverschuldeten Getto, dem die Jungen auf Nimmer-
wiedersehn den Rücken kehren, um vielleicht eine ganz neue
Welt jenseits des Altersegoismus zu bauen, jenseits der Lähmung
der Lebensmöglichkeiten derer, denen die Zukunft gehören sollte.

In „Beckersons Buch" (1999), Gerhard Kellings (1942) erstem
Roman, werden die Grenzen zwischen dem objektiv Gegebenen
und dem subjektiv Erlebten, zwischen den Tatsachen und den
Einbildungen fließend. Wirklichkeit geht über in Fiktion und
Fiktion in Wirklichkeit. Authentisches löst sich auf ins Virtuelle,
und das bloß Virtuelle nimmt den Schein des Authentischen an.
Das Subjekt aber, herausgedrängt aus den eigenen engen Grenzen, sieht sich immer wieder objektiven, ihm nur schwer durch-
schaubaren Zusammenhängen gegenüber.

Walter Levinson, Mitarbeiter einiger Zeitungsverlage, be-
wirbt sich in einer privaten Krise auf ein Inserat, das ihm die
Chance seines Lebens verspricht. Als der gesuchte „Kandidat"
sieht er sich bald in unüberschaubare Situationen und Prozesse
verwickelt, ohne eine Ahnung von seinem streng inkognito blei-
benden Auftraggeber, dem er den Namen Beckerson gibt. Was
aus einer spielerischen Laune geboren wurde, nimmt für ihn
immer ernstere, sein Privatleben bedrohende Formen an. Unab-
lässig kreisen seine Gedanken um den mysteriösen Inserenten,
indem er mögliche Motive entwirft, Porträts ausprobiert und
sich Geschichten ausdenkt.

Doch alles bleibt unfaßbar, bis ihm eines Tages eine Schuß-
waffe zugestellt wird, verbunden mit dem Hinweis auf eine Stelle in einem Roman des Erfolgsschriftstellers Jon Kremer, wo ein
geistig Kranker „sein Opfer, ohne daß er es irgendwie darauf
vorbereitet hätte, … von hinten kurzerhand über den Haufen
schoß, …" In der Tat erhält Levinson kurz darauf den Auftrag,
Kremer an einem genau bezeichneten Datum zu exekutieren. In
der Normandie, wohin Levinson, dem makabren Auftrag zu entkommen, geflohen ist, erfährt er aus der Zeitung von dem Tod
Kremers zu der damals genau angegebenen Stunde.

Auf dem Höhepunkt der Verwicklungen begegnet er nach seiner Rückkehr in einer Mietjolle auf der Alster einem Mann, der
ihn in einem Boot zu verfolgen scheint. In einer plötzlichen Ein-
gebung glaubt er, seinen geheimnisvollen Auftraggeber vor sich
zu haben, und erschießt ihn. Levinson fühlt sich befreit, zumal
man allgemein von einem Selbstmord überzeugt ist. „Du woll-

test mich packen, aufessen, schön, es ist anders gekommen, und ich habe dich kalt erwischt!"

Doch noch einmal meldet sich Beckerson zu Wort, diesmal in einem vor der Szene auf der Alster abgeschickten Brief, in dem Levinson ein auf seinen Namen ausgestellter Gepäckschein zugeht. Der eingelöste Umschlag enthält ein Konvolut dicht beschriebener Manuskriptseiten. „Schon nach kurzem Hinsehen begriff er, daß dieses Buch seine, Levinsons, eigene Geschichte sein sollte, eine angeblich von ihm selbst und in Ichform abgefaßte ... lächerlich falsche Darstellung der letzten Monate und Wochen ..." Beckerson, in Wahrheit ein unauffälliger älterer Beamter mit literarischen Neigungen, der den erfolgreichen Schriftsteller Kremer mit unbändigem Haß verfolgte, hatte Levinson nach fortwährenden Recherchen und Beobachtungen nur als Figur in einem Roman verwertet, in dem wirklich gelebtes Leben in Fiktion übergeht und Fiktion wirklich gelebtes Leben eigenartig dokumentiert. Der Autor und seine Figur verschmelzen. Selbst der Tod des Auftraggebers ist bereits in dem nachgelassenen Manuskript vorgezeichnet, indem der dort unter dem Namen Levinson in der Ichform auftretende Erzähler beschließt, Selbstmord zu begehen. Levinson liquidiert auf der Alster nicht nur seinen Auftraggeber, sondern mit dem Autor, der in seine Lebensrolle geschlüpft ist, auch sich selbst.

Das Subjekt, zum Objekt in einem Roman zwischen Fiktion und Dokumentation geworden, Täter und Opfer in einer Person, der das Erzählmaterial liefert und zugleich durch die Erzählintention bestimmt wird, scheitert mit seinem Anspruch, sich selbst zu bestimmen. Der Glaube an eine persönliche Biographie scheint angesichts von Verwertungsstrategien und Manipulationen fragwürdig. Der einzelne, der meint, als Subjekt sein Leben noch souverän in der Hand zu haben, ist bereits geformtes Objekt in einem rätselhaft undurchschaubaren, die Wirklichkeit okkupierenden Erzählzusammenhang. Subjektivität ist pure Fiktion. Der Roman, aus der Rückschau bei beginnender Geistesverwirrung erzählt, ist ein Stück von Levinsons Lebensgeschichte und zugleich aber auch Beckersons Buch. Die jetzt ge-

wählte Erform indes distanziert sich ausdrücklich von der Ichform im Manuskript und spiegelt zwischen Selbstfindung und
Selbstauflösung den Abstand des Subjekts zu sich selbst.

Von der Pseudoobjektivität des Alltags und den Versuchen, mit
ihr fertigzuwerden oder auch sich gegen sie zur Wehr zu setzen,
handelt Roland Kochs (1959) Roman „Paare" (2000). Im Zentrum steht das kinderlose junge Paar Christina und Jens, er Ma-
thematiker an der Universität, sie Kunsthistorikerin mit einem
befristeten Aushilfsjob an einer Bibliothek. Der Elan der Stu-
dienjahre ist längst verflogen. Die Leidenschaft hat einem grau-
en Ehealltag Platz gemacht. Sexualität ist ritualisiert, ansonsten
sucht Jens sein Glück außerhalb des Hauses. Das Leben scheint
gesichert. Die Eigentumswohnung mit ihren ausgesuchten Re-
quisiten, Restaurantbesuche, teure Weine und gelegentliche Par-
ties mit Freunden erfüllen die Standarderwartungen und bleiben doch immer weiter zurück hinter dem, was man sich einmal
vom Leben versprochen hatte.

Doris, eine Studienkollegin Christinas, und Ulrich, das andere befreundete Paar, leben in einer Gegend mit den höchsten Im-
mobilienpreisen, umgeben von wertvollen alten Möbeln in ihrer
3600-DM-Wohnung. Zu den Klängen aus einer Stereoanlage,
die fast 30 000 DM gekostet hat, speist man nach modischen italienischen Rezepten. Wie Jens geht auch Ulrich, der bei einer
Mobilfunkfirma ein atronomisches Gehalt bezieht, fremd.
„Niemand hat ein Recht auf den Besitz des Körpers eines anderen Menschen, auch nicht auf seine Geschlechtsorgane!"

Jeder, eine fensterlose Monade, ohne wirklichen gegenseitigen Austausch und Kontakt, ist nur mit sich selbst beschäftigt.
Zuneigung, Liebe und Menschlichkeit scheinen aus der selbst-
fabrizierten, beziehungslosen Umwelt mit ihren vielfältigen Sur-
rogaten verschwunden. Auf der Jagd nach Ersatzbefriedigungen
begegnet man am Ende immer nur der eigenen zunehmenden
Verödung. Christina bringt die Krise modernen Lebens, die
Pseudoobjektivität des Alltags auf den Punkt: „Sie empfindet
grenzenloses Mitleid mit den anderen und mit sich selbst, jeder

redet nur für sich, für seine kleinen Bedürfnisse. Alle vier sind sie
erfolgreich, verdienen gut, haben schöne Wohnungen, angeneh-
me Lebensumstände, und doch versteht keiner von ihnen, was es
eigentlich heißt, zu leben ..."

Überhaupt avanciert Christina zur zentralen Figur des Romans. In der betont distanzierenden personalen Erzählperspektive in der dritten Person erfährt der Leser von ihrem differen-
zierten Problem- und Krisenbewußtsein, von ihrer kritischen
Reflexionsbereitschaft und von ihrem eingestandenen Ungenügen an den Surrogatangeboten. Gerade angesichts eines unbe-
friedigenden und menschlich unerfüllten Alltags beginnt sie
hellsichtig sich selbst gegenüber zu werden, erleidet das unüber-
sehbare Verschwinden der Jugend als einen schmerzlichen Verlust, weil in dem standardisierten bürgerlichen Wohlstandsda-
sein nichts von dem Wirklichkeit geworden ist, was man sich einmal erträumt hatte.

Ihr gegenüber steht Jens mit seinen Tagebucheintragungen in
der Ichform, affektgeladene Attacken gegen seinen Beruf, die
menschliche Verflachung in seiner Umgebung, gegen den öden
Alltag und gegen sich selbst und seine Lebensweise. Im Kern
weiß er selbst, daß seine sexuellen Affären nur Ersatzbefriedigungen sind, die immer schaler werden und immer mehr an
Wirksamkeit einbüßen. In den inneren Monologen von Jens und
der erlebten Rede Christinas stehen sich spontane Gefühlsbe-
kundung und abwägendes Urteil, Affekt und Reflexion gegenüber. Die Meinungen und Urteile des zweiten Paars schlagen sich
demgegenüber mehr in der Form scheinbar definitiver State-
ments in der direkten Rede nieder.

Gerade die für Christina gewählte Personenrede zeigt im Vergleich unter Vermeidung alles Affektiven und Apodiktischen ein
hohes Maß an Flexibilität und Einfühlungsvermögen. Sie ist es
auch, die als einzige die Pseudoobjektivität und die Scheinbe-
friedigungen durchschaut. Während Ulrich sein Heil weiterhin
in Karriere und Luxus sucht, bricht Jens radikal mit seinem bis-
herigen Leben. Bei einem Urlaub in Holland verschwindet er
plötzlich spurlos und kehrt erst am Ende des Romans zurück.

Seine inzwischen erfolgte Berufung nach Amerika ausschlagend, ist er besessen von der Vorstellung, fortan in Südfrankreich zu leben, wo er sich in der Zwischenzeit nach einem Haus umgesehen hat. Entschlossen, seinen Beruf und seine gesicherte Existenz aufzugeben, soll ihn der mediterrane Traum für alles entschädigen, was ihm das bloße Funktionieren und die sozialen Zwänge bisher versagt haben.

Doch die Aussteigerexistenz ist im Grunde nur ein neues, ungleich radikaleres Surrogat. Jens landet, den pseudoobjektiven bürgerlichen Alltag hinter sich lassend, in einem subjektiven Getto, das unverkennbar die Züge des in der Werbung verbreiteten mediterranen Klischees trägt und in das nur Doris bereit ist ihm zu folgen. Für Christina aber sind sowohl das Beharren in der Pseudoobjektivität des Alltags als auch die Flucht in die Subjektivität ausgeschlossen. Noch vor dem rätselhaften Verschwinden ihres Mannes hat sie sich den größten Wunsch ihres Lebens erfüllt und sich von ihm ein Kind machen lassen, das sie nun erwartet. Nach seiner Rückkehr weiß sie, daß sie nicht länger mit ihm zusammenleben möchte. „Sie ist nicht mehr allein, wenn Jens weg ist, und sie hat mit ihm nicht mehr das Gefühl, zu zweit zu sein."

Der Sinn des Lebens kann allein darin bestehen, es weiterzugeben. Nur dann erfüllt der einzelne seinen von bloß subjektiven Interessen absehenden, allgemeingültigen Auftrag und integriert sich in das objektive Lebensganze, das mit den bürgerlichen Scheinsicherungen und den Selbstbefriedigungsritualen nichts gemein hat. „Jetzt bleibt sie einfach hier und hält sich bereit und stark für das, was passieren wird. Sie kann einfach so zufrieden werden."

Mit Roland Kochs „Paare" setzt der deutsche Roman der Gegenwart nach einer Reihe von Ansätzen und Aufbrüchen die Tendenz zu einer positiv gewendeten neuen Objektivität fort, zu einer elementaren Objektivität des Lebens und des Menschen, der an das Leben glaubt. Nicht länger steht das Ende im Zeichen von Verlust, Scheitern und der schlimmstmöglichen Wendung, sondern im Zeichen der Erwartung eines Kindes, im Zeichen der Hoffnung auf den Menschen und seine Zukunft.

Einzelanalysen

Erika Tunner

Eine private Geschichte?
Katja Behrens' „Die dreizehnte Fee"
(1983)

Katja Behrens' erster Roman *Die dreizehnte Fee* ist 1983 erschienen. Man liest ihn heute mit ungemindertem Interesse. Nichts
ist überholt, weder die Themen noch die Darstellungsweise.

    Vordergründig geht es um eine Familiengeschichte, die von
dem Leben dreier Frauen berichtet, dreier Generationen. Aber
es wird nicht linear erzählt, denn wenn das Leben auch chronologisch abläuft von der Geburts- bis zur Sterbeakte, so ist es doch
hintergründig, richtet sich nicht schnurgerade nach den Kalen-
derdaten, setzt sich zusammen aus Ahnungen und Erinnerungen,
aus Erfahrungen und Träumen, aus Angst und Lust. Unser Dasein ist der Zeit unterworfen, aber es ist gleichzeitig auch eine
Herausforderung an die Zeit. Katja Behrens entwirft ein Kaleidoskop. Bunte Bildstücke werden scheinbar willkürlich aneinan-
dergereiht und ergeben schließlich eine regelmäßige Figur, ein
Hexagramm, welches die Durchdringung von sichtbarer und
unsichtbarer Welt versinnbildlicht.

Die Mischpoke

Da ist ganz weit im Schatten schon die Großmutter aus Lemberg, sozusagen die Urmutter der Mischpoke. Frühe Ehe mit einem ungeliebten Mojschele, Kind auf Kind, sie jammerte, aber sie fügte sich. Auch ihre älteste Tochter, Sara, hatte sich zunächst noch gefügt: Hochzeit mit einem ordentlichen Mann. Bald freilich muckt Sara auf, bekommt ein Kind, nicht von dem ordentlichen Mann, sondern von ihrem Vetter, verlangt den Scheidebrief, zieht nach Berlin, wo ein Onkel ihr einen Hutladen kauft. Sara ist die Mutter von Marie, die eigentlich Miriam heißt und unter dem Namen Johanna Johannsen Karriere als Schauspielerin machen wird.

Miriam-Marie, die im Roman meistens „Mariechen" genannt wird, gebiert Hanna, und Hanna gebiert Anne.

MarieundHanna-Anna bilden die weibliche Mischpoke.

Mariechen läßt sich mit einem Grafen ein und bringt den Sohn Rüdiger zur Welt, der ebenso wie sein adliger Vater im Handumdrehen aus der Erzählung verschwindet. Später heiratet Mariechen einen Goj, Paul Feuerbach, nicht der Richtige und schon gar nicht der Rechte: Paul hat so seine Erfahrungen mit der „verfluchten Judenwirtschaft", da bleibt Mariechen nur der Übertritt zum Christentum, der Mann sowie die Zeitereignisse wollen es so. Mariechen ist zwar rehabilitiert, wenngleich sie doch keine echte Goj wird. Auch Hanna, ihre Tochter aus der Ehe mit Paul, wird mit einem Nichtjuden, Jakob Herzog, zusammenleben, so daß auch Hannas Tochter Anna „nur" eine Halbjüdin ist, aber nach jüdischen Gesetzen ist ja die weibliche Linie die ausschlaggebende.

Paul stirbt 1934 an einer Leberkrankheit, „als gerade erst der Vorhang aufgegangen war über der großen Oper". Vermutungen werden von der Erzählerin angestellt: hätte er länger gelebt, dieser Paul, so hätte er wohl auch in die arischen Gesänge eingestimmt, die ihm so fremd nicht waren, und wie bei so vielen anderen hätte auch dem Paul das Rassegewissen geschlagen ...

Ausgerechnet in Jürgen muß sich Anna verlieben, dessen Vater auf einem Photo im ehelichen Schlafzimmer, schon lange nach Kriegsende, Adler und Hakenkreuz über der Brusttasche trägt und der nun vor dem Essen betet und behauptet, „von den Kazetts haben wir nichts gewußt". Eine gewisse Elsner Lotte fällt ihm ein, die „mit zweiundsiebzig ins Kazett gekommen ist und mit siebenundsiebzig wieder raus". So schlimm kann es ja dann nicht gewesen sein. Und Jürgens Mutter meint, Anna solle keine Mimose sein, Judenverfolgungen habe es schließlich immer gegeben.

Erinnerung, Gedächtnis, Vergessen: „Weißtunoch" ist ein Spiel, das Hanna und Marie miteinander zu spielen verstehen. Wäre es nicht endlich an der Zeit, mit den ständigen Erinnerungen und Mahnungen aufzuhören, im Zuge des sich neu formierenden Europas die Vergangenheit als bewältigt anzusehen und nur noch in die Zukunft zu schauen? Katja Behrens geht es nicht vordringlich um mehr Namen auf Gedenksteinen oder mehr Grabstätten, sondern um die Warnung für die Zukunft vor dem Ungeist der Vergangenheit.

Das Nasentum

Zunächst handelt es sich nur um ein ästhetisches Problem: Marie betrachtet die Nase der kleinen Hanna und klagt, daß sie so groß zu werden drohe wie ihre eigene. Warum eigentlich gilt eine große Nase für häßlich? Als Deutschland erwachte und Juda verrekken sollte, stellte sich die Nasenfrage allerdings ganz anders. Die „Nasenmenschen" gehören zu den Schmarotzern, Blutsaugern und Schmutzfinken, von denen ein „gesundes" Volk gesäubert werden mußte, solange die Nasenfeinde an der Macht waren, also tausend Jahre lang, wie sie meinten. „Nasentum" wird in Katja Behrens' Roman zur Chiffre für „Judentum", das man am besten verschwieg oder von dem man nur hinter vorgehaltener Hand sprach.

Denn verbunden mit dem Nasentum ist die Angst. Marie „mußte Angst haben, immer Angst". „Angst", sagt Hanna, „hat man oder hat man nicht". Annas Angstvisionen steigen aus ihren Träumen auf oder aus ihrer wuchernden Phantasie. Anna läuft in

„panischem Entsetzen" durch einen Wald. Ein Mann mit einem
Revolver verfolgt sie. Anna stolpert, stürzt. Das Gesicht des
Mannes über ihr, der Revolver an ihrer Schläfe.

Die Angst konkretisiert sich oft in Tier-Metaphern: mit ha-
stenden Beinen, die durch nichts aufzuhalten sind, vor denen es
kein Entrinnen gibt, baut eine Spinne ihr Netz, lauert auf ihr
Opfer, bald zappelt eine Fliege darin, schon eilt die Spinne über
das schaukelnde Netz, wie gut sie es kennt, es ist ja ein Teil von
ihr, aus ihrem Leib gekommen, geschäftig verpackt sie die Fliege, transportiert sie ab, um sie in Ruhe im Dunkeln aufzufressen
– vorbei die Reise der Fliege, „Anna allein in der Angst, die über
sie gekommen war". Oder der Stamm der gefällten Buche, von
außen ganz unbeschädigt, doch das Innere schon metertief aus-
gehöhlt vom Borkenkäfer. Entsetzt lauscht Anna in ihren eigenen Leib hinein, „ob der Tod sich schon eingenistet hatte".
Oder der Hamster in der sich drehenden Trommel: immer
schneller läuft er, immer schneller, wovor läuft er davon, vom
Fleck kommt er doch nicht ...

„Tierangst" sah Anna schließlich in den Augen der Großmutter Marie.

Das im Menschen verborgene Tier, das geängstigte, gejagte,
und das gefährliche, mörderische. Die vertraute Wirklichkeit ist
da, aber der Schleier wird für einen Augenblick gelüftet, der
Schein einer harmlosen Welt entlarvt, die Fragilität des Humanen aufgedeckt.

Wo bleibt die dreizehnte Fee?

Immer wieder werden in den Roman Märchenszenen und Mär-
chenelemente eingeschoben. Die Hexe im Wald und der Wolf
tauchen auf, aber auch der rettende Prinz, der Anna mit star-
kem Arm auf sein Pferd hebt, so daß ihr niemand mehr etwas
anhaben kann. Nicht immer stehen Dunkel und Hell einander
eindeutig gegenüber, die Grenzen sind fließend. Die Königin
ist von Prinzessin Anna gegangen, hat nur ihren Leib dagelas-
sen, Prinzessin Anna verwandelt sich in einen heulenden

Schloßhund und dann in den heulenden Wolf, bis die Königin wiederkommen muß, sonst heult sich das Kind die Seele aus dem Leibe.

Fee, Fei, Schicksalsgöttin, fada, fata. Meistens treten sie zu dritt auf. Schöne, zauberkundige Wesen, die in Quellen, Wäldern, Grotten hausen. Sie helfen den Menschen oder sie verwünschen sie.

Als Dornröschen, das Königskind, geboren wird, werden zwölf Feen an den Hof gebeten, es waren aber derer dreizehn im Reich, doch waren nur zwölf goldene Teller vorhanden. Elf Feen tun ihren guten Spruch, dann eilt die dreizehnte herbei und wünscht dem Königskind den Tod in seinem fünfzehnten Lebensjahr. Die zwölfte, die ihren Spruch noch übrig hatte, kann den bösen Wunsch nicht aufheben, nur mildern: nicht sterben soll das Königskind, sondern in einen hundertjährigen Schlaf verfallen.

In Katja Behrens' Roman gibt es keine zwölfte Fee.

Einmal hat dort die dreizehnte, zornentbrannt ob einer Kränkung, an die sich später niemand mehr erinnern kann, die zwei Zimmer unter dem Dach verwünscht, in denen Marie-Hanna-Anna wohnen.

Immer wieder macht sich Anna auf den Weg, die dreizehnte Fee zu suchen, von Brunnen zu Brunnen, der tiefe Brunnen weiß es wohl, aber nie blickt Hanna auf den Grund, immer bloß auf „schleimig-grünen Froschlaich". Ein Stein, den sie in einen dicht bemoosten Brunnen wirft, scheucht die Fee nicht auf. Die Fee ist der unruhige Geist, der Anna umtreibt – auf der Suche nach sich selbst. „Nach innen ausgewandert" ist Anna, wie eine autobiographische Vorstudie zum Roman heißt. Zum Grunde will sie gehen, von Grund auf wissen, zugrunde gerichtet und doch unverloren. Als sie einmal den Rocksaum der Fee berührte, kam sie auf den Gedanken, daß vielleicht alles doch nicht so war wie Hannaundmarie es bei den Gesprächen hingestellt hatten. Hinunter steigt Anna in den Brunnen, „aus dem sie gekommen war", und wo sie auf den „wunderbaren warmen Ofen" stößt, „der die Großmutter einst gewesen war".

Die dreizehnte Fee ist eine persönliche, fast private Geschichte, vor dem historischen Hintergrund der Weimarer Republik bis in die Nachkriegszeit. *Die dreizehnte Fee* ist aber auch die Geschichte dreier Jüdinnen, die Geschichte ihres Andersseins, ihres Ausgegrenztseins, ihres Fremdseins, die Geschichte dreier Frauen, die sind wie du und ich, die an die Zukunft denken und sich an die Vergangenheit erinnern, die sich erinnern, wie bald sie vergessen sein müssen, und die sich erinnern, wie bald sie vergessen sein werden.

Peter Cersowsky

Ein fluidaltheoretischer Roman.
Patrick Süskinds „Das Parfum" (1985)

Was hat dieses Buch mit Remarques „Im Westen nichts Neues"
gemeinsam? Rein gar nichts, außer: Beide gehören zu der höchst
raren Spezies ‚Weltbestseller made in Germany', beinahe so sin-
gulär wie die Duftessenz, um die es hier geht. Wann hat es das
bei einem deutschsprachigen Titel schon gegeben: Übersetzung
etwa ins Katalanische, Fortsetzungsabdruck in einer thailändi-
schen Frauenzeitschrift; nahezu unisono das Entzücken der
Feuilletons, Stimmführer M. R.-R. inklusive („Des Mörders be-
törender Duft", in: FAZ, 2. März 1985). Und obendrein schon
jetzt ein fester Platz im Kanon des Deutschunterrichts: Was
braucht es da noch Frischs „Homo Faber", seitdem „Das Parfum" verspricht, auch den angeödetsten Grundkurs zu vitalisie-
ren? Als Exempel fungiert es für progressive Didaktik, zum
Beispiel den Geruchstrip (verschiedene Ansätze diskutieren kritisch: W. Frizen/M. Spancken, P. S., Das Parfum, ²1998). Man
stelle sich vor: Mit Süskind im Gepäck und im Herzen stecken
hochmotivierte Sekundarstufler ihre Nasen fächerübergreifend
in Pariser Gullys. Freilich: So mancher hat die seine auch ge-
rümpft durch Platzverweis von germanistischen Leselisten, mit
Verdikten wie „Trivialität" (B. v. Matt, „Das Scheusal als Romanheld", in: NZZ, 15. März 1985) oder „Kunsthandwerk" (S.
Löffler, in: „… und alle Fragen offen", hrsg. von St. Reichen-
berger, 2000). Die gehörige „Tiefe" – dem einen wird sie eben
bescheinigt, dem anderen nicht; Süskind weiß davon ein Lied zu
singen („Der Zwang zur Tiefe", in: „Drei Geschichten", 1995).
Erfolg hat nun einmal etwas Anrüchiges, hierzulande zumal. Wie
konnte so etwas nur geschehen?

Darüber darf, darüber muß spekuliert werden. Selbstredend war Zufall im Spiel – beispielsweise, daß die Sekretärin des Diogenes-Verlags Süskinds Bühnenrenner „Der Kontrabaß" sah, worauf sie ihren Chef auf den Autor hinwies. Und dazu natürlich ein verlegerischer Riecher, der dem von Süskinds Meisterparfümeur kaum nachstand – angefangen beim geschäftsträchtigen Vorabdruck in der FAZ. Vor allem aber gehört zur Rezeptur des Bestsellers allemal ein Gemisch aus Fremdartigem und Vertrautem, Abstoßend-Angsterregendem und Erwünschtem, bei der das eine vom anderen gar nicht so klar zu trennen sein mag.

Auf der einen Seite gibt es auch hier den Reiz des Fremden, Abscheulichen, zu erfahren aus sicherem Leseabstand. Bücher über den Geruchssinn sind nicht gerade an der Tagesordnung in der Ära des Deodorants, namentlich, wenn es dabei zuallererst um üble Gerüche geht: „Zu der Zeit, von der wir reden, herrschte in den Städten ein für uns moderne Menschen kaum vorstellbarer Gestank." Die Zeit ist fremde Geschichte, das achtzehnte Jahrhundert des Ancien régime in einem Frankreich vor allen Postkartenklischees, einer Sphäre exotischer Fremdheit. Und der Held ist einer, dem niemand nachts auf einsamer Straße begegnen möchte, von exorbitanter Häßlichkeit, geboren zwischen Abfällen unter einem Fischstand, der Vater unbekannt, die Mutter als notorische Kindermörderin hingerichtet, weitergereicht von einer widerwilligen Amme an einen angeekelten Geistlichen, an eine emotional abgestorbene Erzieherin, einen brutalen Gerbermeister. Die Lieblosigkeit seiner Umgebung färbt auf ihn ab, indem er selbst keine Emotion kennt. Außerdem besitzt er nicht den geringsten Körpergeruch, während andererseits sein Geruchssinn von übernatürlicher Schärfe ist. Ohne jeden Skrupel wird er zum gefürchteten Massenmörder an jungen, schönen Frauen, abseitiger als jeder ‚normale' Killer, denn anziehend wirken auf ihn einzig die Düfte der Opfer, und auch dies nur mit Blick auf sein Lebensziel, aus deren Quintessenz das ultimative Parfüm herzustellen: den Duft herzustellen, der ihn bei jedermann unwiderstehlich beliebt macht. Mit Hilfe eines besonderen Verfahrens, das er in der Parfümstadt Grasse lernt, gelingt

ihm dies. So rächt er sich an der Menschheit: er macht sie zu
Sklaven seines eigenen Wohlgeruchs. Süskind zeigt einen Wilden inmitten Europas, ein ekelerregendes, furchterregend ge-
fährliches Ungeheuer. Sein Name Grenouille – Frosch – ist eigentlich ein Euphemismus, hauptsächlich erscheint er als ein
Verwandter der Zecke. So wie die landläufige Justiz, versagt angesichts seines Falles jeder normale, ‚gesunde' Menschenver-
stand. Der Geruch, Grenouille überhaupt, läßt sich nicht begreifen, eine Verkörperung des Irrationalen im Zeitalter der Ratio-
nalität, das in seinem Jahrhundert beginnt; eine Gegenwelt auch
zu der des Geldes. Materielles Profitdenken prägt allenfalls seine Zeitgenossen, so seinen Lehrherrn, den Parfümeur Baldini,
dem er durch seine außerordentliche Nase zu Reichtum verhilft;
für Grenouilles Geschichte spielt das jedoch keine Rolle. Ihm
selbst ist Geld vollkommen gleichgültig. „Ausdauer ... Beschei-
denheit und Fleiß" – weitere Grundpinzipien der bürgerlichen
Gesellschaft, der Süskind seinen Roman vorlegt, werden konter-
kariert.

Aber andererseits erschnuppert dieser Grenouille auch allseits
Vertrautes: Um menschlich-allzumenschliche Gerüche geht es
hier nun einmal. Abrupt beendet eine zufällige Naturkatastro-
phe das glückliche Leben Baldinis. Was alle Welt schon kennt,
die Vergänglichkeit des Irdischen, hier findet es die abertau-
sendste Bestätigung. Mehr noch, Grenouille ist nachgerade eine
Inkarnation erfüllter Sehnsüchte – verborgener oder offener. Bei
aller Fremdheit ruft er auf zur Identifikation. Süskind gibt seinen Figuren Psychologie. Sie sind beherrscht durch elementare
menschliche Triebe. Eros macht zuerst die Frauen für Grenouille
und dann ihn selbst für die Menge so anziehend, was wiederum
dazu führt, daß alle auf offener Straße ihrer Libido freien Lauf
lassen; und andererseits treibt ihn Thanatos, sich selbst zugrunde zu richten. Am Ende läßt er sich von den erotisierten Zeitgenossen buchstäblich auffressen. Zuvor war er der moderne Self-
mademan, der hemmungslos sein Ego und damit sein persönli-
ches Glück durchsetzt, allein kraft seiner spezifischen Begabung:
„Er hatte sich eine Aura erschaffen ... Und er verdankte sie nie-

mandem – keinem Vater, keiner Mutter und am allerwenigsten einem gnädigen Gott – als einzig *sich selbst*". Er realisiert den narzißtischen Traum, universelle Macht zu besitzen und von allen geliebt zu werden, gerade in einer Welt der Gefühllosigkeit. Er ist ein Prototyp des modernen Singles, für den Mitmenschen allenfalls Hindernisse oder Mittel zum Zweck der Selbstverwirklichung sind. An seinen Morden wird Grenouille tatsächlich nicht schuldig gesprochen. Schuld hat allenfalls die Gesellschaft, weil sie sich seiner nicht besser angenommen hat, weil sie so profitorientiert ist und weil sie ihn schließlich vollends zu ihrem Opfer macht. Die Hinrichtungspraktiken erscheinen viel grausamer als Grenouilles Taten, die wahren Kannibalen sind die anderen: So etwas entlastet, das liest man/frau allemal gern. Ort und Zeit sind gleichermaßen fremd und naheliegend in einem: wohl kaum ein geläufigerer Assoziationsraum als Paris, und das achtzehnte Jahrhundert ist eben nicht nur ferne Vergangenheit, sondern zugleich Ursprungsphase der Neuzeit.

Ohne Frage hat der Erfolg des „Parfum" auch entschieden mit dem delektablen Effekt literarischer Wiedererkennung zu tun. Dabei ist das Quellenreservoir, auf das es anspielt, derart breitgefächert, daß für jedermann – ob mehr, ob weniger belesen – zumindest irgend etwas Geläufiges dabei sein dürfte. „Postmoderne" lautet der Epochenbegriff, auf den man Süskinds Roman hat bringen wollen, und er meint ganz besonders ein solch „intertextuelles" Vexierspiel mit anderen Texten (dazu etwa Frizen/Spancken). Schon Umberto Ecos „Der Name der Rose" (1982) steht für diesen Trend, zu dem auch die Grenzverwischung zwischen Fiktion und Geschichte gehört.

Geschichte besonders der menschlichen Gebräuche im allgemeinen, im Sinne von „Kulturgeschichte". Eine entsprechend orientierte Literaturwissenschaft, wie sie sich heute zusehends zu profilieren sucht, fände jedenfalls im „Parfum" ein Paradigma sondergleichen. Süskind hat seine kulturhistorischen Recherchen angestellt: Er informierte sich in Grasse, dem südfranzösischen Mekka der Parfümerie, bevor er seinen Helden dorthin pilgern ließ, er benutzte Eugène Rimmels „Buch des Parfums" und vor

allem Alain Corbins „Geschichte des Geruchs", „Pesthauch und
Blütenduft". Es war eben im achtzehnten Jahrhundert, so konnte er bei Corbin nachlesen, als eine nie dagewesene Sensibilisie-
rung für Gerüche einsetzte, und besonders üble Gerüche
herrschten in Paris, speziell im Dunstkreis der Markthallen.
Eben dort kommt Grenouille zur Welt. Die neue Geruchsemp-
findlichkeit provozierte neben hygienischen Maßnahmen die
Entwicklung erlesener Parfüms, die gegen den Gestank an-
dufteten – zusehends hergestellt aus Blüten, wie dies dann auch
im „Parfum" geschieht. Daß der Marquis de la Taillade-Espi-
nasse Grenouilles heruntergekommenen Zustand nach jahrelan-
ger Einsiedelei gemäß seiner abstrusen ‚Fluidaltheorie' auf Ge-
ruchswirkungen der Erdgase zurückführt, stammt ebenfalls aus
„Pesthauch und Blütenduft". Freilich: Corbin entdeckt in den
Gerüchen sozialen Sprengstoff: Das Parfüm ist Sache der Bour-
geoise, der Gestank muß zur Diskreditierung der Unterschich-
ten herhalten. Solchermaßen Gesellschaftspolitisches nimmt
Süskind nicht auf. Wen aus der Post-68er Lesergeneration hätte
das auch noch interessiert?

Aber den philosophisch Interessierten hat Süskind sehr wohl
etwas zu bieten. Pascal rangiert als „großer Mann" mit seinem
Aphorismus: „Das Unglück des Menschen rührt daher, daß er
nicht still in seinem Zimmer bleiben will." Entsprechend findet
Grenouille sein größtes Glück, als er jahrelang in einer einsamen
Berghöhle haust. Bei der dionysischen Massenorgie, die er auslöst, bei seinen übermenschlichen und animalisch-amoralischen
Zügen darf an Nietzsche gedacht werden, bei seiner „Aura" als
Zeichen künstlerischer Individualität vielleicht gar an Benjamin,
bei Grenouilles antirationalistischem verbrecherischem Macht-
gebaren an Adornos/Horkheimers „Dialektik der Aufklärung".

Wer es doch mehr mit der ‚schönen Literatur' hält, dem werden Wiederlesensfreuden gleichermaßen bereitet. Was „Das
Parfum" dem Pädagogen mittlerweile so wert macht, ist nicht
zuletzt, daß sich daran mühelos diverse Erzählmuster wachrufen
lassen: Kriminalroman, Künstlerroman, historischer Roman,
(Anti-)Bildungsroman, Reiseroman, phantastischer Roman.

Konkreter standen Pate unter anderem: Kaspar Hauser (Verlaine, Wassermann), der literarische Misanthrop (Shakespeare, Molière), Goethe („Prometheus", „Zauberlehrling", „Faust"), Novalis („Heinrich von Ofterdingen"), Kleist („Michael Kohlhaas"), die Brüder Grimm (,Der Froschkönig"), Chamisso („Peter Schlemihl"), Hoffmann („Das Fräulein von Scudéri", „Rath Crespel"), Hauff („Zwerg Nase"), Thomas Mann („Doktor Faustus"), Grass („Die Blechtrommel"), Poe (Diverses), Stevenson („Doctor Jekyll und Mr. Hyde"), Dahl („Bitch"), Hugo („Der Glöckner von Notre Dame"), Flaubert („Bibliomanie"), Balzac („Vater Goriot"), Baudelaire („Fremdländischer Duft", „Das Flakon"), Huysmans („Gegen den Strich"), Proust („Auf der Suche nach der verlorenen Zeit"). Name Dropping muß genügen. Kein Süskind-Leser wohl, dem es nicht wenigstens das eine oder andere Aha-Erlebnis bereitet.

So ganz konturlos ist dieses literarische Bezugsfeld allerdings nicht. Es ist das neunzehnte Jahrhundert, aus dem Süskind vorwiegend seine Modelle holt, genauer: die Romantik. Ihr vor allem entstammt der Charakter des unbürgerlichen, pathologischen Genies, das, wie Grenouille, eine ganze unendliche Welt irrational aus der Phantasie heraus zu schaffen vermag; auf sie vor allem verweisen die offenkundigen Züge des Märchens (das selbstverständlich dargebotene Übernatürliche, die sieben Jahre, die Grenouille in der Berghöhle verbringt, die typisierende Personenzeichnung etc.). Wenn er von seinem Berg in die unendliche Weite blickt, dann wird er zum Abziehbild von Caspar David Friedrichs „Wanderer über dem Nebelmeer". Sattsam Bekanntes von Eichendorff klingt an, wenn das Parfüm „zauberformelhaft" eine andere Welt erschließt („Wünschelrute"), wenn Grenouille „mit weitausgespannten Flügeln … über das nächtliche Land seiner Seele nach Haus in sein Herz" fliegt („Mondnacht"). Nicht von ungefähr wird mit dem „Parfum" besonders gerne Robert Schneiders „Schlafes Bruder" (1992) assoziiert, dieser Bruder im Geiste einer höchst erfolgreichen Neoromantik.

Was Süskind betrifft, so tritt er hauptsächlich in die Fußstap-

fen jener „schwarzen" Seite der Romantik, einst beschrieben von
Mario Praz mit ihrer Liaison von Erotik und Tod und den Leit-
perspektiven Sadomasochismus, Satanismus, zerstörte Schönheit („Liebe, Tod und Teufel", 1963). Letztere begegnet in
Grenouilles Opfern, verteufelt wird er durch seine Umgebung,
und tatsächlich läßt nicht nur sein Hinkebein an den Leibhafti-
gen denken. Auch Sade wird zu Beginn als einer seiner Vorläufer
genannt – mit Recht, denn die Orgie, die kalt-systematische, be-
stialische Brutalität der Morde, der Trieb zur Selbstvernichtung
nehmen sadomasochistische Motivik auf. Mit alledem erinnert
„Das Parfum" übrigens auch an einen der bedeutendsten
deutschsprachigen phantastischen Romane, Alfred Kubins „Die
andere Seite" (1909).

Und wer den nicht kennt, der mag doch vielleicht immerhin
Süskinds „Kontrabaß" (1984) gesehen oder gelesen haben. Grenouille ist ein Bruder auch dieses Bassisten, eines einsamen Son-
derlings, eines Underdog im isolierten Zimmer, der mangelnde
Liebe zu kompensieren sucht – hier durch ein quasi-erotisches,
selbstquälerisches Verhältnis zu seinem sperrigen Instrument,
das er als Orchestermusiker traktiert, ein Kunst-Handwerker
auch er. – Süskinds nachfolgende Erzählungen bieten neue Wie-
derbegegnungen mit skurrilen Außenseitern, die, wie Grenouille,
keinen anderen Wunsch haben, als „in Ruhe" gelassen zu werden. Empfindet der Held der „Taube" (1987) besagtes Tier als
Lebensbedrohung angesichts seiner Fixierung auf sein Zimmer,
so handelt „Die Geschichte von Herrn Sommer" (1991) von einem, dessen Leben zwanghaftes Dauerwandern ist, bis er es
schließlich, wie Grenouille, vollends satt hat und den Freitod
wählt.

Ein Hauptgrund für den Erfolg des „Parfum" liegt in der
Sprache; gewohnte Kost auch sie, man hat es oft genug registriert; so, als hätte es eine erzählerische Moderne, einen Döblin
oder Joyce, nie gegeben. Wie schon ein Roman des achtzehnten
Jahrhunderts, präsentiert sich „Das Parfum" chronologisch, im
Präteritum und auktorial, mit einem Erzähler, der sein Publikum nicht verwirrt, sondern behutsam lenkt. Süskinds Stil ba-

siert auf der guten alten, aber nach wie vor allgegenwärtigen
Rhetorik mit seinen Antithesen, Alliterationen, Anaphern, Vergleichen, Antithesen, Aufzählungen und Superlativen: „Dieser
Geruch hatte Frische; aber nicht die Frische der Limetten oder
Pomeranzen, nicht die Frische von Myrrhe oder Zimtblatt oder
Krauseminze oder Birken oder Kampfer oder Kiefernnadeln ...,
und er hatte zugleich Wärme ... Dieser Geruch war eine Mischung aus beidem, aus Flüchtigem und Schwerem, keine Mischung davon, eine Einheit, und dazu gering und schwach und
dennoch solid und tragend, wie ein Stück dünner schillernder
Seide ... Unbegreiflich dieser Duft, unbeschreiblich ... Und
doch war er da in herrlichster Selbstverständlichkeit." Daß Düfte sprachlich nicht erfaßbar seien, ist lediglich rhetorisches Kli-
schee. Vorgeführt wird das Gegenteil, fern jeglicher modernisti-
scher Sprachskepsis. Süskinds Sprache gibt sich vielmehr so allmächtig wie Grenouilles Parfüm. Dabei zieht sie den Leser ins
Einvernehmen; sie eckt nicht an, sie vermeidet Abstoßendes, sie
schönt geflissentlich. Bei Fäkalausdrücken wird äußerste Zu-
rückhaltung geübt. Auch sprachlich baut Süskind keine histo-
risierende Distanz auf. Sein Terrain bleibt die Umgangssprache
des zwanzigsten Jahrhunderts. Zwei einschlägige Stereotype
nimmt das Buch beim Wort, so wie sich später Herr Sommer
buchstäblich „den Tod holen" wird: jemanden „nicht riechen
können" und jemanden „zum Fressen gern haben".

Das Haus Fragonard, wo Süskind sich parfümistisch bildete,
hat eines seiner Produkte „Le Parfum" genannt; geworben wurde dafür mit Antoine Watteaus Coverbild des Romans: aus dem
achtzehnten Jahrhundert zwar, aber makellose weibliche Schönheit, ausgeleuchtet wie ein moderner Reklamespot. Überhaupt
ist es die Rhetorik der Massenmedien, namentlich der Werbung,
an die der Stil des „Parfum" erinnert: „frisch, selbstbewusst und
auf subtile Weise sinnlich ... Vibrierend, intensiv und lebendig
wie ein Sonnenstrahl" – dies steht nicht in Süskinds Roman, sondern in einer aktuellen Parfümreklame (Werbeprospekt der Firma Douglas, 9 [2000]).

Aus der Kurzgeschichte, die er zunächst plante, hat Süskind

eine Form gemacht, die in ihrer Geschlossenheit ebenfalls alles
andere als verstörend wirkt. Wie Grenouilles Leben, zusammen-
hängend erfaßt von der Geburt bis zum Tod, sich säuberlich in
drei- bzw. siebenjährige Abschnitte gliedert, so gliedert sich das
Buch in drei Hauptteile, zentriert um eine ‚Mittelachse', die Zeit
in der Berghöhle. Es beginnt und es endet im Sommer in Paris.
Für einen Bestseller ist der Roman vergleichsweise kurz. Dies, die
formale Abrundung, auch die ausgeprägte Leitmotivik (etwa
das Parfüm oder der Zeck) erinnern an eine Novelle, wie sich
Süskind dann mit der „Taube" und der „Geschichte von Herrn
Sommer" vollends als exemplarischer Novellist nach geläufiger
Art des neunzehnten Jahrhunderts erwiesen hat. Die Dialogfüh-
rung im „Parfum", die visuell spektakuläre, „szene(n)"-hafte
Gestaltung, lassen daran denken, daß Süskind im übrigen vorwiegend für das wohl geschlossenste und dabei zugleich popu-
lärste Medium der Gegenwart höchst erfolgreich tätig war: für
den Film („Monaco Franze" [1983], „Kir Royal" [1986], „Rossini" [1996]).

   „Das Parfum", eine Parabel? Mag durchaus sein, aber ein De-
magoge hitlerschen Schlages, wie man gemeint hat (zuerst Reich-
Ranicki), ist doch dieser Grenouille nicht; dazu verläuft seine
Geschichte nun einmal viel zu unpolitisch. Wohl aber erinnert er
an seinen Autor, dessen zweite Heimat Paris ist, der Frankreich
durchreiste wie Grenouille, der vor allem eine ähnlich zurückge-
zogene Lebensweise pflegt wie sein Held, beseelt offenkundig
ebenfalls von dem Wunsch, in Frieden gelassen zu werden. In
immer kleineren Zimmern, so Süskind in einer seiner raren
Selbstdarstellungen („Der Autor stellt sich vor", in: Theater
heute, 11 [1981]), spiele sein Leben sich ab. Das Parfüm wäre
dann ein Modell für den eigenen Dichterberuf. Auch noch der
eigenbrötlerische Bestsellerautor Jakob Windisch in „Rossini"
hat ja gewiß etwas von einem ironischen Selbstporträt. Wenn der
Roman die optimale Parfümkreation als langwierigen, mühevol-
len Vorgang mit immer neuen Ansätzen zeigt, dann entspricht
dies genau der Art und Weise, wie Süskind in einem Essay über
die Entstehung jenes Films die unsäglichen Mühen beim Dreh-

buchschreiben geschildert hat („Film ist Krieg, mein Freund",
in: P.S./H. Dietl, „Rossini" [1997]). Parfüm ist eine Mixtur aus
alten Ingredienzen zu etwas Neuem, Singulärem, zwischen Kunst
und Handwerk, das problemlos konsumierbar ist und bei anderen angenehm macht. Dieser „kunsthandwerkliche" Roman –
was ist er anderes? Man ersetze nur „Fluidaltheorie" durch
„Postmoderne" oder „Intertextualität": Wenn Grenouille spektakulär zur Bestätigung wissenschaftlicher Konstrukte herhalten
muß, wenn er sich am Ende den Massen preisgibt, dann fällt es
schwer, darin nicht eine Wunsch- und Horrorvision des Autors
zu sehen: den Schriftsteller, der sich als Opfer seines Erfolgs, von
Publikum und Medien zerrissen fühlt.

Ursula Reber/Clemens Ruthner

Das Furchtbare ist längst geschehen.
Christoph Ransmayrs „Die letzte Welt" (1988)

Einen lateinischen Klassiker – die „Metamorphoses" des Publius
Ovidius Naso (43 v.–17/18 n. Chr.) – in zeitgemäße literarische
Prosa zu übertragen: das war die Aufgabe, die Hans Magnus En-
zensberger, Herausgeber der „Anderen Bibliothek", dem österreichischen Autor Christoph Ransmayr (1954) stellte. Was daraus wurde, trägt den Titel „Die letzte Welt" und wurde schon
bei seinem Erscheinen 1988 umgehend als moderner Klassiker
gefeiert. Ehestmöglich den Einzug in den literarischen Kanon zu
schaffen macht allerdings schon fast die einzige wirkliche Parallele zwischen beiden Büchern aus, denn Ransmayr legte mit seinem Werk keine Übertragung, sondern eine Bearbeitung vor,
die sich doch recht weit vom lateinischen ‚Urtext' entfernt.

Auf der Suche nach diesem ‚Urtext' befindet sich auch im Roman selbst der Protagonist Cotta, ein Bürger Roms, der wie viele den Dichter Naso (Ovid) verehrt. Um den Verbannten und
seinen „Metamorphosen"-Text zu finden, verläßt er Heimat
und Freunde und reist per Schiff Naso nach Tomi ans Schwarze
Meer hinterher. Ein Richtspruch im Namen des Kaisers Augu-
stus traf den Dichter: er wurde wegen seiner staatszersetzenden
„Metamorphosen"-Dichtung ans Ende der Welt nach Tomi verbannt, wie in Rückblicken zu erfahren ist. Vor dieser erzwungenen Abreise hat er sein Buch verbrannt und unterdessen, so lassen Gerüchte in Rom verlautbaren, sei auch er gestorben. Aber
Cotta läßt sich dadurch nicht abhalten von seinem ehrgeizigen
Vorhaben, beide am Rande der Welt aufzufinden und solcherart

in Ruhm und Ehre nach Rom zurückzukehren: „Er würde die Wahrheit über den Dichter nach Rom bringen, vielleicht auch sein verschollenes Werk – und daran glaubte er noch, als er nach siebzehn Tagen endlich von Bord ging und über die Mole der eisernen Stadt entgegenwankte."

Tomi, das zeigt sich dem Römer bald, ist wirklich das Ende der Welt. Stadt, Land und Bewohner befinden sich in einem unaufhaltsamen Verfallszustand, nicht einmal mehr mit Mühe, sondern nur aus Interesselosigkeit halten sich Reste römischer Kultur und Industrie an einer sehr dünnen zivilisatorischen Oberfläche. Fast schon handelt es sich um pure Ruinen, denn die Häuser „verfielen und verschwanden unter Kletterpflanzen und Moos. Ganze Häuserzeilen schienen allmählich wieder an das Küstengebirge zurückzufallen." Dies gilt nicht nur für die Stadt, sondern ebenso für ihre Bewohner und Bewohnerinnen, die stumpf, egoistisch und gefühllos ihr Dasein fristen. Auch das anfängliche Mißtrauen Cotta gegenüber weicht bald purer Teilnahmslosigkeit, nachdem seine Harmlosigkeit offenbar wird.

Naso aber – und mit ihm das Buch – bleiben verschwunden. Die Suche führt Cotta nach Trachila, einem noch kleineren und noch verfalleneren Ort im Gebirge: „Hier war Naso gegangen. Das war Nasos Weg." Dort findet er Pythagoras, Nasos Diener, der ihm in Stein gemeißelte Bruchstücke der „Metamorphosen" zeigt, bei denen es sich um eine Verklärung handelt, die deren Erfinder und der Dichtung selbst Dauer verheißt. Seltsame und unheimliche Träume treiben Cotta indes zurück nach Tomi. Verwirrt und orientierungslos bleibt ihm nur weiterhin als Mittel der Selbstidentifikation die Aufgabe, die ihn hierher verschlug: seine Suche. In dem Maße, wie Tomi sich an sein Hiersein gewöhnt und er selbst den Tomianern immer ähnlicher wird, brechen diese ihr Schweigen und beginnen, über Naso zu berichten. Aber ihre Erzählungen widersprechen einander: Echo beschreibt ihm ein gewaltiges Buch der Steine, das Naso erzählt habe, Arachne zeigt ihm ein Buch der Vögel und Fama schließlich beschreibt Naso, den Herrn, und Pythagoras, seinen Diener, als wunderliches Predigergespann und harmlose Irre, denen es um die Seelenwanderung gegangen sei. Je mehr also Cotta über den Gesuchten erfährt, desto mehr entzieht sich ihm dieser mitsamt seinem Werk.

Im Zuge von regellosen Klimaveränderungen, Naturkatastrophen und anderen unerklärlichen Vorfällen in Tomi gibt Cotta schließlich die dünne Schicht seiner römisch-kulturellen Überformung auf und tritt wahrhaft ein in diese letzte Welt. Die Menschen verschwinden durch Verwandlungen, wie sie für Nasos Erzählungen bezeugt werden, Stück für Stück aus dieser Welt und verwandeln sich in Felsen, Wölfe, Vögel. Cotta versteht nun, daß er den Dichter längst gefunden hat in seinem Werk, das mit ihm zur Wirklichkeit geworden ist. Ein letztes Mal treibt es ihn in die Berge auf der Suche nach seiner eigenen Metamorphose: „Die einzige Inschrift, die noch zu entdecken blieb, lockte Cotta ins Gebirge: Er würde sie auf einem im Silberglanz Trachilas begrabenen Fähnchen finden oder im Schutt der Flanken eines neuen Berges; gewiß aber würde es ein schmales Fähnchen sein – hatte es doch nur zwei Silben zu tragen."

Mit seinem vielbesprochenen Roman hat Ransmayr freilich die Antike nicht wiederentdeckt; bereits vor dem Erscheinen dieses Romans begann eine neue Phase einer literarisierten Antike im 20. Jahrhundert mit Autoren wie Christa Wolf u. a. Der Oberösterreicher gab dieser Phase jedoch ihr Standardwerk und brachte die daran anknüpfende Diskussion um den Zustand von Kunst, Kultur und Welt zu einem vorläufigen Ende: „Die letzte Welt" zeichnet – darin sind sich nahezu alle Kritiker und Forscher einig – eine ‚Postmoderne in der Antike‘. Wenn nun diese beiden bislang diametral entgegengesetzten Kulturideologien harmonieren können und wertkonservative Altphilologen über ein postmodernes Werk positiv schreiben, verliert dieser Gegensatz von Antike und Postmoderne seinen Schrecken.

Natürlich, so möchte man behaupten, mußte es Ovids „Metamorphosen"-Dichtung sein, *konnte* nur sie es sein, die diese ‚Versöhnung‘ herstellte, und nicht etwa Homer, Menander, Horaz oder gar Vergil. Ovid indes stand und steht schon seit etlichen Jahrhunderten selbst in einer Art von ‚Postmoderne-Verdacht‘, wie es sich in alten und jungen Kommentaren zu den „Metamorphosen" ablesen läßt. Niemand hat bislang das Geheimnis um die Metamorphosen und ihren Sinn wirklich geklärt. Alle Versuche, eine deutliche Aussage und einen linearen Sinn in diesem Riesenwerk zu finden, scheiterten, aber auch die Zuflucht zu anderen Schriften und zur Dichterbiographie als Stützen der Interpretation führten immer nur an deren Grenzen. In die Feststellung sinnloser Enzyklopädik und rhetorisch-artifizieller Beliebigkeit, sprich: Sinnlosigkeit, flüchten sich enttäuschte Interpreten immer wieder, so daß außer den zugegebenermaßen ziemlich herabsetzenden Werten der mythologischen Vollständigkeit und des Sprachkunstwerkes nicht viel bleibt.

Diese hoffnungslose Forschungsgeschichte hat Christoph Ransmayr augenzwinkernd auf gelungene Weise in ‚seine‘ „Metamorphosen" verflochten, indem er den Dichter zu einer Figur macht, die inmitten ihrer historischen, aber auch ihrer mythologischen und fiktiven Gefährtinnen und Gefährten existiert. Aus Versatzstücken der „Epistulae ex ponto", der „Tristien" und der wissenschaftlichen Forschung schafft er ein hintergründiges Konglomerat, das die chronologische Abkehr von Dichter, Text und Interpretation zu verkehren scheint: Die Interpretationen erfordern ein Werk, benötigen deren Verfasser. In der „Letzten Welt" sind die Deutungen als Erwartungen und Propositionen eher da als Nasos Texte, und seine (?) Texte werden überliefert, ohne daß der Autor auffindbar wäre. Neben der Textualisierung der Welt darf hier wohl ebenso die spitzbübische Kritik am philologischen Verfahren herausgelesen werden.

Ransmayrs Schilderung des bürokratischen Staates Rom, der das private Leben seiner Bürger bis in die Schlafzimmer hinein reglementiert und faschistoide Züge aufweist, ist nicht seine Erfindung, wie die meisten Interpreten behaupten, sondern durchaus eine nur leicht von ihm zugespitzte Idee der altphilologischen Forschung (vgl. vor allem Ronald Syme: „The Roman Revolution" und Sven Lundström: „Ovids Metamorphosen und die Politik des Kaisers"). Dasselbe gilt für die Zeichnung Ovids,

der in der „Letzten Welt" mit seinem Spitznamen Naso benannt
wird: Er wird als eitler Individualist beschrieben, der sich für
nichts anderes als seine Literatur und seine Popularität interessiert, der „in seinem Bedürfnis nach Applaus und Jubel ... von
seinem Publikum Aufmerksamkeit und Zustimmung nicht nur
für seine vollendeten Arbeiten verlangt, sondern auch für seine
Vorhaben und ungeschriebenen Phantasien." Nur aus diesem
spezifischen Künstleregoismus unterlaufen ihm subversive Akte,
die oppositionell verwertbar werden und ihm letztlich seitens
der kaiserlichen Regierungspartei die Verbannung bescheren.
Die Biographie eines reichen Patriziers, der eine politische Laufbahn zugunsten der Karriere als Schriftsteller ausschlägt und sich
einem elitären Dichterkreis anschließt, der explizit seine Kunstform gegen das politisch-öffentliche Leben setzt, korreliert
durchaus mit Ransmayrs Naso. Ransmayr bewahrt auch den
Streit der Forschungsmeinungen, was denn nun zu diesem Urteil
führte: das (unfreiwillige) Wissen um eine (sexuelle) Verfehlung
eines Mitglieds des Kaiserhauses, wie es die „Tristia" (II 103–
104) nahelegen, oder die Niederschrift der „Metamorphosen",
die offiziell als Widerspruch gegen die Ideologie des Gottkai-
sertums mit seinem Goldenen Zeitalter gelesen wurde. Bei Ransmayr heißt es, daß die Senatoren die „Metamorphosen" für einen Schlüsselroman halten, durch den sie im Stil der Sensations-
presse mit ihren eigenen Verstößen gegen römisches Gesetz und
Moral in Verruf gebracht werden könnten, eine Ansicht, die der
an seinem eigenen Mythos arbeitende Naso dadurch unterstützt,
daß er die „Metamorphosen" unkommentiert nur stückweise
veröffentlicht. Ransmayrs letzte Spitze gegen jede philologische
Textauslegung besteht in seiner Version des Verbannungsurteils:
Es ist ein Zufall, der Naso nach Tomi verschlägt, nämlich die
akribische und nichtsdestoweniger beliebige Interpretation einer kaiserlichen Handbewegung, die beim Bericht über den
Dichter erfolgte und die angeblich „Fort bedeute: *Aus meinen
Augen!* Aus den Augen des Imperators aber hieß, ans Ende der
Welt. Und das Ende der Welt war Tomi."

‚Was ist ein Autor?' Mit dieser Foucaultschen Fragestellung könnte „Die letzte Welt" auch betitelt sein. Ovid hatte diese Frage in seinen Schlußversen etwa mit Gott, höher und dauerhafter als andere Wesen kraft seiner Dichtung beantwortet. Ransmayrs Replik lautet, zusammengefaßt: ‚Niemand oder alle, und seine Dichtung ist das Leben.' Cotta sucht einen Text und findet die Realität, er sucht einen Autor und wird selbst der „Metamorphosen"-Dichter, indem er die schriftlichen Bruchstücke zusammensetzt und interpretiert.

Trotz dieser widersprüchlichen Antworten gibt es hier einen weiteren Berührungspunkt zwischen antikem und modernem Autor, der in der Themenwahl der ‚Metamorphose' liegt. Die Dynamik einer Welt und einer Sprache, in der nichts gleich und identisch bleibt, sondern sich alles wandelt, erteilt eine Absage an alle, die nach Bleibendem suchen. *Keinem bleibt seine Gestalt*, bildet das Motto der Metamorphosen, wobei erstaunlicherweise der antike Autor viel mehr dem Spiel der Verwandlungen mit seinen Zwei- und Dreifachmetamorphosen und dem Verzicht auf die Einheitlichkeit überhaupt der Verwandlungen und ihrer Motivation verpflichtet scheint als Ransmayr. Er führt, wie immer wieder richtig bemerkt wurde, mit seinem „ovidischen Repertoire" im Anhang die Sinnsuche eher in die Irre, als daß die Kenntnis der lateinischen Vorlage zur Interpretation der „Letzten Welt" beitrüge. Echo, Procne, Tereus, Philomela, Lycaon und mit ihnen alle Figuren aus den „Metamorphosen" werden von ihm bewußt und kunstvoll gestaltet, ihre Verwandlungen genauestens motiviert, sei es durch Fatalität wie im Falle Lycaons, den sein Wolfspelz zum Wolf macht, oder psychologisch wie im Falle des Filmvorführers Cyparis, der als vagabundierender Liliputaner die schlanke Größe und verwurzelte Ruhe eines Baumes ersehnt. Das alter ego des Pythagoras wiederum, der in Ovids 15. Buch die Metamorphose physikalisch mit Hilfe der Seelenwanderung erklärt, spielt eine weit wichtigere Rolle bei der Herstellung der letzten Welt, der Erfindung der Wirklichkeit: Der Beruf des Naturphilosophen bleibt ihm erhalten, aber er stellt sich zusätzlich als Diener und Schreiber Naso zur Verfügung. So ist er quasi Apostel und Prophet Nasos, aber auch sein gewissenhafter Evangelist. Die beiden Gestalten verhalten sich zueinander wie Johannes und Jesus Christus, wenn es von Pythagoras heißt, er habe „in den Antworten und Erzählungen Nasos nach und nach alle seine eigenen Gedanken und Empfindungen wieder[gefunden]". Das Verschmelzen von Nasos phantastischen Erzählungen mit der Realität präsentiert sich so nicht nur als Auflösungs-, sondern auch als Erlösungswerk.

Hier löst der Roman auch seinen Titel ein, der auf eine Endzeit vorbereitet. Naso leitet die letzte Welt tatsächlich ein, nämlich als letzte humane Welt. Nicht immer elegant präsentiert Ransmayr Rom als eine hypermoderne „Welt der Vernunft", in der alle Mythen, die für das Unbewußt-Irrationale insgesamt stehen, ausgelöscht sind und die in der kolonialen Peripherie, dem Randbereich Tomi ihr ausgeschlossenes Anderes findet. Der straff durchorganisierten und mit Errungenschaften der technologischen und verwirtschafteten Zivilisation (Schreibmaschinen u. ä.) versehenen Hauptstadt bietet „das Kaff", bevölkert von Verschlagenen, Verbannten und Staatsflüchtigen, seine Zukunft im verzerrten Spiegelbild.

Die Eiserne Stadt ist allenthalben von Rost zerfressen, kein zivilisatorisch-kulturelles Instrument, das hier nicht verrotten, verschimmeln, verfallen würde, und vor allem: keine Eigenschaft des mühsam kultivierten Humanen, die hier nicht von einem rohen Kern abfiele. In Tomi tritt der Naturzustand gewaltsam wieder in Kraft: Pflanzen- und gänzlich unbelebte Steinwelt erobern innerhalb kürzester Zeit die menschlichen Gebäude, der Eros versagt in jeder Hinsicht und verwandelt sich zurück in pure sexuelle Gewalt zwischen dem Schlachter Tereus und seiner Frau Procne sowie der Schwägerin Philomela, zwischen der Prostituierten Echo und ihren Liebhabern. Als Kulturtrieb, wie Ovid das Erotische in seinen „Metamorphoses" vorführt, ist er nicht einmal mehr in Ansätzen vorhanden; Stumpfheit und Fatalität sind die bestimmenden Merkmale der Tomianer.

Dieses Schicksal wird naturgemäß auch Rom zuteil, zweifach

vorgeführt: Einmal anhand des Verfalls von Nasos Villa, zum zweiten anhand von Cotta, der fast augenblicklich alles römisch Vernünftige und Kultivierte verliert, wenn er Echos Liebesangebot mit einer Vergewaltigung beanwortet und nach Lycaons Verschwinden seinen Platz als Seiler und Wucherer einnimmt. Das Humane, so lehrt uns „Die letzte Welt", ist nur eine dünne Schicht, die schnell abgekratzt ist, bis zum ursprünglichen Zustand, in dem der Mensch dem Menschen ein Wolf ist, „homo homini lupus", ein Motto, das von der Figur Thies öfter als nötig angeführt wird.

Thies, der in Anspielungen deutlich als NS-Handlanger aus Deutschland markiert ist, dient als Paradebeispiel dafür, wie die große Erzählung vom menschlichen Fortschritt im Sinne der technischen wie der humanen Entwicklung endet. Der Totengräber und Heilkundige, der praktisch seinen eigenen Tod überlebt hat, ist nur noch für die Toten da. Er kündet von einer Apokalypse des Krieges und der maschinellen Vernichtung der Menschen, die ihn zum genannten Wolfsmotto geführt hat. Die weiteren Katastrophen der gewaltsamen Natur und der Verwandlungen von Menschen in Nichtmenschliches, in Tiere, Pflanzen und vor allem Steine, erschienen vor diesem Hintergrund nicht nur als konsequent, sondern auch als notwendig. Ein deprimierend inhumanes Archaisches mit vagen Anklängen an Schopenhauers Pessimismus wird hier der altphilologischen Sichtweise in der Nachfolge Winckelmanns, aber auch jeglichen ‚Ursprungs'-phantasien ökologisch-esoterischer bzw. harmonisch-unbewußter Prägung entgegengesetzt.

Thies als Metamorphose Plutos ragt allerdings aus dem Roman wie ein grober Klotz heraus, ein mahnender Zeigefinger der unmittelbaren Geschichte, und hat zu Recht dem Autor Vorwürfe eingetragen. Die enge Bindung dieser Figur an die unmittelbare Zeitgeschichte widerspricht dem sonstigen Bestreben, mittels der Anachronismen im mythischen Geschehen alle Zeitebenen so aufzulösen und zu vermischen, daß eine allgemeingültige Aussage entsteht.

Wenn aber das Humane reine Fiktion und eine schnell ver-

welkende Blüte auf bloßem Stein ist, ergeben sich daraus Folge-
rungen für die Stellung der Literatur, die bei Ovid als Mittel der
Apotheose ihrer Dichter erscheint. Auf der Handlungsebene der
„Letzten Welt" ist es nicht wichtig, daß das Buch „Die Metamorphosen" jemals existiert hat; wichtig ist, daß diese eine re-
gressive Erlösung in Gang setzen, die allenthalben vom Verschwinden des Subjekts gekennzeichnet ist. Auf einer Metaebene
sind die (realen) Metamorphosen Ovids bedeutend, als Versatz-
stücke und als Text-Zeichen, deren wandernde Bedeutung in der
Verengung, Erweiterung und gar in der Umkehrung verdeutlicht wird. Das Zauberwort hierfür heißt ‚Intertextualität', deren
sich Ransmayr als Methode ausgiebig bedient. Die Kunst, so läßt
der Roman wissen, hat als Mittel der Transzendenz ausgedient.
Ihre überhöhende Funktion gelingt in unserer letzten Welt nur
noch, wenn Cyparis den elenden Einwohnern Tomis seine kit-
schig-bunten Metamorphosenfilme an die Wand des Schlacht-
hauses wirft. Dort treten die stumpfen Menschen als Konsumen-
ten in eine emotionalisierte Welt des Staunens ein, in eine phantastische Fluchtwelt wie in ein Stundenhotel. Aber Erlösung verspricht die Kunst nicht mehr; das Furchtbare ist längst geschehen. In der postmodernen, von den Künstlersubjekten abgelö-
sten Textwelt ist sie erlöst, das heißt aufgelöst: Sie ist Wirklichkeit geworden. Bleibt die Frage: Warum schreibt Ransmayr, und
warum schreibt er so gut, wahr und schön?

Leander Scholz

Die Unvermeidbarkeit der Geschichte.
Thomas Hettches „Ludwig muß sterben" (1989)

Ästhetische Erfahrungen lassen sich beschreiben als ein Heraus-
rücken aus der Perspektive des Gebrauchs, auch des moralischen. Ein automatisches Verstehen wird aufgeschoben, verzö-
gert, mitunter auch verhindert, so daß sich eine Wahrnehmung
einstellen kann, die sich den Zufall des Gegenstands, seine Buch-
stäblichkeit, vergegenwärtigt. Der Zugang, den diese Erfahrungen eröffnen, besteht dann darin, daß sich die Irreduzierbarkeit
des Gegenstands auf sein Verstehen zugleich als seine Autonomie und als seine Zufälligkeit zeigt. In dieser Spannung steht
jedes poetische Erzählen, weil es zugleich mit seiner Notwendigkeit des so Erzählten auch das Haltlose dieser Notwendigkeit
ausstellen muß. Nicht zufällig ist es deswegen, daß historisch mit
der Formulierung der Autonomie der Kunst auch zugleich auf
produktionsästhetischer Ebene die Genieästhetik formuliert
wurde. Sie nämlich bannt genau jene Spannung, indem sie an
ihre Stelle die naturhaft geniale Souveränität des Erzählers projiziert. Während eine jede Regelpoetik das Verhältnis dessen,
was als Gegenstand wie zu erzählen ist, konventionalisiert, löst
die Genieästhetik dieses Problem durch die Naturalisierung des
Zufalls. Das heroische Erzählen des Genies ist im Verlauf der
Auslotung jener Spannung, die unendlich ist, vor allem durch die
Romantiker zunehmend einem Verständnis des Risikos gewi-
chen, in das sich der Erzähler begibt, wenn er sich den Forma-
tionen des sprachlichen Gegenstands überläßt. Die Unendlich-

keit jener Spannung spiegelt sich dann in der Unendlichkeit der
Subjektivität des Erzählers wider. Das daran anschließende moderne Experiment des Scheiterns an der Erzählbarkeit eines Gegenstands bleibt gerade deshalb an die Idee der Bannung des
Zufalls durch die unendliche Subjektivität und damit auch noch
an die Genielösung gebunden. Als invertierte Variante des he-
roischen Erzählers generiert solches Scheitern durch den beschriebenen Untergang des Erzählers noch einmal dessen verlorenen Raum als seine Negativität. Jene Inkommensurabilität des
Wie-erzählt-man-was ist vor allem in postmodernen Texten
durch die Idee des Spiels ausgedrückt worden, indem man etwa
traditionelle literarische Formen dekontextualisiert und mit anderen zeitgenössischen gemischt oder konfrontiert hat. Aber
auch der Gedanke eines solchen Spiels, das die Spannung der
Notwendigkeit und der Haltlosigkeit jeder Notwendigkeit in
die unendlichen Möglichkeiten des Anderserzählens aufgelöst
hat, also immer unter dem Horizont erzählt, daß man auch anders erzählen könnte, findet seine Begrenzung des eröffneten
Zufalls in der regulativen Angemessenheit einer bestimmten
Form für einen bestimmten stofflichen Gegenstand. Denn die
spielerische Auffassung jener Spannung, was geht und was nicht
geht, kann letztlich nur geschmacklich oder moralisch und damit konventionell eingeschränkt werden. Daß nämlich nicht alles auf jede Weise erzählt werden kann, ist die tragische Dimension der Spielgrenze, die solchem Erzählen äußerlich und deswegen vergessen bleibt.

An die leere Stelle des problematisierten Erzählers ist in der
Gegenwartsliteratur vor allem der neunziger Jahre häufig die
Metaphorik des Medialen getreten. In Thomas Hettches Roman
„Ludwig muß sterben" (1989) beobachtet das erzählende Ich
seine Protagonisten wie durch ein Objektiv. Am Anfang des Romans steht ein Bild, das aufzulösen und zu erzählen, dessen möglichen Stillstand aufzuheben, die Macht der erzählenden Sprache im Betrachter anruft: „... ich spüre es und dachte doch immer, die Bilder seien den Wörtern gehörig, man müsse nur immer die Wörter entlang, die Fäden lägen von Wort zu Wort, und

das da bin ich." Die einsetzende Geschichte beginnt mit dem
„Ich sagte", welchem ein Selbstvertrauen und Erinnerungsver-
mögen zugrunde liegt, das sich auf die Beherrschbarkeit der
Sprache stützt. Zugleich befindet sich dieses erzählende Ich in
einer therapeutischen Situation, aus der es gerade probeweise
entlassen wurde. Symptomatisch dafür ist eine solarbetriebene
Uhr, die mit dem Beginn der Erinnerung im Zimmer des abwesenden Bruders des Icherzählers einmal aus dem Schrank genommen zu einer Art Stoppuhr wird. Weil ihre Anzeige defekt ist,
überschreitet sie den Rhythmus der vierundzwanzig Stunden
und summiert so die Handlungszeit bis zum Ende der Erzählung. Gleichzeitig ist die Situation des Erzählens aber in eine
Wiederholungsstruktur eingebettet. Am Ende des Buches wird
der Leser wieder auf das titellose Anfangsphoto verwiesen, dessen erneute Betrachtung den Roman noch einmal zu lesen sti-
muliert, mit dem Unterschied des Wissens, daß Ludwig, der
Protagonist, nun tot ist. Schon der programmatische Titel deutet an, daß dieses Sterben dauernd geschieht, daß hier der Raum
eines Todes vermessen wird, dessen Grenzen nicht in der Macht
des erzählenden und entscheidenden Ichs liegen. Auch wenn der
Erzähler um die Möglichkeiten des Anderserzählens weiß, so ist
jenes Memento mori, das sich in verschiedenen Motiven durch
den Roman zieht und zuletzt auch den Leser direkt anspricht,
aufs engste verknüpft mit dem betretenen Raum des Medialen,
in gewisser Weise als seine Grenze der Möglichkeiten, in denen
sich Ludwigs Tod ereignet.

Erzählt wird die Liebesgeschichte von Ludwig und Lene, die
sich in einem italienischen Urlaubsort kennenlernen, zu dem der
sterbenskranke Ludwig aufgebrochen ist, um vor seinem dro-
henden Tod zu fliehen. Erzählt wird sie von einem zunächst un-
bestimmten Ich, das sich als Bruder von Ludwig vorstellt, kurz
seine eigene Krankengeschichte skizziert und sich nun in der
Wohnung des Bruders wartend auf dessen Heimkehr aufhält.
Zuhörer der Geschichte sind zwei Figuren, die aus einem Anato-
mieatlas gestiegen sind, in die Realität oder Phantasie des Erzählers, was für ihn letztlich unentscheidbar wird. Beide Hand-

lungen finden also parallel statt: einerseits die Akzeptanz der beiden fremden Gäste, welche die Wohnung in Beschlag nehmen und dort für eine Weile leben, und andererseits das zuweilen als filmisch inszenierte Zuschauen des Erlebten von Ludwig und Lene im Urlaubsort Italien. Bald stellen sich die beiden Figuren als Zeitreisende heraus, ein Mädchen, anatomisch präpariert mit seziertem Schädel, das den Tod symbolisiert, und sein Begleiter, ein Arzt aus dem sechzehnten Jahrhundert, ein Patenkind des Todes. Dies einzuleiten, dazu dient das Grimmsche Märchen vom „Gevatter Tod", in dem der personalisierte Tod als einzig gerechter Pate im Unterschied etwa zu Gott vorgestellt wird, weil er alle Menschen zumindest gleich behandelt. Das traumhaft-bildliche Zusehen bei dem, was Ludwig und Lene erleben, wie und wann sie sich kennenlernen, welche Hoffnungen Ludwig mit einer möglichen Gegenliebe in seiner Situation verbindet, die Rückschläge der romantischen Situation der Urlaubsliebe in die zynische Realität, alles das läßt den Ich-Erzähler wie ein Medium, aber diesmal im spirituellen Sinne, erscheinen, das keinen Einfluß auf das hat, was sich als Abwesend-Anwesendes in ihm abspielt. Konstituiert wird die Geschichte, so kommt es dem Ich-Erzähler zumindest vor, mehr und mehr durch die beiden Gäste, die immer fordernder hören wollen, wie es denn weitergeht mit Ludwig und Lene. Scheint es am Anfang noch die Möglichkeit zu geben, durch die Macht der Sprache und des Erzählens einer Liebesgeschichte Ludwig zu retten oder ihn zur Umkehr, zur Heimfahrt zu bewegen, so wird doch bald deutlich, daß Ludwig unumgänglich sterben wird, daß vielleicht sogar wir es sind, die Zuhörer dieses spirituellen Mediums, die seinen Tod wollen und ein tatsächliches Eingreifen des Erzählers verhindern, gerade auch weil eine solche Liebesgeschichte erzählt werden soll, die nur im Kontext eines Todes vorgestellt werden kann. Schließlich schläft der Icherzähler mit dem jungen Mädchen, dem Tod, das daraufhin die Wohnung verläßt und selbst im visionierten Italien zu Ludwig und Lene stößt und die absehbar tragische Wiederholung seines Todes einläutet. Mit dem Eintritt des realen Todes in die Geschichte verschwindet auch der Anatomiearzt, und der Ich-Erzähler ist wieder allein in seinem Zimmer. Vielleicht Mörder seiner Protagonisten, vielleicht Opfer seiner Zuhörer, wendet er sich deshalb zuletzt an den Leser: „… ich spüre dich, komm zeig dich, zieh dich aus, erzähl dich, erzählt mir doch, wie es ist, mit dir zu schlafen, zeig dich, erzähl mir, wie es ist, mit mir zu schlafen, erzähl mich mir, erzähl mich, zeig mich den Wörtern, ich bin es, der sie wendet wie Kiesel im Mund, sie wie Erde frißt und ausstößt, bewege mich fort so, blind, rolle hin und her in ihnen, die Geschichte hinter mir und vor mir, kein Bild mir mehr ähnlich, keine Zeit, kein Tod hier. Du aber, du. Mußt sterben. Dort." Die Grenze, die in dieser Schlußpassage nach und vor dem Geschehen der Geschichte beschworen wird, die den Raum des Erzählens in zwei Seiten teilt, die des Lebenden und des Toten, der Bewegung und des Stillstandes, des Redens und des Schweigens, etc., ist ebenfalls die Markierung des medialen Raums, der gleichzeitig von der Metaphorik einer determinierenden Technik und eines hyperrealen Geisterreichs umfaßt wird. Diese Grenze bestimmt den medialen Ort nicht nur als Ort der Prägung und Präfiguration, sondern als einen Möglichkeitsraum, in dem sich jedoch die Szene des Menschen immer wieder, wenn auch variierbar, auf ähnliche Weise abspielt.

Neben den verschiedenen Inszenierungen von technischen Medien – als Wirklichkeit des Buchs, des reproduzierten Bildes, der Leinwand, des Films, des Kameraobjektivs, etc. – gibt es noch ein weiteres Motiv, das die Figuren als persönliche Erfindung des phantasierenden Erzählers bestreitet. Immer wieder betont der Anatomiearzt während seines Aufenthalts als Gast beim Erzähler die Erkenntnis, daß der Mensch eine junge Erfindung ist, was auch zur Erfahrung des Erzählers wird: „… die Welt ist nicht gemacht nach dem Wort, das am Anfang war, das deines war für mich, und du lachtest mich aus, sagtest, daß es mir nicht gelingen werde, ein Versmaß in allem zu finden, und ich glaubte es, weil überall da, wo du es vorausgesagt hast, keine Worte waren. Doch jetzt weiß ich es, etwas anderes ist da, keine Stummheit, wie du es mir immer erklärtest, und auch wenn sich

keine Wörter finden lassen, ist doch der Raum, in den die Augen
stoßen, nicht leer." Das göttliche oder menschliche Wort, schon
die Einheit von lebendigem Geist und totem Buchstaben, ist
nicht mehr das Verbürgende des Verstehens. Der Erzähler, bevor er noch mit dem Erzählen beginnen kann, ist selbst schon
erzählt worden. Der Versuch, mit seinen Figuren, die er beob-
achtend betreut, in einen Dialog zu treten, scheitert. Die Geschichte wird sich auch ohne ihn abspielen: Menschen wachsen
aus einem Buch. Es ist nicht mehr das erzählende Ich, das seine
Protagonisten erfinden und glücklich oder unglücklich machen
kann, sondern die ganze Sprache beobachtet die beiden Liebenden nun: „… die Wörter beziehen sich neu, unausgedacht und
ohne Zutun aufeinander und vermehren sich metastasierend,
wuchern so, wie es nie gedacht war." Und in dieser Ohnmacht
des Erzählens muß der Erzähler zum Voyeur werden, weil er nur
noch schauen, zuschauen und hoffen kann, bis er sich schließlich
wünscht, von seinen eigenen Figuren entdeckt, ertappt zu werden: „… wenn sie mich plötzlich ansähen, in die Kamera schau-
ten, von der Leinwand herunter ihr Blick träfe, aus der Geschichte heraus auf eine Weise, die mich, den Zuschauer, denun-
zierte." Jenes Verhältnis des Erzählers zu seinen Protagonisten
rettet keine Psychologie, kein Wissen darum, daß man dem Erzähler vielleicht nicht vertrauen kann, daß dies Teil seiner therapeutischen Arbeit sein könnte, denn auch der Leser ist längst
schon in die Konstellation des gegenseitigen Blicks eingebunden. Und diese Konstellation ist der eigentliche Erzähler von
Ludwigs Tod: „… keine Kraft mehr zur manuellen Scharfein-
stellung, und der Autofokus funktioniert nicht mehr." Auch deshalb mißlingen die Fluchtversuche des erzählenden Ichs vor der
Geschichte, vergebliche Versuche, die Bilanz dieser Konstellation nicht zu ziehen. Weder das gelungene noch das scheiternde
Erzählen konstituieren mehr die Subjektivität, sie ist nur noch
Teil einer Szene, in der sich die Geschichte wiederholt: „… man
könne sich zu Ende erzählen, wieder aus sich herauskommen,
eine Ahnung ist das aus der Zeit, als man noch im Glauben an
die Geschichten war, die wahr waren, Wirklichkeit zum Wohnen

und wieder Verlassen gemacht, aus denen man entkommen, die man zurücklassen konnte." An die Stelle der Geschichte, die einen trägt und die es vielleicht zu bewältigen galt, auch an die Stelle der Historie ist das Medium getreten, ein Geisterreich ohne Arbeit und deshalb auch ohne Ausgang.

Nur einmal gelingt es dem nur noch zuschauenden Ich-Erzähler seinen fernen Bruder Ludwig zu berühren, als sich ihre beiden Blicke für einen Moment kreuzen. Diese Möglichkeit aber steht nicht mehr in der Macht des Erzählers, sondern ist ein demonstratives Experiment des Anatomiearztes, eine Vorausschau auf die Gerechtigkeit des Geisterreichs. Denn was übrigbleibt von der Geschichte ist die Grenze des Todes, die aufzuschieben allein in der Macht des Anatomiearztes liegt. Wie im Märchen vom „Gevatter Tod" täuscht er den Tod, der das beschlossene Sterben eines Kranken durch seine Positionierung am Krankenlager zum Fußende hin anzeigt, indem er den Sterbenden einfach umdreht. Er dreht ihn damit aber auch in die Richtung des Geisterreichs, als Gespenst darf er weiterleben. Mit dem Verraten dieses Tricks wird der Erzähler selbst zum Patenkind des Todes, so ließe sich schlußfolgern, ist es der Tod, der die erlebten Sequenzen zu einer Geschichte zusammenschneidet und zur erzählbaren Erinnerung macht. Nur ihre eigene Geschichte einholen, ihre Erinnerungen aufarbeiten, das können die Figuren nicht mehr. So hat sich am Ende der Topos vom lebensrettenden Erzählen in sein Gegenteil verkehrt. Gerade die Unvermeidbarkeit der erzählten Geschichte macht den Erzähler zum Komplizen des Todes. „Ludwig muß sterben" konstatiert das Nichtendenkönnen der Geschichten, die längst nicht mehr wahr sind, aber sich immer noch ereignen.

Andrea Köhler

Der Mann, die Frau, die Liebe.
Undine Gruenters „Vertreibung aus dem Labyrinth"(1992)

„Es gibt zwei verschiedene Sorten von Schriftstellern: für die einen hat ihre Literatur die Funktion der Selbstausstellung, für die andern die der Selbstmaskierung. Zu den letzteren gehöre ich." Die das in ihr Tagebuch schreibt, unterhält auch sonst zu ihrem Ich ein fragiles Verhältnis; das Markenbewußtsein der Generation Golf, das seit einiger Zeit den literarischen Markt in einen Umschlagplatz für Herrenausstatter und Fräuleinwunder verwandelt, ist ihr denkbar fremd. Undine Gruenter, geboren 1952 in Wuppertal, seit 1987 in Paris lebend, ist eine der begabtesten und verborgensten Schriftstellerinnen ihrer Generation. Ihr Pariser Journal „Der Autor als Souffleur", erschienen 1995 im Suhrkamp-Verlag, gibt Auskunft über ein ebenso hoch reflektiertes wie ausgesetztes Schreiben, eine Schriftsteller-Existenz im emphatischen Sinne des Wortes. In ihrem Tagebuch notiert sie Träume, Zweifel und Gedanken in dem Bewußtsein um das Dilemma allen Ich-Sagens. Der Leser wird zum Zeugen einer Selbstbefragung, die sich nicht allein mit der Einsicht geschlagen weiß, daß ich ein anderer, sondern daß der Text selbst das andere ist.

Der magische Moment, in dem das Vergangene im Gegenwärtigen aufscheint, ist das zentrale Motiv dieser Autorin, die die poetische Wiedergewinnung von brachliegenden Zeiträumen als Einspruch „gegen die Geschäftigkeit des mit der Zeit rechnenden Alltags" versteht. Ihr Prosaband „Epiphanien abgeblen-

det" (1993), ein phantastisch illuminiertes Stundenbuch mit
Nachrichten aus einer von Geistern bewohnten Welt, verzeich-
net freilich nicht nur jene *très riches heures*, die „aus der Epoche
von Löwe und Einhorn zurückwinken", sondern auch die Rest-
mythen des „mit der Zeit rechnenden Alltags", die in jeder Da-
menhandtasche zu finden sind: Lippenstift, ein Zeitungsaus-
schnitt, ein winziges Lederetui für drei Zigaretten und eine Ki-
nokarte, „River of no Return". Undine Gruenter hat beim „Re-
cycling des Bedeutungsabfalls", mit dem Botho Strauß einst die
Dichter beauftragte, ein poetisches Kaleidoskop entworfen, das
die „Grafik der Träume" in 56 verblüffenden Konstellationen
aufs Papier wirft. Doch verfolgt die Autorin auch hier, was sie im
Tagebuch „das Projekt der Liebe", die „Krankheit zum Absoluten" nennt: die Wirklichkeit des *versteckten Herzens:* „Jamais
réel, mais toujours vrai".

Männer und Frauen verfehlen einander stets bei Undine
Gruenter, sie sind noch im selben Zimmer sternenweit voneinander entfernt. Oft dominiert die dritte Person Einzahl: der
Mann, die Frau, die Liebe. Es bleibt, trotz dieser Konstellation,
meist beim Singular – die Liebe ist nichts als ein einsames, literarisch allerdings fruchtbares „Delirium der Phantasie". Daß die
Liebe ein Labyrinth sei, ist eine der immer wiederkehrenden
Metaphern bei Undine Gruenter, und man sieht sie herumirren,
ihre sinnverwirrt Liebenden: rastlos, ortlos, ziellos durch das Labyrinth der Wünsche und die Straßen von Paris. Weil Schreiben
und Gehen „parallele Formen der Suche nach dem Abwesenden
sind", gruppieren sich ihre Bücher insgesamt zu einem „Bild der
Unruhe". So war ihr erster Roman überschrieben. Es folgten zwei
Bände mit Erzählungen, die die bewegten Bilder noch konsequenter dem Augenblick verschrieben. In dem Roman „Vertreibung aus dem Labyrinth", erschienen 1992, hat Undine Gruenter der rastlosen Suche auf fast vierhundert Seiten eine spiralför-
mige, also potentiell unendliche Wendung gegeben. Die „Vertreibung aus dem Labyrinth" kreist, wie die biblische Hypothek
im Titel verheißt, um die Variationen eines möglichen Anfangs.
„Nicht die Zukunft, sondern die Vergangenheit ist unendlich",

erklärt eine der Figuren des Romans. Und so kehrt sie „immer
wieder zum Anfang zurück, an den Ort, an dem ich uns finden
könnte".

Der Konjunktiv ist natürlich kein Zufall – es wäre dies der ab-
wesende Ort schlechthin, der Ort vor der „Vertreibung", das
Paradies mithin. Undine Gruenter hat diese vage Ortsbestim-
mung ihren Figuren schon früher in den Mund gelegt und damit
ein poetologisches Bekenntnis formuliert: „Es geht um den Ort
der Leere", erklärt eine Frau in dem Erzählband „Nachtblind".
Und sie fixiert damit nicht nur einen Topos der Moderne, sondern auch das Wagnis eines Schreibens, das vornehmlich im Imaginären angesiedelt ist. Weil aber die Geschichte zwischen Mann
und Frau, ich und dem anderen mit einer Vertreibung begann,
sind Undine Gruenters Erzählungen immer auch Liebesge-
schichten. Sie liebe niemanden, erklärt Fernanda, eine der Frau-
en des Romans. Doch was heißt das, wenn der Geliebte sich als
Enkel von Odysseus, als postmoderner Niemand zu erkennen
gibt?

Vier Deutsche in Paris, ein Mann, drei Frauen: ein Bild mit
vier Figuren, und jede tritt heraus aus dem Schatten einer andern. Es gibt kaum eine Szene in diesem Roman, die nicht im
Fluchtpunkt vielfältiger Spiegelungen mündete. Blok, die
Hauptfigur, sofern hier von einer Hierarchie gesprochen werden
kann, „blickt in den Spiegel, weil er wissen will, wer er ist. Aber
was er sieht, ist nicht er selbst, sondern Geschichten von anderen, sich durchkreuzend in unaufhörlicher Bewegung, in plötzli-
chem Stillstand." Die Sache ist freilich noch komplizierter: Blok,
Voyeur, Beobachter und Verwickelter, erblickt in den Spiegelungen einer Fensterscheibe drei Frauen, „die nicht wußten, daß
er ihr Bild im Fenster sah, ihr Bild in seinem Bild, ihr Bild und
dahinter, Vexierschatten, das Bild ihrer Gespenster, Krüppel
und Skelette". Damit ist die Versuchsanordnung dieses faszinie-
renden und labyrinthisch verschlungenen Romans vorsichtig
umschrieben.

Ein Mann und drei Frauen, die, als Ehefrau, ehemalige und
gegenwärtige Geliebte, ein ebenso versöhnlich gestimmtes wie

neurotisch gefährdetes Gespann abgeben: „das Dreieck des
Ödipus und eine Variable". Freilich wäre psychologischer Rea-
lismus das letzte, was man Undine Gruenter nachsagen könnte.
Dafür lehnt sie sich gern an mythische Konstellationen an. Die
Bilder, die sie entwirft, bleiben dem Imaginären verhaftet. Ihre
Figuren sind eher Schemen, die im Kopf des Lesers in wechselnden Beleuchtungen aufscheinen, als Menschen mit handfesten
Komplexen. Daß sie keine Geschichte hätten, ist eine Behaup-
tung, die sie selbst gern aufstellen. Und die man ihnen sofort ab-
nähme, wäre der Roman nicht deren poetische Widerlegung: Er
entwirft ihre Biographien freilich als ein „Labyrinth aus Ich, Ich,
Ich und Ich", in dem „einer des andern Erinnerungsgefäß sein
muß".

Denn das ist die Grundkonstellation im Labyrinth: daß seine
Bewohner, gleich weit entfernt von Anfang und Ausgang, um-
hertreibend „im Verlorenen, das weiter zurückreicht als jede
Ursache", aufgesogen werden von den Erinnerungen Dritter. So
wie Fernanda, die jüngste der drei Frauen „die Fortsetzung der
Geschichte von Franziska" ist, Bloks Frau „ohne Gedächtnis".
Und auch Fernanda, pendelnd zwischen Vergangenheit und Zukunft, den Löchern der Freiheit und den Kratern der Ängste, ist
verloren „in einem Zwischen ihrer biographischen Abschnitte",
ein „unbeschriebenes Blatt". Dazwischen steht Fanny, die aus
Steinblöcken Figuren schlägt und Blok den Namen gab. Und
natürlich ist es kein Zufall, daß der Anfangsbuchstabe der drei
Frauennamen den femininen Anklang hat, ohne den Flaneur dabei zu vergessen.

Ein Monolog zu vier Stimmen und dahinter eine fünfte, die
nicht recht greifbar wird: die der Autorin, die bevorzugt den
Blickwinkel des männlichen Erzählers anpeilt. So wie auch Blok
in die Haut der Frauen schlüpft oder wechselweise in die abge-
legten Anzüge ihrer Männer, „um zu erfahren, wer sie sind".

Wenn Undine Gruenter auch nur Bruchstücke von Vergan-
genheiten einkreist, Fluchtpunkte einer psychischen Topogra-
phie, „in denen das Vergessene unter der Hand gleichsam im
Zwiebelschneiden oder Tomatenschälen plötzlich aufleuchte-

te", so sind die sich durchkreuzenden Erinnerungen, Träume und zuweilen etwas hochtrabenden Redeschwälle ihrer Figuren doch in Alltäglichkeiten und vor allem im Atmosphärischen verhaftet. Gerade das prekäre Gleichgewicht zwischen dem Gerümpel des Realen und dem philosophischen Diskurs, zwischen Zwiebelschälen und den Häutungen der Seele ist erstaunlich mühelos gelungen. Das „hingerissene und zugleich melancholische Sehen" hat die Autorin, die seit 1987 in Paris lebt, den Großstadtflaneuren des neunzehnten Jahrhunderts abgeschaut. Die sehr französische Klangfarbe und Leichtigkeit der Sätze aber verdankt sich nicht nur den im Labyrinth herumgeisternden Vorbildern von Baudelaire bis Bataille, sondern auch den Inversionen eines Stils, der deutlich an der Melodie der französischen Sprache orientiert ist.

Blok ist ein postmoderner Held, wie er im Buche steht. „Alles an ihm war Imitation." Als „Odysseus der nördlichen Bezirke" von Paris und Vagabund, der weniger mit List denn mit ödipalen Bindungen geschlagen ist, als Flaneur aus Benjamins Passagenwerk und Pygmalion mit Papier und Tinte, als verkappter „Blaubart", der einerseits das „Blaurasierte" als Synonym für einen Lebensstil des Nichtstuns und der Arroganz beansprucht und andererseits mit einem Drama gleichen Namens die modische Variante des Frauenmordes durch die Schrift erprobt, ist dieser Antiheld nichts als ein Sammelsurium aus Bildungstreibgut und dabei eine sehr heutige Figur: Ich ist ein Eklektizismus aus den Geschichten tausend anderer.

Das klingt freilich komplizierter, als es sich liest. Denn wenn aus dem ausgeklügelten System von Zeichen gleichwohl ein fesselnder Roman wird, so liegt das an einer filmisch inspirierten Optik, die das Psychische mit nachprüfbaren Wirklichkeiten und den sinnlichen Details der Alltagsposten unterfüttert. Undine Gruenter hat eine nahezu traumwandlerische Sicherheit beim Entwerfen von Interieurs und Stimmungen, sie liebt die kostbaren Arrangements in der Manier alter Meister, den „Stich ins Watteau-Seidige" und das Kolorit der französischen Bohème: Tanzmusik, schwere blaue Samtvolieren und den Schein einer

Straßenlaterne auf leise knarrendem Parkett, hohe Stühle, blinde
Spiegel, Rotweinflecken und ausgekernte Schalentiere auf einer
weiß gedeckten Tafel. Mögen die Figuren auch „die Umrisse des
Ich abschreiten", ihre Wege führen durch die Straßen, in die
Häuser (und vor allem in die Küchen) von Paris.

Zwar: im Labyrinth enthalten auch die Straßennamen den
Geheimcode somnambuler Orientierung, der in keinem Stadt-
plan aufzufinden ist. Doch evoziert der Klang der Namen nicht
allein den Mythos dieser Metropole, vielmehr fallen – dem Gesetz der Spiegelschrift gemäß – stets das Wirkliche und das
Phantastische im Kopf des Lesenden zusammen. Der Roman hat
acht Kapitel. Die „Acht, eine beliebige Zahl unter anderen, doch
mit zwei Schlingen und der spiegelnden Achse in der Mitte"
aber weist in das Labyrinth und in Undine Gruenters erstes Buch
zurück, aus dem diese Formulierung stammt.

Sie habe angefangen zu schreiben, um ein bestimmtes Ziegel-
rot an einer Mauer festzuhalten, hat Undine Gruenter einmal erklärt. Ob eine Straße zu einer bestimmten Tageszeit, eine Landschaft im Mittagslicht oder ein Augenblick der Liebe – immer
gehe es darum, einen Eindruck wachzuhalten oder zu beschwö-
ren, der in der Erinnerung mit der Vorstellung von Glück verbunden sei. Insofern sei die Arbeit des Schreibens nichts anderes
als der Wunsch, „die zerbrechlichen Reste zu sammeln, bei denen das Verlangen nach Glück gegen besseres Wissen durch-
schlägt". Es ist dieses zerbrechliche Glück, das Undine Gruenters Bücher zu den verlockendsten und raffiniertesten Labyrin-
then der deutschen Gegenwartsliteratur kürt.

Jochen Hörisch

Techniker oder Denker?
Herbert Genzmers „Das Amulett" (1993)

„Orientierungslos zwischen Schlafen und Wachen" ist aus verständlichen Gründen der Protagonist der Novelle *Das Amulett* von Herbert Genzmer (Seitenangaben in Klammern beziehen sich auf die Ausgabe in Suhrkamp Phantastische Bibliothek 1996). Der 1952 geborene Autor ist unverkennbar ein postmodern und also medientechnisch aufgeklärter poeta doctus, der die intertextuellen und intermedialen Anspielungen liebt. Und doch ist er gattungspoetisch orientierungslos, wenn er seinem Buch die Bezeichnung ‚Roman' mitgibt. Denn dem Ich-Erzähler widerfährt eine unerhörte Begebenheit, deren Folgen ihm langsam, aber sicher die Fähigkeit, überzeugend „ich" zu sagen, austreiben werden. Das Telefon klingelt am frühen Morgen, ein Bestattungsinstitut teilt ihm mit, sein Freund und Geschäftspartner Josef sei gestorben und man werde die Leiche bei ihm zwischenlagern. So geschieht's denn auch. Auf dem Schreibtisch des Software-, Computerspiel- und VR-(Virtual Reality-)Spezialisten, der sonst als Ablagefläche für Notizen und Disketten diente, liegt jetzt im Zinksarg eine Leiche. Zur Unheimlichkeit der Toten gehört, daß sie hartnäckig schweigen. Der Computer aber kommuniziert. „Nehmen Sie Ihr Schweizer Messer und trennen sie der Leiche die Gliedmaßen ab, sonst geschieht etwas Furchtbares. Schuld an allem hat das Amulett" – das aufzufinden das Monitormenetekel befiehlt.

So reißerisch beginnt die Novelle. Kein Wunder, daß Jens Gassner (so der Name des Protagonisten) Reißaus nimmt. Als er in seine Wohnung zurückkehrt (ein Heim oder gar eine Heimat hat der Frühverwaiste und Kinderlose nicht), ist die Leiche des Freundes, der ein so verläßlicher Freund nun auch wiederum nicht war, spurlos verschwunden. Dennoch macht sich Gassner auf die Reise. Die erste Station ist Singapur – denn „Lösung ist in Singa" war noch soeben auf dem Monitor zu lesen, bevor „ein letztes Zucken über den Schirm [ging], dann nichts mehr, dann war er tot" (21). Nach dem toten Freund schweigt der tote Computer. Aber er hat noch in der Agonie ein bedeutendes und deutungsbedürftiges Zeichen gegeben: Singa-pur. Das „pur" ist gekappt. Auf pure, reine, orientierbare Flächen wird Gassner, der sich nun auf Reisen begibt und also anhebt, den Homo-viator-Topos in postmodernen Medienzeiten erneut mit Leben zu erfüllen, nicht geraten. Der Novellentext steckt voll solcher Wort- und Buchstabenspiele, die, wie es sich gehört, seinen Leser zum eigentlichen Detektiv machen. Das deutlichste unter ihnen ist das Akrostichon, zu dem sich die Anfangsbuchstaben der Kapitel konfigurieren: „Verschwinde im Nichts".

Bevor Gassner im Nichts verschwindet, verwickelt er sich in Abenteuer der Orientierungslosigkeit. Der da orientierungslos zwischen Schlafen und Wachen seinen Novellengang begann, muß alsbald erfahren, daß die mathematische Grundfigur der Orientierungslosigkeit auch fortan sein Leitzeichen bleibt: das Möbiusband als Inbegriff einer nicht orientierbaren Fläche. Wie sein dreidimensionales Pendant, die Kleinsche Flasche, die den Flaschenhals in den Flaschenbauch führt, so daß man in sie etwas hineingießt, wenn man etwas aus ihr herausschüttet et vice versa, eignet sich das Möbiusband vorzüglich, um suggestiv vor Augen zu stellen, wie scheinbar verläßliche, Orientierung gewährleistende Oppositionspaare kollabieren können. Die eine, obere Seite des Möbiusbandes ist zugleich seine andere, innere Seite; zwischen innen und außen erlaubt die Kleinsche Flasche keine Unterscheidung. Und an den Möglichkeiten, zwischen den Prädikaten „virtuell" und „reell" zu differenzieren, arbeitet sich Genzmers Novelle und mit und in ihr der Protagonist ab.

Das ist eine schwierige Arbeit. Jens Gassner versucht, ein Amulett zu finden, das einen Sicherheit garantierenden Punkt im Chaos der Orientierungslosigkeit abgeben soll. Amulette dienen der Abwehr von Bedrohungen aller Art. In der Regel sind sie aus Metall, hängen um den Hals oder stecken in Brusttaschen. So auch in der 1873 erschienenen Novelle *Das Amulett* von Conrad Ferdinand Meyer, die mit Genzmers Text den Titel teilt und die davon erzählt, wie ein Calvinist, den es in das Paris der Bartholomäusnacht verschlägt und dem alle katholischen Fetische zuwider sind, ausgerechnet einem frömmelnden Maria-Amulett sein Überleben verdankt. Schadau, so sein Name, verschwindet nicht im Nichts, sondern kehrt auf sicheren Schweizer Boden zurück, weil ein katholischer Landsmann ihm das metallene Amulett zugesteckt hat, an dem die Klinge seines fanatischen Duell-Gegners abgleitet. Das Amulett, das Gassner in Barcelona erlangt, ist weniger stabil: eine Papp-Karte, auf der das Wort „duende" zu lesen ist. Ein unsicheres Wort auf mäßig stabilem Material statt ein Bild auf Metall. „Duende" – das heißt auf spanisch Kobold, aber das Wort ist (wie selbst mäßig kluge Leser schneller als der Protagonist erschließen können) natürlich auch de dictu zu verstehen: Du (hast ein) Ende, verschwinde im Nichts.

Sicherheit und Abwehr gegen Orientierungslosigkeit kann ein rätselhaftes Wort auf Pappe auch dann nicht garantieren, wenn es halbwegs dechiffriert ist. Alle Versuche Gassners, eine sichere Orientierung zu finden, scheitern. Diese Versuche lassen sich (mindestens) drei Kategorien zuordnen. Jens Gassner sucht erstens nach Schlüsselworten, die globale Sinnperspektiven eröffnen. Damit setzt er ein Unterfangen fort, das ihn schon als Schüler, der dem magischen Wort „Camelia" (73) nachdachte, umtrieb. Als er dem Wort „Bohobo" begegnet, keimt erneut die Hoffnung in ihm auf, „daß im Fleisch des Textes das Skelett der Information verborgen" sei (86). Womit die zweite Kategorie eröffnet ist. Es ist keine andere als die klassischer und funktionaler Sakramente. Nüchtern gesprochen, handelt es sich dabei um Zeichen, die mehr als nur Zeichen zu sein versprechen, um Zeichenfolgen, an denen buchstäblich etwas dran ist. Und also interessiert sich Gassner, der nach dem frühen Unfalltod seiner El-

tern von einem neuen Testament profitierte, zunehmend mehr
für das Abendmahl und für Geld – also für Zeichensysteme, die
Transsubstantiationen von Sinn in Sein schalten. „Brot und
Wein kamen sofort" (129), heißt es einmal – von einer Restau-
rantszene. Der dort sitzt, hat Zahlungsbereitschaft und -fähig-
keit signalisiert und also mit sakramentalen Zeichen gearbeitet.
Mit virtuellen Zeichen, die sich, so man sie hergibt, in reale
Werte transsubstantiieren. Weniger aufwendig formuliert: für
Geld(zeichen) kann man Erstaunliches erhalten. Sie führen das
Versprechen mit sich, in alles wandelbar zu sein, aus Möglichem
bzw. Virtuellem Wirkliches werden zu lassen.

Doch Versprechen können bekanntlich auch Versprecher sein.
Die Sakramente taugen nicht zu Amuletten. Und also wendet
sich der Computerspielspezialist auf Weltreise einer dritten Kategorie von Orientierungen zu. Er macht medienhistorisch einen
entscheidenden Schritt zurück und verfällt der Welt der schönen, fiktionalen, belletristischen Bücher. Der Vorteil dieses
Schritts ist offensichtlich. Romane und Novellen behaupten ja
gar nicht erst, verläßliche Weltorientierung zu liefern. Die Dichtung lügt; sie gibt dies zu; und also sagt sie die Wahrheit. Da sie
klug ist, kennt sie selbstredend auch das Paradox vom Kreter,
der bekennt, daß alle Kreter lügen. Man vergißt häufig, daß es
eine konsistente Interpretation dieses Satzes gibt: daß nämlich
der Kreter, der dieses sagt, lügt, sein Nachbar aber die Wahrheit
spricht. Desaströs wird das Paradox des lügenden Kreters erst,
wenn er seinen Satz in die erste Person Singular setzt: „Ich lüge
(immer)". Und die Frage, wer denn da „ich" sagt, wird gegen
Ende der Novelle immer bedrängender.

Um allen Lügen, Inkonsistenten und sich versprechenden
Versprechungen ein Ende zu machen, um endlich zwischen „virtuell" und „real" unterscheiden zu können, um endlich verläßliche Orientierung zu finden, begibt sich Gassner auf die Suche
nach dem Denkstil, der Sicherheit garantiert. Natürlich verwik-
kelt er sich dabei erneut in Unentscheidbarkeiten. „Die Definition seiner Person innerhalb der gestellten Aufgabe schien ihm
plötzlich nicht mehr eindeutig: Techniker oder Denker" (98).

Der Denker-Techniker und Techniker-Denker, der sich auch seiner frühen Drogenerfahrungen erinnert („Das *war* Realität. Virtuelle Realität zwar, aber Realität" – 133), trifft bei dieser Suche
sogar auf einen Katalog (Borges läßt grüßen), der auf ein Buch
verweist, das „die Welt im Maßstab von eins-zu-eins abbildet"
(123). Selbstredend handelt es sich dabei um ein nicht-existen-
tes Buch bzw. um ein sehr existentes Buch: die Welt selbst. Und
so wird der Protagonist zusehends zum technischen Denker und
zum denkenden Techniker, der begreifen lernt, daß die Welt ein
Buch ist (was dem Autor Gelegenheit gibt, viele Bücher – von
Paul Auster über Castaneda, Flaubert, Goethe, Huysmans bis
hin zu Lorca – direkt zu nennen und auf weitere Buchmythen
und -stoffe – so auf Ikarus, Dädalus und auf das Labyrinth des
Minotaurus – immer erneut anzuspielen).

Das alles ist geistreich, manchmal auch a little bit too intelli-
gent geschrieben, um ganz suggestiv zu sein. Genzmer will alles
zugleich: Spannung und Bildung, Medienchic und Alexandrinis-
mus, Technik und Denken. Doch Technik und Wissenschaft
sind, wie man seit Heidegger wissen kann, deshalb so überstarke
Größen, weil sie nicht denken. Wenn Gassner zu denken an-
fängt, ist es jedenfalls zu spät: der letzte Gedanke, den er faßt,
bevor er im Nichts der Pixel verschwindet, ist nicht mehr sein
Gedanke. Sondern der seines verstorbenen Freundes, der sein
Freund nicht war – wohl aber der, der ihn programmierte. „Sir
you are tough and I am tough / But who will write who's epi-
taph?" So lautet ein frecher Spruch in einem Text von Joseph
Brodsky. Wer wem den Nachruf schreiben kann, weiß man erst,
wenn jemand gestorben ist. „Infantiler Träumer, mein Freund
Gassner. Ohne mich hätte er dieses [Cyberspace-, J. H.] Projekt
niemals schaffen können. Er glaubte, damit sei die wirkliche
Welt überwunden. Sein metaphysisches Gerede, das Universum
sei ein Geschöpf mit millionenfacher unterschiedlicher Selbstwahrnehmung, ist nett, brachte uns aber nirgendwohin" (186).
Und also muß er verschwinden. Was dem Amulettsucher somit
bleibt, ist kurz vor seinem Du-Ende „das Gefühl, selbst mani-
puliert zu werden" (251).

Herbert Genzmer hat vor Filmen wie *Matrix* oder *Existence*
eine Novelle geschrieben, die diesen neumedialen Möbius-Strei-
fen im alten Medium des Buches Paroli bieten kann. Sie verfügt
über ein Argument, das so reizvoll unzeitgemäß ist wie das Buch
im Vergleich zu digitalen Filmwelten. Ein Theologe und somit
ein Vertreter eines unzeitgemäßen Berufsstandes hat kürzlich an
die suggestive Kraft dieses Arguments erinnert. Es lautet: „Die
virtuelle Realität ... ist in jedem Falle von Maschinen simuliert
... Um diese Simulation zu erzeugen, muß Arbeit geleistet werden. Es ist also ein asymmetrischer Energiefluß festzustellen: Die
reale Wirklichkeit gibt Energie ab, während die virtuelle Realität sowohl für ihre Erschaffung als auch für ihr Bestehen solche
aufnimmt. Wäre dies nicht ein brauchbares Kriterium, die Welten gleichsam objektiv zu unterscheiden? Der Fluß der Energie
ist nicht beliebig und also ist das Verhältnis von virtueller Realität und realer Wirklichkeit asymmetrisch" (Hans Weder: Virtual
Reality – Ein theologischer Versuch aus neutestamentlichem
Blickwinkel; in: Thomas Klie (ed.): Darstellung und Wahrnehmung – Religion im medialen Crossover. Münster, Hamburg,
London 2000, S. 76).

„Gleichsam objektiv" – das ist schön gesagt bzw. geschrieben. So argumentiert ein Neutestamentler. Einer also, der eigentlich wissen sollte, daß eine Größe, die Energie abgegeben
hat, auf daß eine zweite Größe emergiere, die Erfahrung machen
kann, daß der Sohn bedeutender sein kann als der Vater. Chri-
sten nennen sich nach dem Mittler, nicht nach dem vermittelten
„eigentlichen" Inhalt. Ihnen hat der Begründete (der Sohn)
mehr zu sagen als der Grund (der Vater). Nicht erst in Zeiten
von Virtual Reality kann man die Erfahrung machen, daß das
Begründete auf seinen Grund überzugreifen vermag. Geschichte ist immer auch Geschichte solcher Übergriffe, deren Logik es
zu begreifen gilt. Herbert Genzmers Novelle ist ein aufschluß-
reicher Beitrag zur prosaischen Aufklärung solcher Übergriffe
und Übergänge zwischen dem Virtuellen und dem Wirklichen.
Wenn wir träumen, daß wir träumen, stehen die Chancen gut,
daß wir erwachen.

Thomas Kraft

Die silbernen Löffel der DDR.
Thomas Brussigs „Helden wie wir"
(1995)

Thomas Brussig wurde 1965 in Berlin geboren, verbrachte seine
Kindheit und Jugend im Ostteil der Stadt und schlug sich nach
dem Abitur mit jener Sorte von Jobs durch, mit denen Schriftsteller gerne ihre Biographie verzieren. So kam es, wie es kommen mußte: Nach dem Fall der Mauer und einem Studium der
Soziologie und Dramaturgie veröffentlichte Brussig, noch ganz
schamhaft unter dem Pseudonym Cordt Berneburger, 1991 einen Schülerroman mit dem Titel „Wasserfarben". Was in diesem Text noch still und differenziert zum Ausdruck kam, erlebte dann vier Jahre später im zweiten Roman eine derbere Aus-
prägung und machte den Autor zum literarischen Senkrechtstar-
ter der Saison und sein Buch zum „heißersehnten Wenderoman"
(Christoph Dieckmann). „Helden wie wir" ist eine Art negativer
Heimatroman, grell und zuweilen grotesk in der Überzeichnung,
dann wieder hart und so präzise am Detail, daß der Roman sowohl die Qualitäten einer kenntnisreichen Innenschau der DDR
als auch einer burlesken Satire aufweist. Erzählt wird die Geschichte eines jungen Mannes mit dem schier unaussprechlichen
Namen Klaus Uhltzscht. An seinem Geburtstag im August 1968
rollen die Panzer Richtung Prag, und der Kalte Krieg ist munter
am Brodeln. Das sind nicht die besten Voraussetzungen für einen Helden, doch soll man den Mann wirklich bedauern? „Ich
hatte den widerwärtigsten Namen, ich war der schlechtinfor-
mierteste Mensch, ich war Toilettenverstopfer, Sachenverlierer,
Totensonntagsfick und letzter Flachschwimmer. Ich konnte mir

nicht einmal einen runterholen. Und als Antityp brachte ich es
sogar auf die Titelseite. Ja, so war das. So kam ich zur Stasi." Das
klingt nach Verliererschnulze und kläglichem Solidarzuschlag.
Auf den ersten Blick ist dem auch so, und dann doch wieder
nicht. Denn der kleine Klaus ist nicht nur ein naiver Tropf und
dumpfer Mitläufer, er erscheint im gleichen Moment auch als
Opfer der Verhältnisse in einem Land, dem die Utopien in den
Brunnen gefallen sind. Daß wir seine „ziemlich schwanzlastige"
Geschichte erfahren, verdanken wir einem Gerücht. Mr. Kitzel-
stein von der New York Times ist nämlich zu Ohren gekommen,
daß dieser Simplicius und nicht das Volk die Mauer „umge-
schmissen" habe, und nun breitet Klaus in einem Interview seine
Wahrheit aus, in einem obszönen und völlig überdrehten Rede-
schwall.

Klaus wächst mit den üblichen Traumata eines Pubertieren-
den in einer Ostberliner Spießerfamilie auf. Er fühlt sich unge-
liebt und minderwertig, alles was er getan habe, sei peinlich gewesen und habe nur dazu geführt, noch mehr Komplexe zu entwickeln. Seine Mutter ist eine ordnungsliebende Nervensäge mit
aseptischen Wahnvorstellungen (die „Hygiene-Göttin") und
der Vater ein wortkarger Fremdkörper, der ihn für einen kom-
pletten Versager hält. Klaus entwickelt sich zum ehrgeizigen
Klugscheißer, der es allen und vor allem seinem Vater beweisen
will. Doch bald läuft die „Idylle" aus dem Ruder. Klaus, der
extrem unter seinem zu klein geratenen Penis leidet, entwickelt
eine derartige Triebhaftigkeit, daß es zu Kollisionen mit dem
System kommt. Wer immer die Mär von den heimlichen Sexual-
exzessen der DDR-Bürger glaubte, hier bekommt er die kalte
Dusche: „Ich malte mir aus, daß mein Vater sein geheimes Ding
nicht mit bloßen Fingern in ihre Möse bugsierte, sondern mit
Gummihandschuhen oder einer Grillzange ... Und daß sie tap-
fer eine Viertelminute verharrten, bis eine Ansteckung stattge-
funden haben mußte. Einmal und nie wieder! Danach werden
sie sich bestimmt ein paar Wochen Urlaub gegönnt haben."

Alles erscheint total steril und tabu, eine Erektion ist eine
mittlere Katastrophe, Kati Witt und Dagmar Frederic werden

zu Projektionen feuchter Träume. Als sich Klaus mehr zufällig einen Tripper einhandelt, erhöht das seine Paranoia. Denn der beim Ministerium für Staatssicherheit tätige Vater hat den Sohn bei der gleichen Firma untergebracht. Dieser sieht sich nun schon als James Bond des Ostens, der dem Nato-Generalsekretär das Sperma klaut. Die Stasi besticht als Monty-Python-Showtruppe minderer Güte; völlig verblödete Agenten bekämpfen zum Beispiel den Post-Strukturalismus als eine konterrevolutionäre Strategie, die den Zustellungs- und Telefondienst der DDR zerstören will. Klaus aber will in jedem Fall Geschichte machen. Im devisenbringenden Export von Perversionen erkennt er seine Chance, „dem Sozialismus zum Sieg zu verhelfen". Vom Selbstversuch mit Goldbroilern, Fellatiomaten und Kaulquappen-Kondomen bis zur Anlage einer Perversen-Kartei reicht sein Aufbauprogramm Ost. Sogar der kranke Erich Honecker profitiert von seinem „Perversenblut". Im Endspurt der Republik quetscht Klaus sich vor Aufregung noch die Hoden, verwechselt am 4. November auf dem Alexanderplatz Christa Wolf, die nie Klartext geredet, sondern nur immer die schönsten Aufsätze geschrieben habe, mit der Eislauftrainerin Jutta Müller und läßt schließlich vor den Grenzern die Hosen herunter, worauf diese angesichts seines gewaltig aufgeschwollenen Genitals wie hypnotisiert die Tore in die Freiheit öffnen.

Mit seiner Realsatire über zwanzig Jahre DDR-Geschichte nimmt Brussig, immer haarscharf an der Charmegrenze der Provokation entlang, den G-Punkt all jener Legenden und Schönredereien über Wesen und Ende der DDR so zielsicher und despektierlich ins Visier, daß alle Biedermänner und Einheitsgewinnler mit rotem Kopf ihre einstige Impotenz eingestehen müßten. Der Autor jongliert mit Wahrheiten wie mit rohen Eiern und bekleckert sich dabei ungeniert. Das hat Methode, dient der Katharsis und der Unterhaltung zugleich. Sein Erzähler ist dabei nicht auf die westliche Zugewinngemeinschaft, sondern auf die silbernen Löffel der „guten, alten DDR-Zeit" fixiert. Brussig schreibt über das Verschwinden der DDR und ihrer Eigenheiten. Zuweilen liest sich das wie eine Fahrt durch ein gruseliges Panoptikum, dann wieder wie eine Reihung von Slapstick-Einfällen. Er verlacht all die Pioniergeister und Fernsehkrampfadern und weint ihnen zuweilen, so scheint es jedenfalls, doch auch eine Träne hinterher. Und wenn es nur eine der Dankbarkeit ist, denn der reichhaltige Stoff DDR ist für Brussig schließlich auch ein Glücksfall. Da gibt es schon das richtige Leben im falschen – meistens ist es allerdings das falsche im falschen. Das fängt bei den Stasi-Trotteln an und hört bei staatstragenden Dichtern wie Christa Wolf auf. Brussigs Attacken sind immer volle Breitseite und Trommelfeuer, der filigrane Degen ist nicht seine Waffe. Ähnlich seinem unter Hormonstau leidenden Anti-Helden schwitzt sich Brussig den Muff der DDR aus den Poren, aber in seiner Drastik, in seiner phantasievollen Überhöhung des Szenarios entsteht auch die Distanz, die es möglich macht, Details der Geschichte(n) liebevoll und sorgfältig herauszuarbeiten. Karikaturen, so wie sie Brussig zum Beispiel mit den Stasi-Spitzeln schuf, entlarven pointiert die Realität. „Dieses luftige, mutige Buch", so Konrad Franke, „lebt von einem wilden Erfindungsgeist und von dessen Disziplinierung, es lebt von der Erdung durch genau gewußte Details der DDR-Normalität."

Die Gefahr der Verniedlichung, wie sie Wolf Biermann zu erkennen glaubte, verpufft angesichts der Absurdität der Vorgänge. So erscheint der „Umsturz als Treppenwitz der Geschichte" (Jörg Magenau), das Pathos von Volksaufstand und nationaler Einheit versinkt in phallischer Rammelei, und der Schelm mit den fünf Bibliotheksausweisen entpuppt sich als triebgesteuerte und ahnungslose Kreatur, die beiläufig ein ganzes System beerdigt. Aus der Froschperspektive eines „authentischen DDR-Kretins" (Wolf Biermann) läßt sich eben ungeniert über alle moralischen Instanzen und sozialistischen Visionen plaudern und hinwegsetzen. Im Erfahrungsschatz des ungebildeten Tölpels spiegelt sich der reale Irrsinn um so deutlicher, durch die Selbstbezichtigung eines Mitläufers unter vielen entsteht Glaubwürdigkeit und Anti-Sentiment. Martin Ahrends hat dem Roman dagegen vorgeworfen, daß er „von einem erzählt, der so vollkommen Opfer seiner Verhältnisse ist, daß er sich an keiner Stelle nach

der eigenen Schuld fragen muß. Das Buch kann als Generalabso-
lution aller Mittäter und Mitläufer gelesen werden." Der quasi
schicksalshaft vorgezeichnete Weg des Klaus Uhltzscht von den
„Jungen Pionieren" zur Firma „Horch und Guck" von Ernst
Mielke spreche ihn ebenso von Schuld frei wie dieses gewissenlo-
se, sich und das eigene Handeln nie in Frage stellende Trullern
durch die Zeitgeschichte. Dem wäre beizupflichten, wenn sich
nicht in einigen, wenn auch erzählerisch nicht unbedingt über-
zeugenden Passagen, insgeheim der Autor über seine Figur stül-
pen und, fast deklamatorisch, dem Grauen das Wort entgegen-
setzen würde. Am Ende des Romans wird Klaus unversehens sogar noch moralisch. Reden über die Angst will er und Fragen
stellen: „Ich weiß, daß wir Ostdeutschen uns und der Welt noch
eine Debatte schuldig sind." Brussig hat seinen Roman 1995 veröffentlicht, seitdem sind viele (literarische) Debatten über die
Folgen der deutschen Einheit geführt worden. Von Christa Wolf
hat man lange nichts mehr gehört, ihre Werkausgabe wird publi-
ziert. Thomas Brussig dagegen hat seinen Roman sehr erfolgreich verwertet. Im Mai 1996 brachte er eine Theateradaption in
der Regie von Peter Dehler am Deutschen Schauspielhaus auf die
Bühne, dann erschien eine Hörspielversion auf CD, und am 9.
November 1999 kam die Verfilmung des Stoffes in die deutschen Kinos.

Stefan Beuse

„154 schöne weiße leere Blätter".
Christian Krachts „Faserland" (1995)

We'll slide down the surface of things
U2

1995, als der Begriff Popliteratur in Deutschland noch nicht erfunden war, als es noch kein literarisches Fräuleinwunder gab,
kein Neues Erzählen und keine Generation Golf, als es nur den
Begriff „Zeitgeist" gab, von dem niemand wußte, was er eigentlich bezeichnete, veröffentlichte Christian Kracht, ehemaliger
Tempo-Reporter (eines der beiden „Zeitgeist"-Magazine in
Deutschland) den Roman „Faserland" im Kölner Verlag Kiepenheuer & Witsch.
      Deutsche Literatur war zu diesem Zeitpunkt tot. Zumindest
in den Augen von Publikum und Presse. Und die beiden Vertreter, die man verschämt nach außen präsentierte, nämlich Peter
Handke und Botho Strauß, waren zumindest scheintot. „Junge
deutsche Literatur" bezeichnete alles, was noch unter fünfzig
war, und anerkannte Hoffnungsträger wie Marcel Beyer, dessen
hochgelobter Roman „Flughunde" ebenfalls 1995 erschien, un-
terschieden sich durch das, was sie schrieben und wie sie es
schrieben, kaum von den „Alten", waren also ohne weiteres
deutschunterrichtkompatibel.
      Einheimische Literatur stand synonym für unrühmliche Tu-
genden wie Ernsthaftigkeit, Zahnlosigkeit, Bleiköpfigkeit, und
die vor allem von Frank Schirrmacher losgetretene Debatte um
den Zustand der deutschen Gegenwartsliteratur machte dies auf
breiter Front manifest.
      Der Ruf nach der „neuen Lust am Erzählen" nach amerikani-

schem Vorbild wurde laut. Doch als Krachts Roman erschien,
der diesen Ruf durchaus erhörte, hagelte es Verrisse, in denen
Inhalt und Stil entweder hochmütig belächelt oder aggressiv
abgelehnt wurden. Vergleiche zu J. D. Salingers 1951 erschienenem Romanerstling „Der Fänger im Roggen" drängten sich auf
– nicht nur, weil Kracht ähnlich heftige Reaktionen auslöste (Diese saloppe Sprache! Diese Respektlosigkeit!), sondern vor allem,
weil er – genau wie Salinger sozusagen am Feuilleton vorbei –
eine Identifikationsfigur für große Teile einer ganzen Generation
geschaffen hatte.

   „Faserland" wurde zum Kultbuch. Und stand Pate für die
Entwicklung einer neuen literarischen Richtung, in der es nicht
mehr um gesellschaftliche und politische Probleme ging, nicht
mehr um die große Weltschau, sondern meist um die Verortung
eines Erzähler-Ichs in der Komsumgesellschaft, um eine Selbst-
Definition, die keine Biographie mehr nötig hatte, sondern fast
ausschließlich über Stilfragen, über Affirmation und die Codes
der postmodernen Warenwelt stattfand.

   Die Berliner Zeitung empört sich 1995 folgendermaßen über
„Faserland": „Kracht macht sich nicht die Mühe, Figuren zu
entwerfen. Gelegentlich liefert er flache Charakterbeschreibun-
gen (‚Karin sieht eigentlich ganz gut aus mit ihrem blonden Pa-
genkopf. So wie sie lacht, wie sie das Haar aus dem Nacken wirft
und sich leicht nach hinten lehnt, ist sie sicher gut im Bett'). At-
mosphäre versucht der Autor vor allem dadurch zu verdichten,
indem er Markenartikel beim Namen nennt. Barbour-Jacken
werden angezogen, ausgezogen, vergessen, verbrannt, geklaut.
Ansonsten wird viel gesoffen und noch mehr gekotzt. Eigentlich
wird ständig gekotzt und zudem manchmal ins Bett geschissen.
Viel mehr tut sich nicht. Weil aber drastische Sprache und drastische Episoden nicht über Substanzlosigkeit hinwegtäuschen
können, bleibt nach der Lektüre des Romans nur eine große
Leere".

   Diese große Leere kannte man bisher vor allem aus den Büchern eines jungen Amerikaners, dessen erster Roman „Less than
zero" (dt. „Unter Null") ebenfalls als „Fänger im Roggen für

die MTV-Generation" gefeiert wurde: aus den Büchern Bret
Easton Ellis' nämlich, der mit seinem dritten Roman „American
Psycho" der endlosen Langeweile und Oberflächlichkeit der
achtziger Jahre ein unvergeßliches und monströses Denkmal gesetzt hat. Doch während Ellis die Destruktivität des warenför-
migen Bewußtseins schonungslos bloßlegte, warf man Kracht,
„seinem deutschen Übersetzer" (Joachim Lottmann) vor, keine
gesellschaftspolitische Position zu beziehen und sich ohne jede
kritische Distanz in der Markenwelt der achtziger Jahre eingerichtet zu haben. Die fröhliche Absage auf sämtliche kollektiven
Bezüge münde in einen radikalen Individualismus, der sich im
wesentlichen über Produktkonsum vermittle.

Florian Illies gab in seinem 2000 erschienenen Buch „Generation Golf" den Hasardeuren des Kreditkapitalismus zum erstenmal einen Namen – und kommentiert dort den Vorwurf der Ge-
schichtslosigkeit wie folgt: „Das Verhältnis unserer Generation
zur Geschichte allgemein und zum Holocaust ist dermaßen Ro-
man-Herzog-unverkrampft, daß Kritiker dahinter Geschichts-
vergessenheit vermuten, Ignoranz oder Schlimmeres. [...] Die
Generation Golf verstand sehr gut, was Martin Walser meinte,
als er von der ‚Dauerrepräsentation unserer Schande' redete und
von der Kultur des Wegschauens. [...] Zugleich sah dennoch
kein Generationsangehöriger weder im ganzen Walser-Bubis-
Streit noch im Kosovo-Krieg Anlaß, sich zu äußern."

Auch Christian Krachts Protagonist äußert sich höchstens
über die Schönheit der Leere. Die Phantomschmerzen der Geschichte spürt er nur noch abstrakt: „Das ist nun Heidelberg,
und es ist wirklich schön dort im Frühling. Dann sind die Bäume
schon grün, während überall sonst in Deutschland noch alles häßlich und grau ist, und die Menschen sitzen in der Sonne an den
Neckarauen. Das heißt tatsächlich so, das muß man sich erstmal
vorstellen, nein, besser noch, man sagt das ganz laut: Neckarauen, Neckarauen. Das macht einen ganz kirre im Kopf, das
Wort. So könnte Deutschland sein, wenn es keinen Krieg gegeben hätte und wenn die Juden nicht vergast worden wären. Dann
wäre Deutschland so wie das Wort Neckarauen."

Krachts Figuren entstammen einem Milieu, in dem Geld
nicht mehr verdient werden muß, die fernab vom Unbill des Alltags ein vollkommen sorgenfreies Leben führen können, bzw.
sich ganz auf das konzentrieren könnten, was man „Leben"
nennt. Und genau das versucht der Erzähler.

„Also, es fängt damit an, daß ich bei Fisch-Gosch in List auf
Sylt stehe und ein Jever aus der Flasche trinke", lautet sein erster
Satz. In einem völlig unaufgeregten Plauderton erzählt er ein
paar Tage aus seinem Leben. Ein moderner Flaneur, der nichts
Besonderes zu tun hat und sich bloß ein bißchen treiben läßt.
Quer durch Deutschland, von Nord nach Süd, durch acht Kapitel hindurch, die den Postleitzahlengebieten entsprechen. Er
langweilt sich von Disco zu Party, von Freund zu Freundin. Er
raucht und trinkt, und im Grunde gibt es nichts, das ihn umtreibt, nichts, das ihn ausmacht, nichts, das es zu wollen gäbe,
nichts, wofür es sich zu kämpfen lohnt – kurz: es gibt in diesem
Buch nichts, das nach Sekundarstufe-II-Kriterien in einem Buch
stehen sollte. Trotzdem (und vielleicht gerade deshalb) hat „Faserland" die deutsche Gegenwartsliteratur revolutioniert. Denn
Kracht hat 1995 zum erstenmal etwas riskiert, das vor ihm in
dieser Konsequenz noch niemand in Deutschland gewagt hat: die
Dinge des Alltags unreflektiert in ihrer Oberflächlichkeit abzu-
bilden – ohne jede emotionale Aufladung. Inhaltlich wie stilistisch also eine offene Provokation im Land der Dichter und
Denker.

Gibt man heute auf der Homepage des Online-Buchhändlers
amazon den Suchbegriff „Faserland" ein, erscheinen über fünfzig Leserrezensionen, die nicht nur in ihrer Vielzahl, sondern vor
allem in ihrer Entschiedenheit bemerkenswert sind. Zwischen
hymnischem Lob und aggressiver Ablehnung gibt es keine Grau-
zone, und beide Positionen werden mit hysterischem Engage-
ment vorgetragen.

„Also, es fängt damit an, daß ich mir eine Zigarette anzünde
und Krachts Buch Faserland lese", beginnt eine dieser Rezensio-
nen, die durchweg versucht, Krachts Stil zu imitieren, „und ich
denke, daß alle Taxifahrer Nazis sind oder Drogen nehmen oder

irgendwie komisch aussehen. Und in ganz Deutschland [...] wird seitenweise geraucht, getrunken und gekotzt. Das ist ja nicht schlimm, aber irgendwie das einzige das passiert, in diesem Buch, meine ich. Ich weiß nicht, ob ich mich da jetzt klar ausdrücke. Naja, ich meine das also so (jetzt zünde ich mir erst mal eine Zigarette an): der Kracht hat so viel Zeit und so viel Zigaretten und immer ein paar Geldscheine locker in den Taschen und hätte da also viel mehr daraus machen müssen. Zum Beispiel einfach 154 schöne weiße leere Blätter beim Verlag abgeben. Ich weiß, das klingt jetzt komisch, aber ich sage das trotzdem mal: Dieses Buch, das leere meine ich, hätte mir viel besser gefallen."

In der Tat scheint Krachts Sprache von einer fast naiven Unbedarftheit und linkischen Umständlichkeit zu sein, imitiert sein Stil den eines verunsicherten Kindes, das sich ständig fragt, ob es sich richtig ausdrückt. Wendungen wie „Also, ich weiß jetzt nicht, ob ich das richtig erklärt habe" oder „Naja, das klingt jetzt ja irgendwie ziemlich seltsam" ziehen sich durch den gesamten Roman – verstellen absichtsvoll den Blick auf die enorme Kunstfertigkeit, mit der diese Sprache gebaut ist. Eine Sprache, der es vor allem um Eingängigkeit geht, um Rhythmus, um Leichtigkeit – um Kriterien der Popkultur also. Wir hangeln uns mit dem Ich-Erzähler an den Dingen entlang, folgen seinem Gedankenstrom, der (teilweise höchst unterhaltsame) Belanglosigkeiten transportiert, und merken nicht, daß gerade damit ein Zeitzünder aktiviert wird – für einen Sprengsatz, der exakt nach dem letzten Satz implodiert. Dann nämlich wird die enorme Poesie dieses Buches offenbar, seine schwebende Traurigkeit. Erst dann verwandelt sich die scheinbare Leichtigkeit des Fabulierens in Melancholie, wird die Reise durch Party-Deutschland zu einer Chronik des Verfalls. Denn die Sprache in „Faserland" kreist mit großem Aufwand um ein leeres Zentrum, so, als wolle sie dort etwas finden, wo es nichts zu finden gibt, und darin liegt sowohl die Unverschämtheit wie auch die große Kunst dieses Romans: Er beschreibt nicht die Leere, er läßt das Gefühl der Leere im Leser zurück – und natürlich im Protagonisten, der sich während seiner Reise durch sein „Fatherland" buchstäblich zu Tode amüsiert. Dieses Todesurteil versteckt Kracht subtil, fast unmerklich in den Gedankenstrom seines machtlosen, gelangweilten Erzählers, und hat am Ende das Bild eines Menschen, einer ganzen Generation gezeichnet, die an der Oberfläche der Dinge herab ins Nichts gleitet.

Ulrich Baron

Triffst Du nur das Zauberwort.
W. G. Sebalds „Die Ringe des Saturn"
(1995)

„Die Ringe des Saturn", das ist ganz unverkennbar, und gleich zu Beginn des Buches wird es vom Autor noch einmal bekräftigt, der Hinweis auf jene „Krankheiten des Gemüts und des Körpers", die sich „mit Vorliebe unter dem Zeichen des Hundssterns in uns festsetzen". Deren Name ist Melancholie und leitet sich von der griechischen Bezeichnung jener „Schwarzen Galle" ab, deren übermäßige Ansammlung im Körper man seit der Antike als Ursache der Schwermut betrachtet hat. Sebalds Werke sind Partituren dieser Schwermut, subtile Analysen jener Webfelder der Welt, die Glück und Überfluß in Unglück und Verlust verwandeln – geschrieben mit einer sympathetischen Akribie, mit einer Einfühlung in vergangene und gegenwärtige Schicksale, die dem Autor Sebald die poetische Lizenz erteilt, Leben in Literatur zu verwandeln. So kommen nun die Seidenraupen ins Spiel, deren Leben an einem Faden hängt, die Heringe, deren Leben in Netzen endet, die Schwalben und die Enten, die Weber und ein schreckliches Bilderrätsel, dessen Auflösung vielleicht die Welt retten könnte. Wieder geraten – wie schon im Erzählungsband von 1992 – „Die Ausgewanderten" ins Blickfeld, jüdische Emigranten wie Michael Hamburger, Emigranten wie Joseph Conrad – und natürlich der Autor selbst, 1944 in Wertach/Allgäu geboren und seit 1966 in seiner britischen Wahlheimat lebend, lehrend, schreibend, sie auf seiner „englischen Wallfahrt" durchstreifend ...

Selten habe er sich so ungebunden gefühlt, schreibt Sebald,

wie bei dem stunden- und tagelangen Dahinwandern durch die
ostenglische Grafschaft Suffolk, zu der er im August des Jahres
1992 aufgebrochen sei. Doch die literarische Rekonstruktion dieses Dahinwanderns wird auch zum Vehikel der Erinnerung „an
das lähmende Grauen, das mich verschiedentlich überfallen hatte angesichts der selbst in dieser entlegenen Gegend bis weit in
die Vergangenheit zurückgehenden Spuren der Zerstörung".
England erhebt sich als Insel aus einem Meer der Schwermut, ein
Eiland, auf dem sich die Spuren verheerten Lebens überlagern
und an dessen Ufern einsame Angler sitzen – endlich an einen
Ort gelangt, wo sie „die Welt hinter sich haben und voraus
nichts mehr als Leere".

Hier sind die unfreiwillig „Ausgewanderten" an Land gegangen. Hier wächst das Gras über die Flughäfen des Luftkriegs,
dessen angebliche Verdrängung in Deutschlands Nachkriegsliteratur Sebald Jahre später in seinen Studien über „Luftkrieg
und Literatur" angreifen wird. Hier sind einstmals blühende
mittelalterliche Städte binnen weniger Sturmnächte in den Flu-
ten versunken. Doch hier finden sich auch letzte Zeugnisse früherer Herrlichkeit und Fülle – seien es die Überbleibsel grandio-
ser Landsitze, seien es Zeugnisse ihrer oft skurrilen Herren. Seien
es Erinnerungen an den so lange für unerschöpflich gehaltenen
Heringsfang, an die florierende Seidenindustrie, an die von sinn-
losen Zerstörungsorgien begleiteten Eroberungszüge im fernen
China.

Vielleicht, so hat der alte Ernst Jünger einmal bemerkt, seien
die Orte, die er besucht habe, für ihn nur Belegstellen in einer
Welt aus Büchern gewesen: „Wir reisen durch den Text." Auch
beim Wanderer Sebald fällt es oft schwer zu entscheiden, ob er
auf seinen Füßen oder auf dem Kopf geht, was an seiner „englischen Wallfahrt" erwandert und was darin erlesen ist. Während
Sebald sich auf bisweilen labyrinthischen Pfaden durch Suffolk
bewegt, in seltsamen Quartieren bedenkliche Verpflegung zu
sich nimmt, schweift seine Erzählung ab durch Raum und Zeit,
stellt sie historische Korrespondenzen und Muster her, die durch
zahlreiche eingestreute Bilddokumente beglaubigt werden. Von

einem Schweinepferch bei Covehithe und einem Segelboot auf
dem Meer davor schlägt Sebald den Bogen in neutestamentliche
Sphären – zur Besänftigung des Sturmes auf dem See Geneza-
reth, zur Austreibung jenes Dämons, dessen Name Legion war,
und der schließlich in eine Schweineherde fuhr, um sich mit ihr
in einen Abgrund zu stürzen. Doch schon steht der Erzähler
selbst auf einer Klippe, schaut den Schwalben zu und bekennt,
als Kind habe er sich stets vorgestellt, „daß die Welt nur zusam-
mengehalten wird von ihren durch den Luftraum gezogenen
Bahnen".

In einer nicht undramatischen Szene versteckt, klingt hier ein
unterschwelliges Leitmotiv der „Ringe" an: die Welt als Gewe-
be, dessen Struktur der Autor analysiert, nachbildet und vielleicht schafft. Was für Sebald die wie Weberschiffchen durch
den Luftraum jagenden Schwalben gewesen sind, das waren für
Alec Gerrard die Enten. „Immer", so sagt der Mann, der auf
seiner Farm den zerstörten Tempel Jerusalems rekonstruiert,
„habe ich Enten gehalten, schon als Kind, und immer ist mir die
Farbgebung ihres Federkleids, insbesondere das Dunkelgrüne
und das Schneeweiße, als die einzige mögliche Antwort erschienen auf die Fragen, die mich von jeher bewegten."

Daß die Schwalben die Welt zusammenhalten und die Enten
alle Antworten in ihrem Federkleid umhertragen, sind nicht nur
kindliche Phantasien oder der Spleen kauziger Briten. Die
Schwalben erinnern Sebald an Jorge Luis Borges, in dessen Erzählung „Tlön, Uqbar, Orbis Tertius" den Vögeln eine ganz ähnliche Leistung nachgesagt wird. In dessen Geschichte „Die Inschrift des Gottes" dann ist es kein Entengefieder, sondern ein
Jaguarfell, das gelesen wird. Tzinacán, Magier der von des Cortés
Leuten zerstörten Pyramide von Qaholom, der von den spanischen Conquistadoren unter Pedro Alvarado eingekerkert worden ist, entziffert aus dem Fell eines Jaguars jene göttliche Inschrift: „Es ist eine Formel aus vierzehn zufälligen Wörtern (die
zufällig aussehen), und ich brauchte sie nur laut zu sagen, so wäre
ich allmächtig. Ich brauchte sie nur zu sagen, und dieses steiner-
ne Verlies wäre nicht mehr, der Tag dränge in meine Nacht, ich

wäre jung, unsterblich, und der Tiger zerfleischte Alvarado, ich tauchte das heilige Messer in spanische Brüste, baute die Pyramide wieder auf, baute das Reich wieder auf."

Wenn schon die flüchtigen Bahnen der Schwalben der Welt ihren Zusammenhalt zu garantieren vermögen, wenn jene vierzehn Wörter auf dem Fell eines Tigers alle menschgemachten Verheerungen tilgen können, warum sollte dies nicht auch durch die flüchtigen Gedanken eines Wanderers möglich sein, der sich am Rande einer Klippe bewegt oder auf einem Blatt Papier?

Sebald schreibt über die entsetzlichen Skrupel, seine „Angst vor dem Falschen", die Gustave Flaubert oft wochenlang vom Schreiben abgehalten hätten, berichtet, wie auch er selbst nach dem Ende seiner Wanderung in einen „Zustand nahezu gänzlicher Unbeweglichkeit" tagelang an ein Krankenhausbett gefesselt gewesen sei. Solche Erkrankungen des „Gemüts und des Körpers" sind freilich nicht auf Schriftsteller beschränkt. Dem „Magazin für Erfahrungsseelenkunde" habe man entnehmen können, daß besonders auch Weber zur „Melancholie und zu allen aus ihr entspringenden Übeln neigten": „Man macht sich, glaube ich, nicht leicht einen Begriff davon, in welche Ausweglosigkeiten und Abgründe das ewige, auch am sogenannten Feierabend nicht aufhörende Nachsinnen, das bis in die Träume hineindringende Gefühl, den falschen Faden erwischt zu haben, einen treiben kann." Die Kehrseite dieser Geisteserkrankung sei es allerdings, daß viele der von ihnen in den Jahrzehnten vor dem Ausbrechen der industriellen Revolution in den Manufakturen von Norwich hergestellten Stoffe „von wahrhaft phantastischer Vielfalt und einer in sich leicht changierenden Schönheit waren, ganz als seien sie von der Natur selber wie die Federkleider der Vögel."

Die Angst, den falschen Faden zu erwischen, erklärt auch die bisweilen ans Pathologische grenzende Akribie, mit der sich manche von Sebalds Charakteren dem Sammeln, Rekonstruieren, Erinnern und Schreiben hingeben, erklärt die bis zum Beziehungswahn reichende Skrupulosität, mit der er selbst vielen längst verwehten Spuren nachgeht. Dabei vereinen sich analytische und ästhetische Elemente zur Einsicht, daß die Welt, daß die Geschichte mit allem, was sie schafft, zugleich die Möglichkeit kommenden Zerfalls hervorbringt, so wie den Melancholiker jede Frühlingsblume unweigerlich an den kommenden Herbst erinnert. Und die Melancholie des dies Schreibenden wird gesteigert noch durch die Einsicht, daß er selbst auch diesem Prozeß verfallen ist. Die Macht des Schriftstellers wie auch die ihn bisweilen lähmende Verantwortung bleibt letztlich auf das Papier beschränkt.

Walter Benjamin hat dieses Problem ins Bild vom Engel der Geschichte gefaßt, den ein Sturm vom Paradiese her rücklings über die Trümmer der Geschichte hinweg in eine ungewisse Zukunft treibt. Kann er sich widersetzen, kann er die Bruchstücke zusammenfügen, die Wunden heilen? Das Schreiben wird hier zum de Profundis, und Sebalds „englische Wallfahrt" zeigt, daß diese Fragen offen und uns erhalten bleiben werden.

Er entsinne sich, so zitiert Sebald seinen Freund Michael Hamburger, an seinen Besuch im zerstörten Berlin, aus dem die Mitglieder seiner Familie von den Nazis vertrieben und deportiert worden waren, und besonders daran, „daß die gußeisernen Treppengeländer, die Gipsgirlanden an den Wänden, der Platz an dem immer der Kinderwagen gestanden hatte, und größtenteils unveränderten Namen der Hausbewohner an den blechernen Briefkästen" ihm vorgekommen seien „wie die Elemente eines Rebus, das ich nur richtig auflösen müßte, um die unerhörten, seit unserer Auswanderung geschehenen Ereignisse ungeschehen zu machen". „Es bedürfte bloß eines Augenblicks höchster Konzentration, der silbenweisen Zusammensetzung des in dem Rätsel verborgenen Schlüsselworts, und alles wäre wieder, wie es vordem gewesen war." Doch das Rätsel bleibt ungelöst, das Zauberwort unausgesprochen, und der Schreibende bleibt im Banne des Saturn. Rettungslos?

Jorge Luis Borges habe in „Tlön, Uqbar, Orbis Tertius" die Fiktion einer umfassenden Verschwörung von Erfindern, Enzyklopädisten und Lexikographen geschaffen, die die Zeugnisse unserer unvollkommenen Welt heimlich durch die einer erfundenen ersetzten, so daß sich unsere endlich in jene verwandeln würde. Das wäre dann vielleicht keine bessere Welt, doch der Abschied von ihr fiele uns leichter.

In Holland, so Sebald am Schluß seines Buchs, sei es in früherer Zeit „Sitte gewesen, im Hause eines Verstorbenen alle Spiegel und alle Bilder, auf denen Landschaften, Menschen oder die Früchte der Felder zu sehen waren, mit seidenem Trauerflor zu verhängen, damit nicht die den Körper verlassende Seele auf ihrer letzten Reise abgelenkt würde, sei es durch den eigenen Anblick, sei es durch den ihrer bald auf immer verlorenen Heimat."

Thomas Tebbe

Konnotative Partikeln zur romantischen Sicht des Verbrechens.
Helmut Kraussers „Thanatos" (1996)

„Thanatos. Das schwarze Buch", 1996 erschienen, ist Helmut Kraussers vierter Roman. Und in mehr als einer Hinsicht ist „Thanatos" ein konsequenter Nachfolger des drei Jahre früher publizierten „Melodien". Beide lieben das postmoderne Spiel mit den Gattungen, sspielen mit der Mehrfachkodierung, und beide kreisen sie um die Themen Kunst und Realität, Erotik, Sexualität, Moral, Liebe, Religion, Vergangenheit und Tod. Während sich Helmut Krausser in „Melodien" mit der Macht der Musik als einem Mythos beschäftigt, widmet er sich in dem knapperen und pointierteren Buch „Thanatos" einem anderen großen Thema der europäischen Geistesgeschichte: der Gegenwärtigkeit der literarischen und philosophischen Romantik.

„Thanatos" ist die Geschichte eines Abstiegs und einer Selbstentäußerung. Es ist die Geschichte des Konrad Ezechiel Johanser. Der ist brillanter Germanist, Sonderling und begnadeter Graphologe, aber er wird zum Fälscher und Mörder und erliegt am Ende seinem Verlangen, ein anderer zu sein. Zunächst finanziell ausreichend situiert, steht Johanser doch am Rand der Gesellschaft, er isoliert sich, hält die anderen auf Distanz durch sein Talent und sein unergründliches Wesen. Wie schon andere Helden bei Helmut Krausser ist Johanser maßlos, er säuft, hurt, wirft sein Geld zum Fenster raus, und in endlosen Stunden gibt er sich seiner einzigen wirklichen Leidenschaft hin – den Schriften der deutschen Romantik. Eine große Karriere stünde ihm offen, doch er entscheidet sich für die Tätigkeit als Archivar im

Berliner Institut für Deutsche Romantik, ganz nahe an den Originalen „seiner" Epoche.

Für eine Weile scheint seine Existenz einen bürgerlichen Verlauf zu nehmen: kompromißloser, unnahbarer Forscher, der er ist, verliebt er sich dennoch in die Galeristin Kathrin, deren Bilder ihm nichts sagen, die er aber wenig später heiratet: „Zu diesem Zeitpunkt waren sie seit fünf Monaten und fünfhundert Orgasmen ein glückliches Paar." Die Ekstase hält nicht lange vor, und die Ehe zerbricht – Johansers vorübergehende Anteilnahme an gegenwärtigen Geschehnissen vergeht, und bald reduziert sich für ihn die Verbindung mit Kathrin auf körperliche Bedürfnisse. Die Romantik wird ihm zum einzigen Zuhause, er selbst zu einem unheilvollen Anachronismus.

Auch beruflich geht es bergab mit Kraussers Protagonist. Als das Institut nach der Wende in Geldnöte gerät, verhilft Johanser ihm mit seiner graphologischen Begabung und den daraus resultierenden Fälschungen romantischer Manuskripte wieder zu Ansehen und Zukunft. Längst aber ist er als Mitarbeiter nicht mehr tragbar, scheint zwischen Wahn und Wirklichkeit zu schwanken, und der Leser beginnt zu ahnen, daß der fiebrige Rückzug in Erinnerungs- und Vergangenheitswelten für diesen Johanser ins Pathologische abgleiten wird. Längst sind die Motive für seine Fälschungen nicht nur altruistischer Natur: Johanser träumt davon, mit Hilfe seiner Manuskripte der romantischen Literatur zu neuer Aufmerksamkeit zu verhelfen, sie neu zu erfinden in einer Weise, die seiner Lesart dieser Epoche am nächsten kommt.

Johanser entwickelt im Fieber der Neuschöpfung von Handschriften bizarre Allmachtsphantasien, offenbart schon früh den Willen, Herrscher über die Zeit zu werden. Er ist davon überzeugt, „altes Papier und Tinte würden dazu genügt haben, die Welt zu verändern, das Testament der Zeit anzuzweifeln und den Prozeß der Geschichte neu aufzurollen". Krausser läßt ihn diesen irrwitzigen Gedanken in die Tat umsetzen, läßt ihn das Gestern ins Heute zurückholen und ihn doch im Moment höchster Einheit mit der Romantik für immer an seinem Gegenstand

scheitern. Denn ironischerweise ist der Schöpfungsgott Johanser,
der von der Neuordnung der Welt phantasiert, einerseits nicht
einmal in der Lage, sein privates Leben in eine Ordnung zu bringen – geschweige denn das Weltgeschehen neu zu gestalten nach
dem, was in der Romantik einmal gewesen ist. Andererseits bedeutet die Entdeckung seiner Fälschungen durch seine Kollegen
für Johanser das Ende seiner wissenschaftlichen Karriere sowie
für das Institut den Verlust des Ansehens. Obendrein geraten die
von Johanser hochgeschätzten Originalmanuskripte in ein schie-
fes Licht, denn niemand wird sie zukünftig von den Fälschungen
unterscheiden können. Die philologische Arbeit an ihnen ist
sinnentleert und Johansers Absicht der Wiederbelebung der Romantik ins Gegenteil verkehrt. Daß eben diese Epoche die der
poetischen Utopien, der fieberhaften Weltveränderer war, die
nicht selten scheiterten und im Zustand des poetischen Nihilis-
mus endeten, kann kaum als Zufall gelten. So unterminiert
Krausser auf elegante Weise seine Fälschergeschichte durch ironische Brechungen, die das Schicksal seines Helden voraussehen
lassen.

Johanser, berauscht von Alkohol und der fiktiven Droge
Rutaretil (sprich Literatur), besitzt nicht den Abstand zu seinem
Fachgebiet, der ihn den Wert der Manuskripte für die übrige
Welt relativieren ließe. Seine Frau Kathrin pointiert für den Leser: Johanser verschwende seine Arbeitskraft an tote Schreiber-
linge, von denen niemand mehr viel wissen wolle. Die Distanz,
die Krausser damit zwischen Leser und romantischem Stoff
schafft, gibt Raum zur genaueren Betrachtung des Helden und
seines Schicksals.

„Durch Worte herrschen wir über den ganzen Erdkreis, durch
Worte erhandeln wir uns mit leichter Mühe alle Schätze der
Welt", zitiert Johanser seine Vorbilder. Er beherrscht die Sprache, aber er nutzt sie nicht, um zu kommunizieren. Er erschafft
sich Parallelwelten mit ihnen, doch er sucht nicht die Verbindung
zur Realität in ihr. Seine Ehe scheitert am Schweigen, seine Stelle
verliert er, weil er sich und seine Motive für seine Vorgesetzten
nicht verständlich machen kann.

Der poetische Prophet und romantische Utopist Johanser hat
alle Schätze in der Welt verloren, als er beschließt, aus der verhaßten Stadt Berlin zu verschwinden. Beruflich gedemütigt und
nach dem Tod seiner Geliebten, der Straßenhure Somnambelle,
sozial vereinsamt, flieht er aufs Land. Dort hofft er einen Ort zu
finden, an dem er zur Ruhe kommen kann und zu Hause ist. Er
kommt bei Onkel und Tante in Niederenslingen auf der Schwäbischen Alb unter, deren zutiefst kleinbürgerliche Existenz ihm
gleichermaßen zuwider ist, wie sie ihm Halt zu bieten vermag.

Doch Johansers Bruch mit der Vergangenheit, das Ende seiner wissenschaftlichen Beschäftigung mit dem geliebten Thema
ist der Anfang seines Untergangs. Sein nächster Versuch, eine
zwischenmenschliche Bindung herzustellen, scheitert ebenso wie
die früheren, aber diesmal endet das Scheitern tödlich. Johanser
nämlich sieht in Benedikt, seinem sechzehnjährigen Cousin, sein
jüngeres Alter ego und verspürt zunächst den Wunsch, sich mit
ihm anzufreunden. Aber sein Versuch erweist sich schnell als aus-
sichtslos. Mehr und mehr ergreift ein Gedanke Besitz von ihm,
der den Roman in eine verheerende, endgültige Richtung lenkt:
der Gedanke, Benedikts Rolle in der Familie einzunehmen und
seinen lästigen Nebenbuhler loszuwerden. Damit würde er die
Zeit besiegen und in ein früheres Stadium seiner Existenz zurückkehren können, in das des Sohnes. Schließlich räumt Johanser Benedikt auf einer Wanderung aus dem Weg, indem er ihn
tötet und verscharrt. Onkel und Tante macht er weis, Benedikt
sei der Enge des elterlichen Haushalts entflohen und wolle sich
in der Welt die Hörner abstoßen. Ihn ihm selbst beginnt die
Schuld an Benedikts Tod zu arbeiten. Wie das romantische Echo
eines poetischen Nihilisten klingt der Satz des gespenstischen
Schrull, dem Johanser später auf einer seiner Streifzüge durch die
Natur begegnet: „Wenn einem die Zärtlichkeit zur Welt verlo-
rengeht ... dann wird man Vernichter." Wenn einem nichts mehr
heilig ist, schreckt man auch vor dem Tod nicht zurück.

Krausser kann auf vertraute Muster des Kriminalromans zu-
rückgreifen und mit der Frage, ob und wie Johansers Mord zur
Aufklärung gebracht werden wird, dem Buch auf der Erzähl-

oberfläche Tempo und Spannung verleihen. Interessanter noch ist, daß Johanser jetzt als Todesengel auftreten kann. Als solcher setzt er im weiteren Verlauf des Texts verschiedenste Erzählebenen miteinander in Beziehung. Er ist der Herr der Schattenwelt, Thanatos und Gebieter der Zeit, gleichermaßen Verfasser und Protagonist der phantastischen Einschübe, in denen Krausser seinen Helden mit dem Schrull bekanntmacht, dem Wächter des Jenseits, dem Hüter des metaphorischen Museums des Todes. Aber nicht erst mit dem „Schwarzen Buch", in dem diese Episoden aufgezeichnet werden und das den Untertitel des Romans begründet, ahnen wir, daß Johanser, in postmoderner Manier, Autor und Romanfigur in einem ist; daß er ebenso als Held wie als Monteur seiner eigenen Geschichte fungiert und zunehmend als Autor einer fragmentarischen Textcollage in Erscheinung tritt, die mit dem Tod von Benedikt zunehmend komplexer wird. Wo anfangs zwei Erzählebenen, die des städtischen Berlin und die des ländlichen Schwaben, vorherrschen, lesen wir später Tagebuchauszüge Johansers, Zwiegespräche mit dem toten Cousin, romantische Zitate, das „Schwarze Buch", die mythisch überhöhten, von der Realität abgekoppelten Berichte über seine idealisierte Geliebte Anna und ihren zentaurischen Mann Winhard – und, zuletzt, als Orientierungsmarke immer wieder die personale Perspektive des Helden, dem wir durch die Kriminalhandlung des gehetzten Täters atemlos zu folgen bereit sind.

Seine Ich-Dissoziation schreitet voran, und die Identität Benedikts dient ihm nun dazu, seine Tat vor sich selbst zu verbergen. Immer häufiger spricht er Benedikts Sprache, ahmt seinen Gang nach und imaginiert seine Gedanken. In Briefen und Fragmenten schreibt Johanser immer neue Variationen seiner Erlebnisse nieder, philosophiert mit immer neuen Stimmen über seine verzweifelte Situation als unschuldiger Mörder und verkannter Prophet und verschwindet schließlich am Ende gänzlich hinter dieser von ihm erzeugten Kakophonie. An diesem Punkt wechselt die personale Perspektive von Johanser auf Benedikt: „Benedikt konnte bald nicht mehr mit Sicherheit bestimmen,

ob die Gestalt wirklich gewesen war oder ob nur windgetriebene
Äste ihm ein Schauspiel vorgegaukelt hatten." Johanser ist Benedikt. Und hat es Johanser jemals gegeben?

„Thanatos" zeigt eine ungeheure Vielfalt an Stillagen und
Sprachstilen. Beindruckend, wie Krausser aus der Jugendsprache
der neunziger Jahre fast mühelos in den Duktus romantischer
Grübeleien zu wechseln imstande ist. Gelegentlich allerdings
schießt er übers Ziel hinaus, rutscht ins pathetisch Kitschige ab
oder vergreift sich in den von ihm gewählten Metaphern: Da
schwimmen Johansers Tage wie Boote in Krokodilgewässern und
das Schamhaar seiner Geliebten wird zum „Drachenwald voll
Geheimnis".

Doch das alles tritt zurück hinter Kraussers erzähltechnischer
Virtuosität. Denn es gelingt dem Autor, Johansers psychologi-
sche Unfähigkeit zur Schuld und seine soziale Unzurechnungsfä-
higkeit mit den Mitteln der postmodernen Textmontage überzeugend zu transportieren, ohne diese als bloße strukturelle Prot-
zerei auszustellen. Die Qualität der Erzählung erweist sich darin,
daß der Protagonist als Figur trotz allen ideengeschichtlichen
und narrativen Ballasts funktioniert und lebendig wirkt. Ein be-
trächtlicher Anteil an dem Erfolg des Buchs basiert darauf, daß
Konrad Johansers trostloses Schicksal die Leser bis zuletzt zu
fesseln vermag.

„Alle künstlerischen Entwürfe gründen sich auf der Romantik", hat Helmut Krausser einmal in einem Interview behauptet.
In „Thanatos" führt er den Beweis dazu und gibt dem Text
durch Mehrdeutigkeit und historische und literarische Konnota-
tionsflut Tiefe. Sicher leben nicht allein die Ideen von Novalis,
Wackenroder oder Schlegel fort, der im Roman die universal-
poetische Vollendung sah und in ihm Brief, Dokumente und
Tagebuchaufzeichnungen mit der Romanhandlung verknüpfte:
Auch die postmodern anmutende Erzählstruktur greift auf die
literarischen Mittel der Romantik zurück.

„Wir erschaffen, was gewesen ist", heißt es an einer Stelle im
Roman und ist Zitat eines der Kerngedanken der Romantik. Für
Johanser (und in gewisser Hinsicht auch Krausser) dauert sie im-

mer noch an: „Wäre nicht ein gelungenes Beispiel stilvollen
Glückes geeignet, die Romantik für immer zu beenden?" Soviel
aber ist klar: Johansers Unglück sorgt dafür, daß die Romantik
Bestand behält. Doch auch hier hebt die eingewobene Selbstiro-
nie den Text über seinen Gegenstand hinaus und verhindert die
bloße Kopie romantischer Ideen, die museale Wiederbelebung
romantischer Themen und Leitmotive. Die respektlose Verschränkung großer, romantischer Topoi wie Liebe, Tod, Natur
und Religion mit banalen Sachverhalten aus den neunziger Jahren des zwanzigsten Jahrhunderts erfüllen beide, die Gegenwart
und die Vergangenheit, mit neuer Bedeutung und Vitalität. So
gewinnt das kindische Postspiel mit seinen Magiern und Schutz-
befohlen, das zwei Pennäler im Zug veranstalten, vor dem Hintergrund von Johansers Allmachtsphantasien, dem vielzitierten
Thanatosmotiv und dem Wächter des Schattenreichs eine tiefe-
re Qualität. Und natürlich läßt sich Krausser die Gelegenheit
nicht entgehen, an entsprechender Stelle durch Stilmischung
und Verschränkung von Gegenwart und Vergangenheit beißen-
den Spott zu erzeugen: „Man konnte Grashalme zählen oder
freischwebende Sterne. Zur Alternative stand ein Film mit
Schauspielern, deren Künstlernamen Eistee und Eiswürfel laute-
ten. Dennoch waren sie weltumklammernde Idole dieser Zeit."
Johanser ist ein anachronistischer Mensch und hält seiner Zeit
den Spiegel vor.

Die deutsche Literatur- und Philosophiegeschichte wird zur
Folie für den bundesrepublikanischen Alltag in der Hauptstadt
und auf der Schwäbischen Alb. Im Mittelpunkt steht Johanser,
der, am Rande der Gesellschaft, die Hölle im Menschen erlebt
und dem die Rettung durch andere versagt bleibt. Sein Scheitern nimmt er selbst vorweg, es ist Voraussetzung seines Daseins,
Inhalt aller Erinnerung: „Buckelt nicht heute noch die Kunst jenem Prinzip – jedes stilvolle Scheitern ödem Gelingen vorzuzie-
hen – hinterher?" „Thanatos. Das schwarze Buch" ist stilvolles
Gelingen, seine Fragmente wirken nach im Kopf des Lesers.
Denn keines seiner zahllosen Motive bleibt im Leeren hängen,
kaum eine Spur führt ins Nichts. Und so dekodiert man im Gei-

ste weiter, wo der Text längst ein Ende gefunden hat, versucht (vergeblich) alle Verrätselungen, die Johanser und Krausser uns bescheren, aufzulösen. „Wo gehen wir denn hin?" fragt Novalis im vorangestellten Motto. „Immer nach Hause" – doch ebenso wie Johanser wird der Leser dieses virtuosen Kriminalromans von Schuld und Sühne nie dort ankommen.

Wieland Freund

Ort ohne Ähnlichkeit.
Klaus Böldls „Studie in Kristallbildung" (1997)

Eine fast verlorene Bemerkung, dabei so merkenswert. Roald
Amundsen hat sie gemacht, als er schrieb über den Moment seines Aufbruchs zum südlichen Pol: „Das letzte was ich sah, als wir
auf dem Bergrücken landeinwärts zogen und alles Bekannte hinter uns verschwand", schreibt er in „Die Eroberung des Süd-
pols", „war der Kinematographenapparat." Keine Bilder, heißt
das, vielleicht: keine Erinnerung, jetzt, oder später. Nichts, was
sich vor die Wirklichkeit schiebt jedenfalls: Das Eis ist ein Ort
ohne Ähnlichkeit. Nichts erinnert an etwas. Keine Vergangenheit
holt hier die Gegenwart ein. Und wird man die eigene Erinnerung auch nicht los, am Ende, hier gemahnt immerhin nichts an
sie. Das Eis ist ein Ort der Auslöschung: der Erinnerung und
dann, vielleicht, des Ich, das ohne sie nicht besteht. „Mazzini,
ein zweiunddreißigjähriger Wanderer", schreibt Christoph
Ransmayr in seinem ersten Roman „Die Schrecken des Eises und
der Finsternis" (1984), „ging im arktischen Winter des Jahres
1981 in den Gletscherlandschaften Spitzbergens verloren." Nur
für den, der den Abgang des Alten übersteht, ist das Eis ein Ort
des Neubeginns. Es macht frei von aller Ähnlichkeit, es *be*freit
von Bildungen und Abbildungen. „So könnte man vielleicht
ganz neu anfangen mit sich", sagt Dr. Rask in Klaus Böldls „Studie in Kristallbildung" (1997), „inmitten von Gegenständen,
die an nichts erinnern und die scheinbar keine Bedeutung haben."

Am „Hintern Grönlands" ordnet Klaus Böldl, selbst ein

Grönlandreisender im Jahr 1993, seinen Versuch an. Der Schauplatz seines Romans, ein kleiner, namenlos bleibender Ort, bietet ein Hotel, ein Altenheim, einen Imbiß, einen Abgeordneten, einen Hubschrauberlandeplatz, ein einziges Taxi und keine Idylle. Die soziale Not und Ausweglosigkeit der Angestammten verschweigt Böldl nicht, sie ist aber auch nicht das Thema seines Romans. Die moderne Welt hat den beschriebenen Ort lange erreicht. Mit den Touristen, mit den Bildern vor allem, allesamt Ähnlichkeiten ohne Original: „Manchmal", so beschreibt der Erzähler Johannes Grahn seine Zusammenkünfte mit Dr. Rask, „setzen wir uns auch zu den anderen Alten hinunter in den Fernsehraum. ... Keiner von den Alten hat von dem, was ihnen da tagtäglich erzählt wird, jemals etwas mit eigenen Augen gesehen." Den Bildern aber zum Trotz: Noch überwiegt dort im hohen Norden der gewaltige Eindruck der Landschaft. Die Kulisse macht den Ort zum geeigneten Fluchtpunkt: „Der Anblick der Packeismassen erweckt den Eindruck einer grenzenlosen, ungeordneten Fülle, in der man den kleinen Organismus, der man selbst ist, kaum mehr vorkommen spürt", lautet ein Eintrag Grahns in das erste der beiden Wachstuchhefte, die zusammen, der Erzählerfiktion zufolge, den Roman ergeben.

Der könnte sehr wohl ein Kriminalstück sein. Es gibt zwei Tote. Agnes, eine ehemalige Geliebte Grahns, stirbt einen genau so unerklärten Unfalltod wie im weiteren Verlauf des Romans die kleine Tochter des Abgeordneten Aqqalu. Zudem sucht Agnes' Bräutigam Grahn auf, und Grahns Verhalten angesichts des zweiten Todesfalls scheint merkwürdig, zumal sein ständiges Kreisen um die eigene Vergangenheit ihn dem Leser bereits verdächtig gemacht hat. „Mir ist durch den Kopf gegangen, daß zu jeder Angst Anlaß besteht, daß die Ängstlichen immer recht haben, zuletzt", heißt es einmal. Das leise Versprechen einer Kriminalhandlung aber wird nicht erfüllt. Die vermeintlichen Morde erscheinen als Maskeraden des Romans. Wie sein Erzähler Grahn tarnt sich der Text mit der Wollmütze und der Sonnenbrille des Täters. Geklärt aber wird nichts. Zumindest in diesem Punkt also, dem Verdacht, den der Erzähler gegen sich und seine möglicherweise dunkle Vergangenheit schürt, ist Johannes Grahns Projekt der totalen Gleichzeitigkeit mit sich selbst gelungen. Die Vergangenheit scheint abgestreift.

Denn darum geht es: Johannes Grahn, ein verhältnismäßig junger Deutscher, der studiert hat und einmal viel geschrieben, ist auf dem Weg in seine Gegenwart. Vor seinen Erinnerungen, ihren Bildern, vor den Zusammenhängen, die er vormals herbeigeschrieben hat, ist er geflohen. „Ich habe", so beschreibt er seinen Zustand vor der Ankunft am Schauplatz des Romans, „mir überhaupt nie etwas vorstellen können, was ich nicht schon einmal gesehen habe, Neues mit quälender Deutlichkeit immer nur als Modifikation des vorher schon Gewesenen erleben können." Worunter er litt, das kann er nun bei den Touristen beobachten, die er, in seiner neuen Rolle als Hoteldiener, vom Hubschrauberlandeplatz zum Hotel fährt. „Die Menschen, die hierher kommen, sind irritiert und abgestoßen davon, daß die Landschaft, das Dorf, die Physiognomien der Dorfbewohner sie an nichts erinnern. Die Menschen in den zivilisierten Gebieten sind an Spiegelungen gewöhnt, an ein System von unendlichen Spiegelungen, in denen sie sich begegnen und wiederfinden. ... Die Landschaft hier wirft jedoch nichts zurück. Sie läßt den Menschen stehen, so wie er ist. Deshalb machen sich manche Leute gewaltsam daran, die für sie so notwendigen Ähnlichkeiten, Zusammenhänge, Vertrautheiten herzustellen." Grahn beobachtet diese Menschen, von denen er sich losgesagt hat, dabei, wie sie einen Gedenkstein für Fridtjof Nansen photographieren, „denn Spuren von Biographien finden sich hier sonst nicht". Für Grahn selbst aber ist Amundsens Kinematograph immer noch zurückgeblieben. Erinnerungen suchen ihn zwar heim, nicht aber mehr als seine: „Die Identität mit demjenigen, der ich in meinen Erinnerungen bin, hat sich längst verloren." Seinen Lebenslauf ist er losgeworden. Er hat den Touristen eines voraus: „Ich wünsche mir keine Biographie." Dafür zahlt er den Preis der Isolation. Grahn zitiert aus einem Buch, das Dr. Rask ihm geschenkt hat, „Ansichten von der Nachtseite der Naturwissenschaft" ist es betitelt: *„Das Sehen",* steht dort, *„ist mit Recht ein Selbsterleuchten*

des Auges genannt worden, welches mithin blos durch die Eigen-
schaft des Leuchtens mit der Außenwelt in jene Beziehung tritt,
die wir Anschauen nennen ...". Während die Touristen vor Ort
sich stets in leuchtende Farben kleiden, tragen Grahn und sein
Mentor Rask immer gedeckte Töne. Signale in die Außenwelt
senden sie nicht, so scheint es.

Doch Grahn ist bereits abtrünnig. Er sendet. Am Ort ohne
Ähnlichkeit schafft er schreibend ein Ähnliches: „Ob nicht durch
das Beschreiben, das ja ein willkürliches Beschrieben ist, eine
wenn auch nur für mich erlebbare Irritation in alle diese Abläufe
gerät? Etwas, das man sich so ähnlich vorstellen muß wie den
Sturz der Zeichentrickfiguren erst in dem Moment, als sie den
Abgrund unter sich bemerken?" Es ist der Text, der das Projekt, das er beschreibt, gefährden könnte. Dieses Projekt aber ist
mit der Eroberung der eigenen Gegenwart durch die Abkehr
vom Alten noch unzureichend beschrieben. Denn Grahn vertei-
digt sein Jetzt und Hier sowohl gegen die Vergangenheit als auch
gegen die Zukunft, die in der modernen Welt eine immer schon
erlebte zu sein scheint und immer drängt. Gegen die stete Be-
schleunigung in der Zivilisation aber stellt Johannes Grahn wie
sein literarischer Verwandter John Franklin aus Sten Nadolnys
Roman „Die Entdeckung der Langsamkeit" (1983) ein Konzept
der Entschleunigung. „Mein Verbrauch an Zeit ist gering", sagt
er. „Meine Tage sind die langsamsten, die sich denken lassen."
Weder Vergangenheit noch Zukunft, weder Erinnerung noch
Sorge bedrängen ihn so: „... der gerade stattfindende Augenblick reicht immer von einem Horizont zum andern." So erst
wird jene Wirklichkeit möglich, die Grahn sucht, eine Wirklichkeit ohne Ähnlichkeit, ein Original.

Auf der Suche aber droht Grahn sich selbst zu verlieren. Zu
oft gleicht sein Neuanfang einer Auslöschung, und die Warnun-
gen seiner grönländischen Bezugspersonen werden immer lauter.
Es heiße, Grahn sei „in Wirklichkeit jemand anderes". So gibt
der resignierte Koch Larsen das Gerede der Dorfbewohner wieder. „Aber du selbst weißt, wer du bist." So versteckt Aqqalu
seinen Zweifel in einer Aussage. Und Dr. Rask, selbst seit einem

halben Jahrhundert auf der Suche nach der Wirklichkeit, formuliert am deutlichsten: „Vielleicht werden Sie darum kämpfen müssen, weiterhin Johannes Grahn zu sein." In seinem Versteck, mit der geborgten Identität eines Hoteldieners, würde Grahn diesen Kampf verlieren, und seine grönländische Reise bliebe eine weg wohin. Erst mit der Einsicht „Für mich aber wird es nicht so weitergehen" hat Grahn tatsächlich seine Wirklichkeit erreicht. Er wird abreisen und verändert in seine Gegenwart zurückkehren. Er wird zur Welt kommen, nachdem er aus der Welt kam. Wie seine Rückkehr aussehen könnte, das schildert dann Böldls Erzählung „Südlich von Abisko" (2000), die sehr wohl auch „Südlich von Grönland" betitelt sein könnte. Für die „Studie in Kristallbildung" aber gilt: Was sich zunächst als Auslöschung tarnt, ist das Projekt einer Selbstvergewisserung am Ende. Grahn hat gelernt, was der Klang seines Namens verspricht: die Wirklichkeit fein zu wiegen.

Winfried Freund

„Lust auf Schönheit …".
Helmut Kraussers „Der große Bagarozy" (1997)

Eine Psychiaterin, die sich in ihrem gleichförmigen Ehe- und Arbeitsalltag eingerichtet zu haben scheint, ihr Mann, unter Herzinsuffizienz leidend, der Nachrichten von abstrusen Todesarten sammelt, ihr Klient, der vorgibt, der Teufel zu sein, und eine bei Handlungsbeginn längst tote, aber dennoch merkwürdig lebendige berühmte Opernsängerin bilden das bizarre Quartett in dem 1997 erschienenen Roman „Der große Bagarozy" von Helmut Krausser. Zusammengedrängt auf ein knappes halbes Jahr, entfaltet sich eine skurrile Handlung mit verwirrenden Folgen. Wie ein Meteor schlägt Stanislaus Nagy, der teuflische Patient, ein in das Spießerdasein mit Reihenhaus, doppeltem Einkommen und strikter Verhütung. Nicht der Patient, sondern seine Ärztin scheint therapiebedürftig. Das erlesene, aber leblose Ambiente ihrer Wohnung, die viel zu langen Wochenenden, über die man sich krampfhaft „hinwegamüsieren" muß, und das in Schablonen ablaufende Leben mit ihrem Mann, alles ist von grenzenloser, krankmachender Öde. „Ihr Sexualleben überließ sich Momenten, da ein Hormonhoch des Gatten auf eigene Lust traf, Konstellation von erlesener Seltenheit."

In der personalen Erzählperspektive von Cora Dulz, der Ärztin, erhält der Leser Innenansichten einer zunehmenden freudlosen Verödung, aber auch eines sich immer stärker äußernden, letztlich indes folgenlosen Unbehagens. Zunächst noch mit berufsmäßiger Routine den Erzählungen ihres neuen Patienten zuhörend, fühlt sie sich schon bald eigentümlich fasziniert von seiner Begeisterung für die Opern-Diva Maria Callas, die ihm, nachdem er ihre Stimme vom Band, „so zauberhaft, unsagbar, gewaltig", gehört hat, während der Party zu seinem zwanzigsten Geburtstag leibhaftig erscheint und alles was ihn umgibt, den small talk und die „Stampfmusik," unsäglich banal und geisttötend erscheinen läßt. Nun nach genau zehn Jahren hat sich die Erscheinung wiederholt, und wieder ging für Nagy ein wunderbarer Zauber von der Sängerin aus, deren Stimme sein Gehirn durchleuchtete mit „einer Sonde aus Licht und Klang."

Nagys Begeisterung für die Schönheit vollendeter Kunst beginnt die Wahrnehmungs- und Verhaltensweisen der Ärztin zu okkupieren. Der begeisterte Erzähler weckt plötzlich Erinnerungen in ihr an ein Renaissance-Porträt einer der Medici, vielleicht Lorenzos des Prächtigen, der Musik und bildende Kunst förderte und selbst dichtete. Eine große Lust überkommt sie, aus dem Alltagskorsett auszusteigen, Freude darüber, sich einfach dem Zufall hinzugeben und unvoreingenommen zu genießen.

Bei einem Abendbummel mit Nagy entdeckt sie in einem Geschäft eine Spieldose mit einer „Ballettnymphe in Spitzenschuhen mit weißem Tüllrock", dasselbe Modell, das als Kind über ihrem Bett gehangen hatte und dessen Melodie aus Adams „Postillon von Lonjumeau" sie regelmäßig ins „Reich des Morpheus" führte, in „das man nicht abtauchte, sondern sich hinaufwand". Auch hier offenbart sich das Schöne in bezauberndem Kostüm als Bühnenspiel, getragen von der Musik, eine Welt, in die sich der Einschlafende hinaufträumt. Das Schöne erschließt sich nicht dem, der sich betäubt und fallen läßt, sondern allein dem, der sich mit gesteigerter Sensibilität öffnet für das Geistige jenseits des Banalen und dumpf Sinnlichen.

Doch Cora, nachdem Nagy sie durch Einschlagen der Schaufensterscheibe in den Besitz der Spieldose gebracht hat, verlangt es ausschließlich nach Sexualität. Das Schöne bleibt ihr ebenso verschlossen wie die Gründe, die Nagy zu ihr geführt haben. Nicht Sex sucht er bei der Ärztin, sondern die Möglichkeit zu geistig-seelischer Darstellung dessen, was ihn erfüllt. In der Begegnung mit der Seelenkundigen will er sein Herz ausschütten,

seine Seele offenbaren, dem Schönen, das sein Leben allein le-
benswert macht, erzählend Gestalt geben. Doch für Cora, längst
versackt in ihrem Alltag, führt kein Weg zurück in die Kindheit
und ihre Träume. Mißversteht sie Nagys Anliegen zunächst vordergründig als üblichen Therapieauftrag, so verwechselt sie später, als sie ihre Praxis zu vernachlässigen beginnt, die Lust auf
Schönheit mit bloßer sexueller Begierde. „Ihre Selbstdisziplin
schwand, machte hemmungsloser Geilheit Platz."

Nagy ist für sie der neurotische Rollenspieler, den sie letztlich
akzeptiert, weil sie ihn sexuell attraktiv findet und ihn begehrt,
eine willkommene Gelegenheit, ihrem tristen Ehealltag mit dem
herzkranken Mann in einer Affäre zu entkommen. Seine Geschichten bleiben ihr fremd, ohne Verständnis und Glauben
steht sie der Sehnsucht nach dem Schönen und der wahren Liebe, dem tiefen Kunsterleben gegenüber. „... ihre Stimme war
die zum akustischen Phänomen abstrahierte Liebe, die Essenz
..." Nagy erzählt die Geschichte seiner Begeisterung für die Callas, seine Hingabe an das Schöne, an das in der Kunst Vollendete
ausschließlich in der Form der direkten Rede. Doch alles, was er
erzählt, wird durch die dominante personale Perspektive der
Ärztin gebrochen, ins Unglaubwürdige, Phantastische hinüber-
gespielt. Cora vertritt den Durchschnittsbürger, unfähig zur Begeisterung und ohne Sinn für die Schönheit, allein auf die Befriedigung vordergründiger Bedürfnisse aus. Sie ist die nicht ohne
Augenzwinkern aufgestellte Falle, in die der Leser tappt, der ihr
recht gibt, eine ironisch heimtückische Bestätigung des Spießers
und seines notorischen Unglaubens für alles, was nicht in seinem
eingezäunten Dasein Platz hat.

Die Callas aber „wohnt bei den Bildern, in einer Halle hinter
der Sehnsucht". Der Teufel, für den Nagy sich ausgibt, ist der
unter die stumpfsinnigen und geistlosen Menschen gefallene
Engel, dessen Ahnung ihn aber, „in einer Schneise aus Bernstein
und Gold", zurückträgt in die Zeit, als er „noch Flügel besaß".
Die Callas, die faszinierende Macht ihrer Stimme, ließ die Erinnerung an die einstige goldene Zeit übermächtig werden. „Nie
vorher hatte ich meiner Lust auf Schönheit soviel Auslauf ge-

gönnt." „Auch das Schöne muß sterben!" Die tragische Erfahrung Schillers bleibt auch Nagy nicht erspart. „Daß sie ein
Mensch war, starb und mir entglitt, das zerrt und reißt an mir,
ist mein Trauma."

Im Grunde ist jeder, der wie der Platensche Tristan „Schönheit angeschaut mit Augen", der aus allen Himmeln gefallen ist
und sich wiederfindet in einer Welt des Banalen, Mißgünstigen
und Zerstörerischen, ein armer Teufel. Das Bild des Ewig-
schönen vor Augen, erlebt er dessen Flüchtigkeit im irdischen
Rahmen und die endlose Gegenwart des Häßlichen, zu dem er
verdammt ist, um so schmerzlicher. Die Oper wird Nagy zum
Schauplatz des erfüllten, aber auch gefährdeten Daseins. Liebe
und Haß, Tod und Leben stehen sich auf der Bühne in harten
Kontrasten gegenüber. Der Vorhang fällt, wenn die Tragödie
sich erfüllt hat und die Liebe und das Schöne ausgelöscht sind.
In seiner Vorstellung beschwört Nagy die junge Callas, die auf
dem Balkon, noch in ihrer griechischen Heimat, die Tosca sang,
ihr „Vissi d'arte", „ Nur der Schönheit weiht' ich mein Leben",
und er ihr über die Dächer als Cavaradossi antwortete. Doch die
Liebesgeschichte endet tragisch wie auch in Verdis Aida. Der al-
ternden Callas, die die Aida, bevor sie ihre Stimme verlor, so
unvergleichlich gesungen hatte, stellt sich Nagy als Radames an
die Seite. Zitiert wird aber nun das Schlußduett, in dem beide,
lebendig begraben, sich unter der Erde wiederfinden. „Tutta e
finita sulla terra per noi?" Auf die Frage der Callas in der Rolle
der Aida antwortet Nagy/Radames bestätigend: „E vero." In
der Tat ist der Traum von der Schönheit angesichts des Nieder-
gangs der Callas ausgeträumt. Begraben scheinen alle Illusionen
vom letztlichen Triumph der Kunst über die Banalität und Hin-
fälligkeit des Lebens. „Sobald die Schönheit unwiederbringlich
zerstört, das Spielzeug kaputt war, zeigte sich, daß das Spiel als
solches ausgedient hatte."

Was Nagy bleibt, ist, der „mythologischen Schönheit" nach-
zutrauern, das „Gesamtkunstwerk, das jeden Makel abgelegt
hatte", in der Erinnerung wachzuhalten. Auf einer Gefriertruhe
in seiner Wohnung türmt sich ein halbmeterhohes Wachsmassiv,

ein Altar, auf dem eine Kerze brennt im Angedenken an die
Schönheit, die einmal war. Später erfährt der Leser, daß in der
Truhe ein steifgefrorener weißer Pudel liegt, wie die Callas einen
besessen hatte neben einem schwarzen, den sie Toy, ihr Spielzeug, nannte und in dem Nagy sich als des Pudels Kern selbst
sieht. Klingt doch der Name wie die erste Silbe im Wort Teufel.
Der weiße Pudel, der starb, als die Callas mit dem Verlust ihrer
Stimme die tödliche Krise ihres Lebens erlitt, steht für die helle,
die göttliche Seite des Lebens. Mit seinem Tod scheinen alle Er-
füllungshoffnungen zu Grabe getragen. Zurück bleibt der
schwarze Pudel, der gefallene Engel, die dunkle Seite des Lebens. Eingesargt und erstarrt ist, was dem Dasein allein Erlösung
verheißen könnte.

Nagy entschließt sich, „Mensch zu werden," die Existenz des
gefallenen Engels abzulegen, zu altern in der Gewißheit des Un-
wiederbringlichen und wie „ein schöner Sonnenuntergang"
selbst unterzugehen. Als der „Große Bagarozy", als Illusionist,
der andere ins Reich der Illusionen führt, will er sich selbst und
seinen Lebenstraum desillusionieren. Mit Bedacht gewählt ist
der Name. Bagarozy, ein „Selfmadeagent" und „windiger Phan-
tast", der versuchte, mit der Callas ein Turandot-Projekt zu rea-
lisieren und kläglich scheiterte. Der abgedankte, gefallene Engel
schlüpft in das Kostüm eines Schwarzkünstlers und Gauklers.
Der Varieté-Nightclub, in dem er auftritt, ist ein billiger Ani-
mier- und Amüsierbetrieb, sein Name „Alhambra" verweist auf
das Kalifenschloß in Granada, Stätte einstiger lebendiger Pracht-
entfaltung, eine nostalgische Kulisse. Die Spelunke mit dem Namen des Schlosses ist sein verkommenes Zerrbild, ein Ort, wo
die billigsten Konsumbedürfnisse bedient und befriedigt werden, ein Abbild des Lebens. Es ist, als ob der von der Kunst und
der Schönheit Erfüllte durch die grausame Konfrontation mit
kruder Wirklichkeit sich in einem Akt der Selbsthinrichtung alles Erlesene und Begeisternde aus dem Herzen reißen wollte.

Doch das Verlangen nach dem Schönen läßt sich nicht verdrängen. Cora Dulz ist es überraschenderweise, die den großen
Bagarozy bei einem seiner Auftritte bei ihrem Anblick scheitern

läßt. Ihre sich immer hemmungsloser äußernden Sex-Wünsche,
vor allem aber ihr Unglaube, ihre Unfähigkeit, Schönheit als den
einzig lohnenden Lebenssinn zu begreifen, lassen ihn zurückfin-
den zu seinem Traum. „Und wenn es so wäre, daß ich wahnsin-
nig bin, daß eine Welt in mir ist, die der deinen nicht gleicht –
wenn es so wäre, wenn alles um mich her riefe: ES IST NICHT
WAHR! DU BIST KRANK; WIR SIND GESUND! Worin
läge solcher Gesundheit Reiz? Wo deren Schönheit?" Nagy
bleibt der Poet, der Anwalt des Schönen, seine Erzählungen sind
Poesie von der überlegenen Wahrheit des Möglichen angesichts
einer trivialen, stupiden Wirklichkeit. „Schauen Sie sich all die
Menschen an. Verlangen vom Leben nichts, was nicht mit einem
vollen Magen, einer schönen Wohnung und drei Orgasmen pro
Woche abgeleistet wäre. Hinzugerechnet Gesundheit, später
Tod und ein gutes Fernsehprogramm."
  Doch Cora begreift nichts. Die Dürftigkeit von Nagys äuße-
ren Lebensumständen versteht sie als zwanghaften Anstoß, sich
eine „Zweitwelt" zu schaffen, statt darin souveränes Desinteresse dem Schein gegenüber zu sehen, den andere für das Sein halten, so wie sie selbst in ihrer sorgfältigen Gestaltung ihres Wohn-
ambientes. Als Nagy ihr Verdis „Maskenball" vorspielt und ihr
den Titel nennt, mißversteht sie diesen als Metapher für das Leben, statt die Oper als Offenbarung des wahren Lebens zu begreifen. Für sie steht Nagy als begnadeter Schauspieler im Fik-
tionsraum der Bühne, während sie sich selbst als Publikum der
realen Welt zuordnet. Doch sie ahnt nicht, daß im fiktiven Sein
des schönen Ideals mehr Wahrheit ist als in ihrer realen Schein-
welt. Nagy, der letztlich unbeirrt und ungebrochen seine Beken-
nermonologe spricht, ist für sie unerreichbar. Die Diskrepanz
zwischen dem, was sie in ihren Worten vorgibt und was demgegenüber die Inneneinsichten zu erkennen geben, offenbaren ihre
Halbherzigkeit, ihre Daseinslüge und ihre Verstrickung in die
Banalität. „Dein Körper ist ein Massengrab verschenkter Möglichkeiten, erstickter Träume", rechnet Nagy mit ihr ab, „ohne
Sauerstoffmaske gar nicht begehbar, selbst dann nur mit Ekel!"
Im Modell von Spieler und Gegenspieler behält der gefallene

Engel die Oberhand über den Menschen, der glaubte, uner-
schütterlich auf dem Boden seiner Wirklichkeit zu stehen, einer
Wirklichkeit, die sich jedoch am Ende als verwundbar und hinfällig erweist.

Mit der Pistole Nagys erschießt Cora ihren Mann Robert, um
Rache zu nehmen, indem sie den Verdacht auf den lenkt, der sie
tödlich beleidigt hat. Im Grunde aber vollzieht sie nur das von
Nagy ausgesprochene Todesurteil über eine dekadente Welt, die
der an Herzinsuffizienz leidende, Todesarten sammelnde Robert stellvertretend repräsentiert. Der Fangschuß aus Nagys Pistole liquidiert eine geistlose und kunstlose Pseudowirklichkeit.
Cora, ihre Scharfrichterin, ist Triebopfer und willenloses Werkzeug einer Tötung partis pro toto.

Die Fahndung nach Nagy bleibt erfolglos. Der Beamte begegnet lediglich einem Pudel, der „mit der Schnauze den Knopf
fürs Erdgeschoß" drückt. Anspielend auf ein Motiv in dem Film
„Angel Heart" (1987), überführt Krausser die Fiktion spiele-
risch in die Wirklichkeit. Nicht Coras, sondern Nagys Welt
überlebt als die eigentlich wirkliche.

Nach Wochen begegnet die innerlich zerstörte Cora Nagy,
der sie indes wie eine Leerstelle übersieht, ein letztes Mal. Am
Ufer stehend, blickt er auf einen vorbeischaukelnden Lastkahn
mit einem kleinen Mädchen, das Cora an das „Pettycoat-Mäd-
chen" in Nagys Schublade erinnert. „Das Mädchen war sehr
schön und sehr schmutzig. Nagy verfolgte ihr Vorübergleiten
mit unbewegtem Blick." Das schöne, vorüberziehende Mädchen, greifbar nahe und doch unerreichbar, ist ein romantisches
Motiv par excellence. Durch den Schmutz der vordergründig
wirklichen leuchtet die mädchenhafte Schönheit einer höheren
Welt, die für einen Augenblick in Erscheinung tritt, sichtbar mit
den Augen des Poeten, flüchtig zwar, aber dennoch, über jeden
Zweifel erhaben, präsent. Die Lust auf Schönheit hat nur Augen
für dieses eine Ziel. Der Lastkahn des Lebens mit seiner kostbaren Fracht zieht dahin „in Richtung der Wolkenkratzer" auf der
Route zu einem dem Banalen und Pseudowirklichen enthobenen
erfüllten Dasein, das im sehnenden Schauen Konturen gewinnt.

In Kraussers Roman, einem erlesenen Zeugnis erzählter Poesie, triumphiert das Mögliche über das Wirkliche, das schöne Sein der Kunst über den häßlichen Schein entstellten Lebens. Über die Satire triumphiert in melancholischer Vision die Utopie.

Winfried Freund

„Keine Verstellungen mehr ...".
Doron Rabinovicis „Suche nach M."
(1997)

„... wenn aber du du bist, weil ich ich bin, und ich ich bin, weil du du bist, dann bist du nicht du, und ich bin nicht ich, ..." Ein Rätselspruch aus dem Cheder, der jüdischen Grundschule, wie ein Orakel, zweimal in „Suche nach M.", dem ersten Roman von Doron Rabinovici (geb. 1961), zitiert von den Vertretern der älteren Generation, gerichtet an den Jüngeren, der zu sich selbst finden möchte. Eine rätselhafte Aussage, die Fragen aufwirft, auf die die Personen im Roman Antworten zu geben versuchen, eine Weissagung, die sich im Gewinn der Weisheit erfüllt.

Wie das von Versuchen menschlicher Selbstbehauptung erzählende „Gilgamesch"-Epos in zwölf Tafeln, so ist der Roman in zwölf Episoden eingeteilt, jede mit dem Namen einer Romanfigur überschrieben, jede eine Einzelszene, eine eingeschobene Sprechpartie wie im griechischen Drama, verbunden durch das übergreifende Thema der Selbstfindung. Zwölf ist die Zahl des Auserwähltseins und der Vollkommenheit, zwölf Stunden hat der Tag, zwölf Sternzeichen durchläuft die Sonne in einem Jahr, zwölfmal trägt der Baum des Lebens in der Offenbarung Früchte.

Der Roman handelt von der Suche, die findet, vom Aufbruch, der zum Ziel gelangt, von Menschen, die am Ende mehr sie selbst sind, als sie es am Anfang waren. Doron Rabinovici erzählt in seinem modernen Entwicklungsroman das Abenteuer der Selbstfindung, die alte, immer junge Geschichte von der Suche des Menschen nach sich selbst, geleitet von dem Wunsch, daß sie erfolgreich sein möge.

Erzählt werden vor allem jüdische Schicksale. Da sind die
Vertreter der älteren Generation, traumatisiert von den Judenverfolgungen und der Brutalität der Lager, heimgesucht von
schlimmen Erinnerungen und dem Grauen vor dem Menschen,
in untröstlicher Trauer über die Ermordung naher und nächster
Angehöriger durch die Nazis. Jakov Scheinowiz, selbst Opfer
des Rassenwahns, hat Frau und Kind verloren und ist um eine
glänzende akademische Karriere gebracht worden. In der Verwechslung mit einem andern, in der spielerischen Identifikation
mit dem einstigen Geliebten Tonjas, wie er aus Krakau stammend, die er bewußt irreführt, im Namenwechsel und nicht zuletzt in seinem Traum, in dem er gegen Bezahlung eine falsche
Identität eintauscht, spiegelt sich die Beschädigung seiner Per-
sönlichkeit. „‚Wer ich wirklich bin?' hallte Scheinowiz wider",
nachdem ihn ein alter Freund wissen ließ, daß er damals Tonja
darüber aufgeklärt habe, wer er, Scheinowiz, wirklich sei.
Zwanghaft wirkt die totgeschwiegene Vergangenheit in die Gegenwart hinein und bestimmt das Handeln und Verhalten von
Scheinowiz seinem Sohn gegenüber, den er in die eigene Geschichte verwickelt, indem er versucht, ihn vor ihr zu bewahren.
    Da ist sein alter Freund Leon Fischer aus Krakau, der unter
dem Trauma der Entbehrungen und des Hungerns in der Zeit
der Arbeitslager an einer Beschaffungsneurose leidet, die ihn
zwingt, unaufhörlich Nahrungsmittel zu horten. Tonja Kruzki,
die ihren Mann verlor, deren Tochter Gitta aber die Greuel der
Lager überlebte, setzt alle Hoffnungen auf ihren Enkel. In ihm
soll all das Verlorene wiederauferstehen, alle enttäuschten Hoffnungen sich dennoch erfüllen. Ähnlich traut Mosche Morgenthau, der Mann ihrer Tochter, mit seinem Rückgrat, das sich
unter dem Leidensdruck gekrümmt hat, und seinen Aussagen,
die wie Fragen klingen, seinem Sohn zu, sein Volk für alles zu
entschädigen, was eine menschenverachtende Geschichte ihm
angetan hat. Alle sind gezeichnet vom Stigma einer Vergangenheit, von der ihr Ich besessen ist, unfähig, sich dem Du, auf das
man immer nur die eigenen Obsessionen projiziert, vorbehaltlos
zu öffnen. Ein echter Austausch zwischen dem Ich, das sich in

das Getto der erlittenen Geschichte zurückgezogen hat, und dem Du, das sich nach einer allseits offenen Begegnung sehnt, findet nicht statt.

Zwei Porträts innerhalb des Episodenensembles, auf den ersten Blick isoliert vom Hauptstrang des Erzählens, spiegeln bei näherer Betrachtung die Problematik des bornierten, unter Obsessionen leidenden und handelnden Ichs. Der Umstand, daß in beiden Fällen nichtjüdische Schicksale vorgestellt werden, erweitert das Spektrum pathologischer Identitäten und fokussiert das zentrale Thema.

Handelte sich bisher um geschichtlich bedingte Ich-Bornierungen, so geht es im Fall des Türken Yilmaz und seiner Frau Gülgün um das Ich, das unter ethnischen Zwängen in seiner freien Entfaltung beschnitten wird. Gülgün, in der Türkei europäisch erzogen, sieht sich in Wien all den Zwängen unterworfen, denen sie in ihrer Heimat zu entkommen suchte. Als der Chef ihres Mannes ihr nachstellt und sich mit angeblichen Erfolgen brüstet, ergreift sie anstelle von Yilmaz, von dem nach türkischem Verhaltenskodex Rache erwartet wird, die Initiative und erschießt den ehrabschneidenden Bramarbas. Auch hier ist das Ich nicht frei, sondern Opfer von Bornierungen, die es beschädigen und es zu zwanghaften Handlungen treiben.

Im Falle des Frauenmörders Keysser sind es psychische Obsessionen, die das Ich zerstören. Überwältigt von seiner destruktiven Triebenergie, scheinen dem Triebtäter alle Wege zur Selbstfindung verschlossen. Erzählerisch sind beide Fälle durch die Figur Dani Morgenthaus, des Sohns Gittas und Mosches, und des Enkels Tonjas mit der Haupthandlung verbunden. Ist Dani im ersten Fall einer der Geschworenen im Prozeß gegen Yilmaz, so tritt er im zweiten als der geheimnisvolle Mullemann auf, dessen Identität unter zahllosen Mullbinden unkenntlich geworden ist und der alle Schuld, selbst die des Frauenmörders, auf sich nimmt. Die Suche nach M. scheint sich in Anspielung auf Fritz Langs berühmten Film „M" (1931) zur Suche nach einem mysteriösen Mörder zu entwickeln.

Mit seinem „Ich war's. Ich bin schuld. Ich hab's getan" erklärt er sich für alles verantwortlich, was die Menschen einander antun. Er ist der Schmerzensmann und der Sündenbock, beladen mit aller Schuld der Welt, Opfer und Täter in einer Person. Die Geschichte seines Vaters: „Es war einmal ein kleiner Junge, und der hieß Dani", die nie über diesen Anfang hinauskommt, weist bereits dem Heranwachsenden seine Rolle zu. Auferlegt ist ihm, die Sehnsüchte und Wünsche der frustrierten Vatergeneration zu erfüllen. Als Du ist er ausschließlich Projektionsfigur der beschädigten Ich-Identitäten der Älteren, Erfüllungsgehilfe ihrer Kompensationsbedürfnisse, die sein Ich überdecken wie die Verbände über seinem heillos sich ausbreitenden, rätselhaften Hautausschlag.

Phantastisch ist seine Fähigkeit, Verbrechen, ohne sie selbst begangen zu haben oder Zeuge gewesen zu sein, zu erahnen und sie bis ins Detail zu beschreiben, eine Gabe, die ihn zum stets erfolgreichen Spürhund der Polizei und zum Stolz seiner Eltern werden läßt. Auf dem tiefsten Punkt seiner Ich-Krise ist er nur noch Medium fremder Gewalt. Ohne ihn selbst zu kennen, porträtiert ihn der Maler Otto Toot in der Gestalt des Ahasver, des ewigen Juden, Sinnbild für das Leiden des Menschen in einer leidvollen Welt, auf dessen Schultern der Fluch eines unerlösbar tragischen Daseins lastet.

In der Romanstruktur selbst spiegeln sich die Verworrenheit und die Bedrohlichkeit des Lebens in der Verknüpfung phantastischen Erzählens mit den Erzählmustern des Krimis, des Horrorromans und des Agententhrillers um einen einstigen Nazispitzel und einen bulgarischen Spion und Bravo. E- und U-Literatur verbinden sich zur Abbildung einer chaotisch heillosen Welt.

Antipode und Leidensgenosse Danis ist Arieh, Sohn von Jakov Scheinowiz. Von seinem Vater dazu erzogen, sich niemals schlagen zu lassen, entwickelt er ein untrügliches Gespür für die Täter, indem er, einmal auf sie angesetzt, deren Aussehen und Verhalten instinktiv zu kopieren beginnt und so auf ihre Spur gelangt. Nach seiner Übersiedlung nach Tel Aviv nutzt der israelische Geheimdienst Ariehs phantastische Fähigkeiten im Aufspüren von Terroristen, die er regelmäßig ans Messer liefert.

Ähnlich wie Mullemann unter seinen Binden wird auch Arieh in der Identifikation mit den Tätern unkenntlich. Auch er ist nur noch das, was man aus ihm gemacht hat, ein Du ohne eine wirkliche Ich-Identität, eine Figur in einem monströsen Agententhriller. Wie sein Vater stellt er sich vor, gefälschte Identitätspapiere einzuhandeln, und wie jener stellt er die Frage nach sich selbst: „‚Wer ich bin‘, sprach Arieh tonlos nach und wiederholte den Satz als Frage: ‚Wer bin ich?‘" „Das mußt du selber herausfinden", antwortet ihm der alte Leon Fischer.

Bei der Verfolgung eines Terroristen, den er beim Spiel mit seiner Tochter erlebt, erfährt Arieh eine grundlegende Wandlung. Plötzlich geht ihm auf, daß er sich selbst fortwährend hinter den Tätern nur verbirgt und an ihn gestellte Erwartungen zwanghaft erfüllt. Erst das persönliche Erweckungserlebnis macht ihn fähig, sich seiner Frau Navah und seiner Tochter Jael gegenüber zu öffnen, eine echte Ich-Du-Gemeinschaft zu begründen, nachdem er Zugang gefunden hat zu seinem unter Fremdeinfluß verschütteten Ich.

In der zwölften Episode entwickelt sich Arieh zum eigentlichen Initiator. Alles kommt darauf an, auch Dani zu erlösen, den er aus Jugendtagen kennt und der als Mullemann ihm die eigene Täterschaft bewußt gemacht hat. In seinen Briefen an den Freund, wie er ihn nennt, rät er ihm, die Verbände, hinter denen er sich verbirgt, abzustreifen und zurückzukehren zu Sina Mohn, bei der er vorher schon ein kurzfristiges Glück genossen hatte, begleitet von einer deutlichen Besserung seiner rätselhaften Wunden. „Sie ist die einzige, die Dich meint, die nicht Mullemann bestaunt ... Du solltest bei ihr untertauchen, solltest Mullemann abwerfen, Dich entpuppen." Aus der Puppe wird sich der schöne Schmetterling, das Ich entwickeln, das aus eigenem Antrieb handelt. Zum Kind, das aus solcher Verbindung hervorgehen sollte, kann er sich dann in der Tat bekennen und sein „Ich bin's" mit vollem Recht erklären.

Am Schluß verläßt ein Vermummter das Gefängnis von Berlin-Moabit. Mullemann macht sich auf zu Sina, um dort endgültig seine Vermummung abzuwerfen und wie Arieh in der Zuwen-

dung zum Du sein unverfälschtes Ich zu entdecken. Phantasti-
sches Erzählen, die Erzählmuster des Krimis und des Thrillers
und mit ihnen die schlimme, heillose Welt machen am Ende
dem erfolgreichen Entwicklungsroman und einem ganz persönlichen Glück Platz. In der erfüllten Liebe von Arieh und Navah
und in der sich noch zu erfüllenden Liebe von Sina und Dani findet sich das Ich im Du und das Du im Ich. Die Suche nach M.,
nach mir, nach dem Menschen, der im anderen aufersteht, indem er sich selbst fallen läßt, ist am Ziel ... wenn aber du ich
bist, weil ich du bin, und ich du bin, weil du ich bist, dann bist
du ich und ich bin du ...

Kersten Knipp

Aber die Zeit trägt ein buntes Gewand.
Thomas Hürlimanns „Der große Kater" (1998)

Die Autorintention ist der Literaturwissenschaft ein verdächtiges Subjekt. Welche kunstlosere Hermeneutik als die, den Autor beim Wort zu nehmen, ihn nicht gegen ihn selbst zu lesen, im berühmten Spiel der frei flottierenden Signifikanten nicht den uneinholbaren Bedeutungsüberschuß seines Werks zu feiern? Dreißig Jahre nach Geburt des Poststrukturalismus und ein knappes Jahrzehnt nach seinem schleichenden Tod gilt es nach wie vor als hoffnungslos naiv, dem Autor seine Intentionen vorbehaltlos abzukaufen. Schließt der Kritiker dann noch vom Autor auf den Menschen, muß er um seinen Ruf bangen.

Und doch: Leben und Werk des Schweizer Autors Thomas Hürlimann schreien geradezu nach ihrer Psychologisierung – zumindest auf den ersten Blick. Denn an Hürlimanns Büchern läßt sich in schönster Deutlichkeit die rezeptionsästhetische These vom befreienden Potential der Literatur überprüfen – eines Potentials allerdings, das keine konkreten Rezepte bereithält, sondern sich damit begnügt, der Wirklichkeit zumindest eine Ahnung von alternativen Welten gegenüberstellen zu können. Literatur, schrieb etwa der Anglist Wolfgang Iser, verheiße vor allem, „sich auch einmal zu anderen Bedingungen haben zu können als zu denjenigen, in denen man im Leben befangen ist". Inwieweit überwindet Thomas Hürlimann diese Bedingungen? Verwandelt er nur die des privaten Lebens? Oder geht er darüber hinaus, bis an die Wurzeln der Gesellschaft? Der Roman

„Der große Kater" hat in dieser Hinsicht große Erwartungen geweckt.

Am Anfang von Hürlimanns Œuvre steht ein Schicksalschlag: der Tod seines Bruders Matthias, der 1980, im Alter von zwanzig Jahren, an Rückenmarkkrebs starb. Diesen Tod hat sich der Autor schon in seinem Prosadebüt „Die Tessinerin" (1981) zum Thema gemacht, übertrug ihn dort allerdings noch auf eine weibliche Protagonistin. Erst 1989, in der Novelle „Das Gartenhaus", griff er den Tod des Bruders direkt auf, zeigte allerdings nicht dessen qualvolles Sterben, sondern die Trauer der Eltern nach dem Ableben des Sohnes. „Jung war sein Sohn gestorben", hebt die Novelle mit der Beschreibung des leidenden Vaters an, „noch vor der Rekrutierung." Und dann, fast im direkten Anschluß, die Perspektive beider Eltern: Sie „fühlten sich schuldig, sie waren alt, und ihr Sohn, der einzige Sohn, war vor ihnen gestorben." Der Sohn bleibt in der Novelle ohne Namen, und dies aus gutem Grund: Was zählt, ist seine Rolle: eben die, ein Sohn zu sein, derjenige, dem die Eltern das Leben und alle ihre Hoffnung schenkten. Der Tod dieses Menschen reißt den Eltern eine Wunde, die niemals wieder heilen wird. Aufmerksam registriert der Erzähler, wie Vater und Mutter einander fremd werden, ihre Ehe zu zerbrechen droht. Zurück bleibt nur die Erinnerung: „Die Zeit lief rückwärts, nur noch die Vergangenheit war lebendig." Keine Gegenwart dringt in den schmerzgeweihten Raum, die enggeführte Perspektive zeigt, was Trauer ist: ein sprachenloses Seelendrama.

In dem 1998 erschienenen Roman „Der große Kater" dann erhebt Hürlimann das Todesspiel vom Seelendrama zum Königsdrama, treibt es aus der intimistischen Stille der Novelle in die gehetzte Spannung des politischen Romans. Dort soll das Sterben nicht nur privat, sondern auch kollektiv Geschichte schreiben, und zwar gleich die einer ganzen Nation. Doch das ist nicht alles: Indem Hürlimann den Tod des Bruders aus der zyklischen Zeit unbewältigter Trauer in die voranstürzende Dynamik der politischen Intrige zwingt, könnte auch der Tod des Bruders einen nachträglichen Sinn gewinnen. Denn in der sorg-

sam zugespitzten Handlung ist er auf das engste mit den finste-
ren Machenschaften der führenden politischen Köpfe des Landes verbunden; und wenn der Autor diesen Tod zum Anlaß
nimmt, die öffentlichen Autoritäten bloßzustellen, treibt er zugleich seine Landsleute an, die aufgezeigten Mißstände endlich
entschlossen anzugehen. Durch das grausame Schicksal schim-
mert auf diese Art versöhnend das christliche Opfermotiv. Und
da auch im Christentum die rettende Hand, der erneuernde Im-
puls, von außen kommt, inszeniert Hürlimann seinen literarischen Befreiungsschlag vor dem Hintergrund des internationalen Kulturkontakts; und zwar in seiner erhabensten Form: dem
Staatsbesuch.

Vater des im „Großen Kater" noch nicht verstorbenen, sondern agonierenden Sohns ist der schweizerische Bundespräsident, eben jener „Kater", der dem Roman den Titel gibt. Der
empfängt im Juli 1979 das spanische Königspaar als Staatsgäste,
und der Besuch der Monarchen gibt dem Plot den Rahmen: Auf
dem Programm steht der Besuch einer Militärflugparade und,
als Damenprogramm, die Besichtigung einer Seidenspinnerei.
Doch der Leiter der Sicherheitskräfte hat das Damenprogramm
unter fadenscheinigem Vorwand geändert: geplant ist nun der
Besuch einer Klinik – ausgerechnet jener, in der der Präsidentensohn im Sterben liegt. Die Frau des Präsidenten empfindet diesen Besuch als machtkalten Verrat an der Familie und inszeniert
am Vorabend des Besuchs, beim Galadinner, einen Skandal, der
ihren Mann nach dem Staatsbesuch zum Rücktritt veranlassen
wird. Sein Nachfolger wird der, der die Intrige ersonnen hat: der
Chef der Sicherheitspolizei.

Die biographischen Hintergründe der Fiktion sind bekannt:
Thomas Hürlimann ist Sohn des ehemaligen Schweizer Bundes-
präsidenten Hans Hürlimann, der im Juni 1979 tatsächlich Gast-
geber des spanischen Königspaares war. Und wirklich stand auch
ein Klinikbesuch auf dem Programm; und wie im Roman ver-
starb der Präsidentensohn nur wenige Monate später.

Indes zeigt das Werk, daß persönliche Nähe zu den höchsten
Staatsämtern keine hinreichende Voraussetzung politischer Kri-

tik, geschweige denn eines gelungenen politischen Romans ist.
Sicher mag sie das eine oder andere interessante oder auch pi-
kante Detail zutage fördern; aber läßt sie sich zu sehr auf das
äußere Dekor ein, verliert sie ihre analytische Kraft – und darüber ihre Geltung. Denn was muß man von einer fiktionalen Ver-
arbeitung der politischen Verhältnisse erwarten? „Alles Politische ist privat und alles Private politisch." Der großmäulige
Spruch aus der Sturm-und-Drang-Phase des in den sechziger
Jahren aus dem langen postnazistischen Dornröschenschlaf erwa-
chenden Bürgersinns hat als Maxime mündiger Lebensführung
sicherlich längst ausgedient. Als Maßstab des ambitionierten Ge-
sellschaftsromans gilt er allerdings weiterhin. Denn was zeigten
die großen Romane des zwanzigsten Jahrhunderts, von Thomas
Manns „Buddenbrocks" über Döblins „Berlin Alexanderplatz"
bis zu Grass' "Blechtrommel" und Plenzdorfs „Neuen Leiden
des jungen W.", anderes als enge Verquickung öffentlicher und
privater Geschichte, die intime Bindung der unterschiedlichsten
Denk-, Fühl-, Glaubensformen an ihre politischen und sozialen
Hintergründe? Das muß man nicht deterministisch verstehen:
Die Stimmen der Protagonisten verraten zwar viel über die Zeit,
in der sie leben – aber die Zeit trägt meistens ein buntes Ge-
wand, gewebt aus den unterschiedlichsten Stoffen, sprich Ansichten, Meinungen, Verhaltensweisen. Und wenn es sich um
„engagierte", also aufrüttelnde, sich „aufklärerisch" gebende
Literatur handelt: Immer wird sie versuchen, den Status quo
wenn nicht zu überwinden, so wenigstens bewußtzumachen. Im
Fall der Schweiz könnten in ihrem Themenkatalog etwa die
„neutrale" Politik der Kriegs- und frühen Nachkriegszeit auftauchen. Allgemeiner und doch schon mit Blick auf Thomas Hürlimann könnte man fragen: Wie lebt es sich in einem Land, das
wie kaum ein anderes Wert auf seine politische Autonomie legt,
in wichtigen Angelegenheiten am liebsten allein entscheidet und
von den Ansichten der Nachbarn nicht allzuviel wissen will?
Wenn es ein schweizerische Mentalität gäbe: Wodurch wäre sie
dann geprägt? Durch Unabhängigkeit, Provinzialität, eine Mischung von beidem – oder keines von beidem?

Das Thema Staatsbesuch eignet sich zu diesen Fragen ganz besonders, denn es gibt einem Autor die Möglichkeit, zwei unterschiedliche politische Kulturen einander gegenüberzustellen. Und wirklich zollt Hürlimann der Würde des Besuchs erheblichen Tribut: Gala-Empfang und Hinterzimmerdiplomatie, der aufwendige Presseapparat und die minutiösen Sicherheitsvorkehrungen, die Besichtigungstour und das Damenprogramm, und über all dem die Zwänge des Protokolls und der stille Wunsch, sich ihrer möglichst rasch zu entledigen. Minutiös beschreibt der Erzähler die großen Gesten der internationalen Politik und den noch größeren Aufwand, der sie erst möglich macht. In ihrer Präsentation erweist sich Hürlimann als nüchterner, ja kühler Realist. Aufgabe des Politikers sei es, so der Autor in einem Interview, „daß er das, was sich im Privaten abspielt, nicht nach außen dringen läßt. Als mein Vater mit König und Königin unterwegs war, lag mein Bruder auf den Tod krank im Spital. Politik hat immer etwas mit Fassade zu tun" (Interview in der „Sonntags Zeitung", 19. Juli 1998).

Leider bleibt es auch in dem Roman bei der Fassade. Vom eigentlichen Geist des Staatsbesuches dringt in den Text wenig vor. Sicher, Hürlimann läßt den Leser an den Gesprächen zwischen Gästen und Gastgebern teilhaben, protokolliert auch die Unterhaltung während des Galadiners und dessen abschließenden Eklat. Aber sein eigentliches Interesse gilt den parallel ablaufenden Ereignissen im Hintergrund, und dafür gibt es gute Gründe: Der Präsident ist eben nicht nur Staatsmann, sondern auch leidgeprüfter Vater. Den kostet es erhebliche Mühe, sich der strengen Zeremonie des Staatsempfangs zu stellen. Von Anfang an erscheint er als schwächelnder, wenn nicht bereits besiegter Mann. „Der Bundespräsident", setzt der Roman ein, „saß hinter dem Pult im Ledersessel. Er war am Ende. Er hatte keine Kraft mehr. Er liebte sein Land, seine Frau, und die Dämmerung liebte er auch." Und dämmrige Stimmung, überbordende Subjektivität durchzieht den Roman von der ersten Seite an, vom Erzähler ins Werk gesetzt durch zahlreiche, in den Handlungsverlauf eingeflochtene Erinnerungsschübe des Präsidenten.

In kaum vierundzwanzig Stunden rollt die äußere Handlung auf ihr Ende zu – während die innere ein ganzes Leben umfaßt. Über sie erhält der Leser auch Kenntnis von Katers Verhältnis zu Pfiff, dem Sicherheitschef. Ihm hat der Präsident vor vielen Jahren die Frau ausgespannt – und offenbar entspringt Pfiffs intriganter Plan nicht nur dem unbezähmbaren Ehrgeiz, sich endlich selbst an die Stelle des Präsidenten zu setzen, sondern auch einem heimlichen Rachegelüst. Das veranlaßt ihn nun, den Präsidenten durch ein ausgeklügeltes Schurkenstück zu Fall zu bringen – unter Mißachtung sämtlicher Gepflogenheiten. „Wir sind doch keine Bananenrepublik", behauptet im Verlauf dieses Machtkampfes einmal der Pressechef. Aber genau als solche stellt Hürlimann die Schweiz dar: als einen Ort, in dem die archaischsten Rivalitäten zwar verborgen, aber nichtsdestoweniger brutal ausgetragen werden. Und noch eines kennzeichnet gewöhnlich eine Bananenrepublik: Persönliche Bindungen ersetzen oder, schlimmer noch, bestimmen die institutionellen Einrichtungen. Und nur deshalb, weil er seinen Gegner so gut und so lange schon kennt, kann Pfiff sein intrigantes Spiel überhaupt so wirksam durchführen. Präzise berechnet er die Reaktion von Katers Frau auf den unerwarteten Klinikbesuch. Sie, die die Gesetze des Betriebes doch kennen müßte, kann ihn nicht anders denn als Verrat am Sohn verstehen: „Das ist ein Kinderschänder, wird sie gedacht haben, der geht über Leichen."

Es ist eine kalte, mitleidlose Welt, die Hürlimann kritisiert. Doch genau in dem Moment, in dem er die politischen Verhältnisse seines Landes an den Pranger stellt, erweist er sich ihren mentalen Voraussetzungen selbst als verpflichtet. Denn der Staatsakt ist und bleibt Kulisse. Der Besuch der Fremden, das Potential des unbefangenen Blicks, das die spanischen Monarchen mit sich bringen, bleibt ungenutzt – erzähltechnisch ebenso wie ideologisch. Der fremde Blick hätte das Land aus ungewohnter, sogar ganz und gar neuer Perspektive schildern können; durch ihn hätte Hürlimann seines Landsleuten zeigen können, wie unterschiedlich politische Vorstellungen sein können. Möglich, daß er sie dadurch ernsthaft irritiert hätte, ja sogar an-

geregt, selbstverständlich erscheinende Gepflogenheiten noch
einmal zu durchdenken. Er hätte sein Land den fremden Stimmen weiter öffnen, einen Schuß Relativismus in die bleischwere,
introvertierte Kummerwelt fügen können. Doch das Gegenteil
hat er getan. Hürlimann schaut ausschließlich aus der Binnen-
perspektive auf sein Land, schildert zwar die Stagnation der
Verhältnisse, die offenbar auch durch den abrupten Wechsel an
der Staatsspitze nicht zu durchbrechen ist. „Mein Gott", läßt er
den jungen Präsidenten denken, „bin ich der einzige, dem es
niemals gelingen wird, dem eigenen Selbst zu entsagen?" Nein,
ist er nicht. Das ganze Land kann dem eigenen Selbst nicht entsagen – und Hürlimann selbst kann es auch nicht. Zwar ist sein
Blick auf die nationalen Verhältnisse ebenso gründlich wie bis-
sig. Und das in manchen Schweizer Zeitungen losgelassene Rät-
selraten um die realen Vorlagen der Protagonisten zeigt, wie sehr
er einen wunden Punkt getroffen hat. Doch der erschöpft sich,
genau wie die literarische Vorlage, in der Kritik der Personen,
aber nicht ihres politisch-mentalen Umfelds.

Gerade sie aber sollte sich der politische Roman zum Gegenstand machen – wenn auch nicht er allein. Die „Inszenierung der
Literatur", schrieb Wolfgang Iser, „veranschaulicht die ungeheure Plastizität des Menschen, der gerade deshalb, weil er keine
bestimmte Natur zu haben scheint, sich zu einer unvordenkli-
chen Gestaltenfülle seiner kulturellen Prägung zu vervielfältigen
vermag. Das macht die Unmöglichkeit, sich gegenwärtig zu
machen, zur Chance des Menschen. Sich nicht haben zu können
bedeutet dann für den Menschen, sich durch seine Möglichkeiten auszuspielen, die gerade deshalb unbegrenzt sind, weil er
durch sie nicht zu sich selbst findet." Die Tragik des Schriftstellers Hürlimann liegt darin, daß er seine Protagonisten noch nicht
einmal auf die Suche nach neuen Daseinsformen schickt. Sie ver-
missen sie nicht einmal, denn in dem engen Umfeld, in das er sie
zwingt, dringen unverbrauchte Weltbilder erst gar nicht vor.

So endet der Roman nicht umsonst da, wo schon das „Gartenhaus" begonnen hatte: in der stillen Trauer leidgeprüfter Privat-

menschen. Der „Große Kater" hat sich angeschickt, die politische Situation der Gegenwart zu diagnostizieren. Das ist eine ehrenwerte Leistung. Doch Hürlimann bleibt auf halber Strecke stehen, denn er bekommt die mentalen Voraussetzungen der Stagnation nicht in den Griff. Den entscheidenden, wirklich schrittmachenden Roman hat er noch vor sich.

Johann P. Tammen

Einer sitzt da und lacht und weckt den Neid.

Hans-Ulrich Treichels „Der Verlorene" (1998)

> Nichts ist komischer als das Unglück.
>
> Samuel Beckett

„Darüber, wo die Heimat war, gab es für mich Zeit meines Lebens nicht den geringsten Zweifel", offenbart Hans-Ulrich Treichel in einem Feuilleton-Beitrag für die Frankfurter Rundschau („Der Lastenausgleich", 25. Januar 2001): „Die Heimat war der Osten. Doch nicht der Osten, in dem ich geboren worden war. Mein Osten lag im Westen und nannte sich Ostwestfalen. Der Osten der Eltern lag dagegen in einer Weltgegend, die im Grunde auf keiner Landkarte mehr zu finden war. Alle Versuche, die ich als Kind anstellte, die Eltern dazu zu bewegen, mir die Heimat auf der Landkarte zu zeigen, waren vergeblich." – Verlorenheit kommt so zur Sprache – und für einen Schriftsteller drängt sich natürlich sogleich die Frage auf: ‚Wie werde ich dieser Bedrängnis Herr?' Und also stellte sich früh schon auch der Schriftsteller Hans-Ulrich Treichel diese Frage, die ihn – von Buch zu Buch – dahin führte, für sich „die Erfindung des Autobiographischen" zu probieren. Mit ablesbarem Erfolg, wie sich mittlerweile sagen und nachweisen läßt. Im Text „Der Lastenausgleich" erzählt er von dieser Suche im weiteren so: „Darum habe ich selbst immer wieder im Atlas geblättert und nach der Heimat gesucht. Wohl wußte ich, daß mein Vater an einem Ort namens Bryszcze geboren worden war und später in einem anderen Ort namens Preußisch-Holland gelebt hatte. Und ich wußte auch, daß meine Mutter einerseits schwäbischer Abstammung war, andererseits aber aus dem sogenannten Warthegau stammte. Aber ich fand weder Bryszcze noch Preußisch-Holland noch den Warthegau auf der Landkarte. Einzig Schwaben fand ich, aber das war, von Ostwestfalen aus gesehen, nicht im Osten, sondern im Süden."

Die quälende Verlorenheit des Nachkömmlings mehrt sich, zumal alsbald noch etwas eintritt, was häufig als unaufhebbar gilt: „Wenn die Eltern mir schon die Heimat nicht auf der Landkarte zeigen konnten, dann sollten sie mir wenigstens von der Heimat erzählen. Aber sie erzählten nicht von der Heimat. Wenn ich sie nach der Heimat fragte, dann sagten sie, daß ich dazu noch zu jung sei. Wenn ich sie fragte, wo sie geboren worden und aufgewachsen seien, dann sagten sie, ich solle nicht so vorlaut sein." Das ist nun weit bedrohlicher, als es bei Kurt Tucholskys gern zitierter „Woher-kommen-die-Löcher-im-Käse"- Frage schnurstracks ins heikel Signifikante eskaliert. Treichel erlebt das Umkippen elterlichen Hoffens ins Rettungslose, er erlebt das Glück verheißende Setzen auf trügerische Hoffnung, die in Fatalität führt: „Statt von der Heimat erzählten sie vom Lastenausgleich. Der Lastenausgleich war die Hoffnung der Eltern. Der Lastenausgleich war auch meine Hoffnung. Wenn der Lastenausgleich bewilligt würde, dann würde alles gut werden. Dann würden mir die Eltern nicht nur von der Heimat erzählen. Dann würde auch Ostwestfalen zu einer Art Heimat werden: zu einem Osten, der wenigstens ebenso schön sein würde wie jener, aus dem die Eltern stammten." Aber es kam alles noch viel schlimmer: Der Lastenausgleich wurde nicht bewilligt, „die Lasten nicht ausgeglichen und Ostwestfalen kein Osten der heimatlichen Art". Und bald zeigte sich auch, daß die Eltern nicht nur „Haus und Hof und ihre Heimat" verloren hatten: „Sie hatten in gewisser Weise auch die Erfahrung des Verlustes verloren, jede Wehmut und jede Melancholie."

So ist hier, dem Schrecknis in der Tragödie gleich, etwas abhanden gekommen, verlorengegangen, was man mit Gleichmut nur strafen kann, wenn ohnehin nur so in den Tag gelebt werden

soll, höchstens ein Lotteriegewinn die Wende zum stabilisieren-
den Glück verspricht, und ein Herkunftsfaden, der zurückleitet
in bewußt gelebte Geschichte, allenfalls als tückischer Ballast
empfunden wird: Das Erzählen, die Webarbeit des alles Schie-
len auf Chancen der glättenden Retusche vereitelnden Sich-
erinnerns. Hans-Ulrich Treichel empfindet diesen Verlust – und
reibt sich daran, indem er sein Erzählen als ein tiefenscharfes,
kompromißloses Ausforschen dieser Verlorenheit situiert. In seinem Roman „Der Verlorene", der die Frage, ob es sich hier tatsächlich um einen Roman handelt oder eher um eine Novelle,
unbeantwortet läßt, nimmt er den Erzählfaden mit dem Aufle-
sen des Authentischen auf: „Nur das Material ist autobiographisch", betont er, Mißverständnissen vorbeugend. „Der älteste
Bruder ist verlorengegangen, er galt allerdings in der Familiengeschichte als tot. Ich habe erst vor ein paar Jahren erfahren, daß
er nicht tot ist, sondern verlorengegangen. Erst im Nachlaß meiner Mutter fand ich Gutachten über vergleichende Körperbau-
Untersuchungen von verschiedenen Laboratorien, die für die
Suche nach dem Kind nötig waren. Als ich die näheren Umstän-
de erfahren habe, war ich schockiert über den privaten Sachver-
halt, daß die Eltern so lange damit gelebt haben, ohne es in der
Familie erzählen zu können."

Arnold, dem wir nie wirklich begegnen werden und der doch
allgegenwärtig ist, gerade weil er „der Verlorene" ist, „war ganz
vorn im Photoalbum" der Eltern zu finden – und also zu benei-
den: Dabei nicht wirklich existent, zumindest nicht in dem als
Gegenwart geschilderten Alltagsleben des im Nachkriegs-
deutschland in ostwestfälischer Durchschnittstristesse heranwachsenden Ich-Erzählers in Hans-Ulrich Treichels „Roman"-
Landschaft, die hier vor uns ausgebreitet wird in allen vorstell-
baren Schrecknisfarben, wie sie allerdings unaufdringlicher
kaum je einmal als Figurenhintergrund ausgemalt wurden, ja
beinahe so, als wären sie die natürliche Substanz einer Schutz-
haut, die nun einmal alle trugen, die hier im Gehege der Familie
und der sie bergenden Nachbarschaft ihr Fortkommen zu si-
chern versuchten.

Der Schrecken lauert im Alltäglichen, im alltäglich Vertrauten schlummert das Bedrohliche – und das Lachen des Lesers entzündet sich an einem Humor, der alles andere als humorig ist, gebändigt von einer Erzählhaltung, die beindruckend präzise ihr Maß hält und so alsbald auch den Sog verursacht, der die Leserneugier stützt und befördert.

Hier, in Ostwestfalen, wo man nun „nach dem Krieg mit leeren Händen" angekommen war, hatte sich der Vater, der bereits zweimal, nach beiden Weltkriegen, erleben mußte, „Haus und Hof zu verlieren", „nun ein drittes Mal eine sogenannte Existenz aufgebaut". Und man hätte nun, so glaubte man, „in Frieden leben können, aber es gab keinen Frieden". Frieden hierzulande, in diesen Zeiten, das bedeutete Umbau, Anbau, Ausbau, Umstellung, Anpassung, Wettbewerb, Expansion, Gewinn und Verlust. Und für all das sollte man gewappnet sein: Da fällt einem doch nichts in den Schoß.

Und zu guter Letzt – aber wer rechnet denn schon damit? – ist da ja auch noch die Vergangenheit, das erlebte Verdrängte, das ein Beben auslösen kann, eine Wirrnis im Kopf und ein Rumoren in scheinbarer Festigkeit. Und das kommt von Arnold, der da auf dem Photo im Familienalbum „auf einer weißen Wolldecke" hockt und in die Kamera lacht.

„‚Das war während des Krieges', sagte die Mutter, ‚im letzten Kriegsjahr, zuhaus.'" Und während die Mutter das Wort „zuhaus" aussprach, sich im Klage- und Anklageton verzehrend, „begann sie zu weinen, so wie sie oft zu weinen begann, wenn vom Bruder die Rede war". Und aufgewühlt erzählt die Mutter, daß Arnold auf der Flucht vor den Russen verhungert sei: „Verhungert", sagte die Mutter, „in meinen Armen verhungert." So kann sich der Neid auf den verlorenen Bruder, der immer groß und gleich vornean im Album zu bewundern war, „noch vor den Hochzeitsbildern der Eltern und den Porträts der Großeltern, während ich weit hinten im Photoalbum war", verflüchtigen: „Arnold war also tot, was wohl sehr traurig war, mir aber den Umgang mit seinem Photo erleichterte. Der fröhliche und wohlgeratene Arnold war mir nun sogar sympathisch geworden, und

ich war stolz darauf, einen toten Bruder zu besitzen, der zudem
noch so fröhlich und wohlgeraten ausschaute. Ich trauerte um
Arnold, und ich war stolz auf ihn, ich teilte mit ihm mein Kin-
derzimmer und wünschte ihm alle Milch dieser Welt. Ich hatte
einen toten Bruder, ich fühlte mich vom Schicksal ausgezeich-
net. Von meinen Spielkameraden hatte kein einziger einen toten
und schon gar nicht einen auf der Flucht vor den Russen verhun-
gerten Bruder." Doch das Weinen der Mutter hatte zunächst nur
die (Not-)Lüge kaschieren helfen. Tatsächlich war es doch so:
„Irgendwann ist auf der Flucht vor dem Russen etwas Schreckliches passiert", heißt es. „Daraufhin weinte sie wieder", berichtet
der erzählende Bruder, „und ich war mir sicher, daß sie um Arnold weinte, und um sie zu trösten, sagte ich ihr, daß sie Arnold
schließlich das Leben gerettet habe und nicht zu weinen brau-
che, worauf die Mutter sagte, daß das Leben Arnolds gar nicht
bedroht gewesen sei. Und auch das Leben des Vaters sei nicht
bedroht gewesen und auch ihr eigenes nicht." Sie aber habe
„voreilig Angst um ihr eigenes Leben und das Leben ihres Kindes gehabt, und in Wahrheit habe sie auch voreilig das Kind
weggegeben. Nicht einmal Arnolds Namen habe sie der Frau
noch zurufen können, so groß sei die Panik und das Durcheinan-
der gewesen." Und so wird nun „der Verlorene" langsam sichtbar: „,Arnold lebt', sagte die Mutter, ,aber er trägt einen anderen Namen.'" Und spätestens jetzt beginnt der Bruder zu verstehen, „daß Arnold, der untote Bruder, die Hauptrolle in der
Familie spielte und mir eine Nebenrolle zugewiesen hatte. Ich
begriff auch, daß Arnold verantwortlich dafür war, daß ich von
Anfang an in einer von Schuld und Scham vergifteten Atmo-
sphäre aufgewachsen war. Vom Tag meiner Geburt an herrschte
ein Gefühl von Schuld und Scham in der Familie, ohne daß ich
wußte, warum."

Hans-Ulrich Treichel ist davon überzeugt, „daß sich Literatur erst im Vorgang des Lesens verwirklicht", so legt er es dar im
Vorwort zur Essay-Sammlung „Über die Schrift hinaus", wo er
desweiteren auch erklärt, daß beispielsweise „Abschied von den
Eltern" und „Fluchtpunkt", die autobiographischen Erzählun-

gen von Peter Weiss, zu seinen „identifikatorischen Leseerleb-
nissen" gehören: „Bei Peter Weiss", so Treichel, „erfuhr ich auch
etwas von den Möglichkeiten des Schreibens selbst, vor allem
von denen des autobiographischen Schreibens." Sein am Roman
„Der Verlorene" ablesbarer Versuch der „Erfindung des Autobiographischen" überzeugt vor allem, weil es ihm ohne Abstri-
che gelingt, das „Ich" im Schreiben zu einer Figur, „einer Art
dritten Person" (Volker Hage), werden zu lassen: So muß er kein
Geheimnis aus dem autobiographischen Hintergrund machen.
Treichel: „Deshalb schreibe ich in der Ich-Form – weil ich nicht
so nah an mir dran sein möchte." Der Ich-Erzähler, der brüder-
liche Antipode des Verlorenen, empfindet sich im Roman nachvollziehbar nicht nur als der nachgeordnete, weniger beachtete
und letztlich wohl tatsächlich auch weniger geliebte Sohn, be-
drängt von der Möglichkeit des Wiederauftauchens des verlo-
rengegangenen Bruders, sondern er ist hier der wahrhaftig Verlorene, gefesselt von der Schuld der Eltern, die außerstande sind,
ihren zweitgeborenen Sohn als ein Wesen sui generis zu lieben.
  Treichels Erzählen einer solch ungewöhnlichen Begebenheit
ist dabei weit weniger romanhaft, denn beinahe klassisch novel-
listisch – und obendrein wählt er eine Perspektive, die nach einem Proustschen Postulat gefunden worden sein mag: „Jeder
Leser, wenn er liest, ist ein Leser seiner selbst", heißt es beim
erinnerungssüchtigen Erzähler der „Recherche" – und auch Treichels autobiographisch gestützte Fiktion zwingt den Leser immer wieder wie vor einen Spiegel, in dem er sich selber erkennen
mag, ganz fern von den Dingen und Figuren und doch – so
schaudert man oder bangt irgendwie nicht ganz loszulösen von
allem und jedem, was da lehrstückhaft auf die Erzählbühne ge-
rückt worden ist und uns so anschaulich macht, was einmal auch
unsere Herkunftsbedrängnis ausgemacht hat, Nachkriegskinder,
die wir sind: Ein Nachkriegs-Deutschland in spießig-dröhnender
Wohlstands- und Wohlanständigkeitssehnsucht; ein Gehege, gebaut aus Verdrängung und verschatteter Fortschrittsgaukelei.
Dabei erzählt Hans-Ulrich Treichel ohne jeden moralisierenden
Fingerzeig und weist doch mit jedem neuen Erzählbogen weit

über das Einzelschicksal hinaus. Volker Hage: „Wie der Schock hier zunächst im Familiengeheimnis versiegelt wird, wie das stillschweigend Erlittene Energien für den wirtschaftlichen Aufstieg freisetzt, um dann doch an die Oberfläche zu kommen – das ist in Treichels Erzählung mustergültig Bild geworden." Ein kolossales Zeitpanorama tut sich hier auf. Auf weit weniger als zweihundert Buchseiten durchqueren wir eine Erzählzeit von nur wenigen Jahren in der Ödnis der fünfziger Jahre bundesdeutscher Realmisere im Aufstiegsgalopp, und sind doch auch berührt vom Krieg und Nachkrieg, von der Flüchtlingsnot und den Integrationsschikanen, nicht minder vom Verdrängungswettbewerb im immer turbulenteren Markt und von der Unerschütterlichkeit einer Wissenschaft, die ihre Lehren und Praktiken immer noch aus der beharrlich gepflegten Gestrigkeit zieht.

Treichel beschreibt dies alles in einem stetig die Geschwindigkeit drosselnden Erzählton, der Halt findet in der sorgsamen Schichtung der Geschehnisse. Ein derartig gestaltbildendes Erzähltempo, in dem er gekonnt mit Wiederholungen und beinahe pirouettenartig sich bildenden Erzählschleifen arbeitet, so manchmal an Thomas Bernhards kunstsinnige, wahrnehmungsschärfende Stilmittel gemahnend, aber doch ganz und gar durch die eigene Fabulierkompetenz abgesichert, erlaubt es dem versiert Spannung aufbauenden Verlorenheitsforscher Treichel völlig unangestrengt hinter scheinbaren Harmlosigkeiten Abgründe aufscheinen zu lassen. Treichels immer wieder auch aus der Kraft des Authentischen schöpfende Erzählkunst bewährt sich vor allem im Gestalten der inneren Beweggründe seiner Protagonisten, im Aufeinanderprallen der naiv-anarchistisch gewendeten Ängste des von seiner Pein gelenkten Ich-Erzählers, der ein unvermitteltes Auftauchen des von der schuldgetriebenen Mutter herbeigeklagten verlorenen Sohnes befürchtet, mit der beinahe stoischen Ergebenheit des Vaters, der „durch Arbeit büßt" oder auch im duckmäuserischen Sichabfinden der Eltern mit den Konstatierungen der Behörden und Wissenschaftsinstanzen, die sich hier – ohne daß Treichel auch nur einen Moment der Kolportage oder klischeehaften Zuspitzung verfiele – als Abbild

einer Nachkriegswirklichkeit erweisen, das von der moralischen
Last der Naziverbrechen um kein Jota abzutrennen ist. Als die
Eltern, gelenkt von der ihrem Wahnschmerz folgenden Mutter,
nach all ihren ergebnislosen Nachforschungen, immer schriller
nach jedem nur denkbaren Strohhalm rufend, schließlich auf das
„Findelkind 2307" stoßen, „beginnt eine Groteske sich auf ge-
nagelten Sohlen anzukündigen" (Lutz Hagestedt). Längst keimt
hier nicht mehr die zunächst vielleicht noch begründete Hoffnung auf einen Sucherfolg, sondern die Lenkkraft für das Handeln insbesondere der Mutter ist ein sie in die Krankheit trei-
bender Wahn, dem der Vater in ohnmächtiger Ergebenheit eine
Tünche aufträgt, die seine Folgsamkeit bis in die Unausweich-
lichkeit des Dramas verkleistert, ohne daß dies seinen Schuldan-
teil auch nur im mindesten zu verkleinern vermöchte. Entlastung erfährt auch er nicht, es sei denn, wenn man dieser Lesart
folgen möchte, im Tod. Schon blindwütig stürzen sich beide in
immer neue Hoffnungshöllen, konsultieren Behörden, Suchdien-
ste und zu guter Letzt auch das Gerichtsanthropologische Labo-
ratorium in Heidelberg und dessen Leiter Dr. phil. et med. Frei-
herr von Liebstedt, Professor für Anthropologie und Erbbiolo-
gie an der Universität Heidelberg, der die erforderlichen vergleichenden Untersuchungen anstellt, die beweisen helfen sollen,
daß das Findelkind 2307 nachweislich brüderlich und sohnes-
wahrhaftig der verlorengegangene Teil der Familie ist. Zur ex-
akten „Bestimmung der Körperbauteile" werden Vater, Mutter
und Sohn Gipsabdrücke der Füße genommen, Fingerabdrücke
sowieso (längst schon, bei früheren Untersuchungen, hatte der
gepeinigte Erzähler, von diensttuenden Kriminologen gelernt,
daß Fingerabdrücke nicht einfach nur Fingerabdrücke seien,
sondern „Fingerbeerenmuster" hießen – und von „Zentralta-
schen, Doppelschleifen, Leisten und Wirbeln" hatte er erfahren,
„die allesamt mit einem speziellen Kompliziertheitsindex ver-
rechnet wurden"), und nun betastete der Professor „mit einer
Hand meinen Kopf, mit der anderen rauchte er. Schließlich
drückte er die Zigarette aus und begann nun, meinen Schädel
mit beiden Händen zu betasten. Hatte ich vorher nie das Gefühl

gehabt, Schädelhöcker und Schädelerhebungen zu besitzen, so
hatte ich nun das Gefühl, daß mein Schädel aus nichts anderem
als aus Höckern und Erhebungen bestand. Je länger der Professor tastete, desto mehr Höcker und Erhebungen hatte mein
Kopf, und je länger er tastete, desto mehr schämte ich mich für
diese Höcker und Erhebungen. Und ganz wie am Vormittag
während der Körperbauuntersuchung begann ich vor Scham und
Verlegenheit zu glühen und zu schwitzen." Konsequent wurde
nun der Kopf vermessen, die „relative Kieferwinkelbreite" er-
mittelt und nach übereinstimmenden Merkmalen von Stirn- und
Jochbeinbreite, Ohr- und Nasenbreite beziehungsweise der Na-
senrückenlänge geforscht; alles „völlig schmerzfrei", wie der Erzähler beteuert – und wir Leser verspüren einmal mehr den von
Hans-Ulrich Treichel gewollt herbeigeschriebenen Ironieschau-
er. Erzählklug läßt Treichel auch hier, in dieser prallderben Groteske eine wohlkalkulierte Ökonomie der Stilmittel walten, nie
überdreht er, sondern „orientiert sich (und uns) an seiner Sensibilität für das verhüllt Komische, das zu entdecken der handelnden Familie nicht möglich war" (Wilhelm Genazino). Wobei
einmal mehr hervorzuheben ist, wie Wilhelm Genazino das nach
seiner kritischen Lektüre des Treichel-Romans „Der Verlorene"
1998 zu Protokoll gegeben hat, daß Hans-Ulrich Treichel „einer
der wenigen komischen Autoren (ist), die wir derzeit haben". –
Freilich, so fügt Genazino vorsorglich hinzu, ist Treichel „kein
Humorist. Treichel sucht das Komische in den Sachen selbst auf,
und er überläßt es seinen Lesern, ob sie bereit (und fähig) sind,
über seine Blicke und Perspektiven zu lachen oder nicht. Ob sie,
mit anderen Worten, soviel unabhängiges komisches Vermögen
haben, das Zwielicht der Ironie und der Groteske in den – an
sich absolut nicht komischen – Vorgängen zu bemerken."
    Dem ist wenig hinzuzufügen. Vielleicht nur noch, daß Hans-
Ulrich Treichel selber – natürlich – auch ein Leser ist, einer, der
sich gelegentlich als Essayist „verkleidet" und sich als solcher
nicht scheut festzustellen: „Schließlich geht es in der Literatur
wohl um Stil, aber eben auch um unser Leben – einschließlich
seines unausweichlichen Endes." – Mit seinem „Roman" (!)

„Der Verlorene" ist Hans-Ulrich Treichel dieser Klarstellung wahrhaftig nicht ausgewichen.

Walburga Freund-Spork

„… der schwarze Strom meiner Kindertage floß in der Unterschiedslosigkeit von Wirklichkeit, Erinnerung und Traum".
John von Düffels „Vom Wasser" (1998)

„Vom Wasser" ist der erste Roman des Schauspieldramaturgen und Theaterautors John von Düffel (geb. 1966). Leitmotivisch sind die Flüsse Diemel und Orpe drei Fabrikantengenerationen, Vorfahren des Ich-Erzählers, zugeordnet. Sie umfließen die Mißgunst, das Fabriksgelände, das der Ururgroßvater einst in den Gründerjahren genutzt hatte, um aus dem schwarzen Wasser der Orpe weißes Papier herzustellen.

Der Erzähler, der Enkel des letzten Fabrikherrn, fühlt sich immer und überall magisch zum Wasser hingezogen, er kehrt immer wieder ans Wasser zurück und schreibt das Buch, wie er einleitend sagt, um diese „sehr wahrnehmbare, wirkliche Macht des Wassers" auf ihn am Ende vielleicht zu verstehen.

Wasser als Ursprung aller Dinge, Sinnbild für Leben, Tod und Wiedergeburt, zieht sich durch alle Kulturen. Im Urbeginn schwebte der Geist Gottes über dem Wasser, Brunnen und Quellen spenden im Paradies das Lebenswasser, der alttestamentarische Gott Jahwe ist die Quelle des sprudelnden, lebendigen Wassers und nur wer aus Wasser und Geist geboren wird, kann eintreten in die Ewigkeit. Dennoch, wie alle Symbolik ist auch die Wassersymbolik ambivalent. Helles und dunkles Wasser, Leben und Tod, Anfang und Ende sind zwar Gegensätze, aber alles Leben mündet unweigerlich in den Tod. Das dunkle,

unergründliche Wasser steht in der Tiefenpsychologie für das
Unbewußte, für den Zustand, in den alles Lebendige am Ende
des Daseins überführt wird. *„Wir kehren immer wieder zum
Wasser zurück"* durchzieht wohl deshalb leitmotivisch den Erzählfluß, den Erinnerungsstrom des Erzählers, der als Stellver-
treter für die Darstellung kollektiver Urerfahrungen namenlos
bleibt und Geschichten erzählt, wie er sie sich vorstellt und wie
sie sich im Kern dauernd wiederholen. Geschichten von Erfolgen und Niederlagen, von Erwartungen und Enttäuschungen,
von Träumen und Wirklichkeit, von Wahrheit und Lüge, von
Gunst und Mißgunst, von Liebe und Haß, von Leben und Tod.
Vor allem aber sind es Geschichten vom Ende, die wie das flie-
ßende Wasser gerichtet sind auf ein Sichverströmen im Meer der
Ewigkeit.

Die Erzähltechnik John von Düffels ist charakterisiert durch
Vermischungen. Der Ich-Erzähler durchmischt die Geschichte
seiner Ahnen mit seiner eigenen, und das Wasser ist als das zeit-
und raumlose Element der alles verbindende Quellgrund. Dem
Wasser vergleichbar ist auch der Sprachduktus. Ruhig, breit an-
gelegt in der Darstellung, eine äußerst sorgfältige, ästhetisch
schöne Wortwahl, vollendet in der syntaktischen Fügung und
durch raffinierte Vermischungen und Wortumstellungen innerhalb wiederkehrender Passagen zu wechselnden Bildern, Aussagen und Gedanken verfließend.

Der Roman setzt ein mit einer von einer Frau belustigend ge-
meinten Anekdote, die das Ende einer verflossenen Beziehung
zum „Vor- und Vorausgänger auf dem Weg zum Wasser" markiert, gleichzeitig aber Quelle der neuen Beziehung zum Ich-Erzähler wird. Mit den gleichen Worten, am gleichen Punkt des
Lebens und der Liebe angelangt, endet er. Um seinetwillen hatte *sie* einem Mann Lebewohl gesagt, der auf ihre Frage „... und
wo willst du jetzt hin?" „Ans Wasser" geantwortet hatte, „Wir
kehren immer wieder zum Wasser zurück". Zwischen diesen exakt gleichen Sätzen spannt der Autor einen Bogen über neun
Kapitel, die durch das Wasser motivlich und durch die Personen
dynastisch zusammengebunden sind. Die Personen des Romans

sind in ihren Handlungen, im Leben und Sterben, dem Wasser
eng verbunden.

Der Erzähler, der Enkel des letzten Fabrikherrn auf der Mißgunst, ist als leidenschaftlicher Langstreckenschwimmer dem
Element hingebungsvoll zugetan. Er liefert sich seiner Gunst
und Gnade immer wieder aus im Bewußtsein bleierner Momen-
te der Müdigkeit, in denen man sich der Gnade des Wassers
übergibt und den Puls des Wassers „treffen" muß, um Teil dieses Elements zu werden. Doch die Gnade des Wassers gilt es
immer wieder neu zu erringen. „Du darfst dem Wasser nicht
zeigen, daß du Angst hast, sonst bringst du es gegen dich auf."
Die helle, seichte, pappelduftende Diemel hat den Kindern auf
der Mißgunst die Gnade immer wieder gewährt, als sie in ihr
schwimmen lernten. Das abgründige Meer jedoch, über dessen
schwarzem Abgrund der Langstreckenschwimmer die Orientierung verliert, verweigert ihm diese Gnade. Er hat schließlich
dem Sog der Tiefe nichts mehr entgegenzusetzen, der schatten-
haften Tiefe, die mit kalter Hand nach seinem Herzen faßt.

Während der Enkel der undurchdringlichen Wand des Wassers noch einmal entkommt, fällt der Ururgroßvater, der Fir-
mengründer, der entdeckt hatte, wie sich das schwarze Wasser
der Orpe in weißes Papier und Papier sich in Geld verwandeln
ließ, dem schwarzen Wasser der Orpe zum Opfer. Der Harkemann, die phantastische Verlebendigung der unergründlichen
Wildheit und Ungezähmtheit des Wassers, reißt ihn während eines nächtlichen Verharrens am Ufer der Orpe in dem Augenblick
mit sich in die Tiefe, als er sich umwendet, um in die „Welt seiner Erfolge" zurückzukehren. Das schwarze Wasser strömt laut-
los über ihn und gibt erst am dritten Tag nach dem spurlosen
Verschwinden sein Opfer aus den Untiefen frei, verfangen in den
Wehren seiner eigenen Fabrik, das Gesicht von den Ratten weg-
gefressen als Rache Harkemanns für die Störung seiner Ruhe, wie
die Mütter und Großmütter es nannten, in Wahrheit aber Ausdruck ihrer Angst vor dem schwarzen Wasser der Orpe und vor
der Nachbarschaft des Todes.

Der Urgroßvater als Mann der Zahl hat Scheu vor dem Wasser, er haßt das schwarze, unzählbare Wasser, das sich nicht in die Begrenzung von Maß und Zahl fügt, und er verwünscht das Element, das seinen Vater so mächtig gemacht und das die Schuld an seinem Tod trägt. Sein präzis arbeitender Zahlenverstand löst die Rechenaufgabe, die ihm Leben und Tod stellen, als es ihm gelingt, die Kriegsbegeisterung der Fabrikarbeiter bei Ausbruch des Ersten Weltkriegs herunterzurechnen und damit eine Rechenaufgabe löst, die über Leben und Tod der jungen Arbeiter ebenso wie über die Fortsetzung der florierenden Verwandlung von schwarzem Orpewasser in Papier und Pappe entscheidet. Er veranlaßt eine Grabenziehung zwischen Orpe und Diemel, läßt Wehre errichten, reguliert, begradigt und stuft die Flußläufe und entreißt dem Harkemann sein Geheimnis durch zeitweises Herablassen der Wehre und Trockenlegen der Orpe zwischen den Wehren. Indem er seinem Zahlenverstand folgt, gibt er das Leben der Fische preis, die von Männern mit Keschern und Netzen eingesammelt werden. „Der Wille der Zahl hatte dem Wasser seinen lebendigen Fluß, die Bewegung des Fließens genommen und die Orpe und alles Leben darin seiner Logik unterworfen." Der Herr der Mißgunst folgt seinem Vater als Erbe nach Ausbruch des Zweiten Weltkriegs. Eigentlich war der Großvater der drittgeborene Sohn und nicht für die Erbfolge vorgesehen. Doch seine beiden älteren Brüder hatten sich freiwillig zum Dienst in der Wehrmacht gemeldet, der ihm wegen seiner Verkrüppelung, eines steifen Beins, erspart blieb. Maler hatte er werden wollen mit dem Ziel, das rechte Licht in den Wiesen um Diemel und Orpe zu finden, und nur die Vorstellung, ein Mann des Übergangs bis zur Rückkehr seiner tüchtigen Brüder zu sein, hatte ihn in eine wirtschaftlich erfolgreiche Nachfolge als Fabrikant auf der Mißgunst hineinwachsen lassen. Die Papier- und Pappefabrikation wurde unter seiner Regie größtenteils durch die Zwangsarbeit französischer Kriegsgefangener aufrechterhalten, für deren Verköstigung eine zugereiste Küchenaushilfe verantwortlich war, ständig auf der Suche nach Zutaten für die dünnen Suppen der Kriegsgefangenen.

Die zarte, unausgesprochene Zuneigung zwischen dem uner-

wünschten Herrn der Mißgunst und der schönen, zugereisten
Küchenaushilfe, erwacht und gewachsen in den frühen Morgen-
stunden am Spülstein der Küche, an dem ihre flinken Hände die
von ihm erbeuteten Forellen allmorgendlich ausweideten, während er mit wachsender Zuneigung und Liebe der vollendeten
Ausweidung zusah, verbindet seine Geschichte der Nähe zum
Wasser, des Fischens und Fangens unlöslich mit ihrer des Aus-
weidens, Spiegel der stetigen Veränderung aller Lebensläufe.

Sein überreicher Fang aus schwüler Gewitteratmosphäre wird
von ihr zu einem opulenten Eintopf für die Kriegsgefangenen
verarbeitet, Anlaß, der Köchin Sabotage vorzuwerfen und sie als
„Franzosenliebchen" zu diffamieren. Nur seine Frage, ob sie seine Frau werden wolle, erlöst sie von den Demütigungen eines
Offiziers der Wehrmacht. Ihre letztliche Entscheidung, ihn zu
heiraten, erfüllt den lange gehegten Wunsch des Fabrikherrn,
den er aus Furcht vor einer möglichen Zurückweisung nicht aus-
gesprochen hatte.

Obwohl die neue Herrin der Mißgunst sich als tüchtige, hilf-
reiche und entlastende Geschäftsfrau erweist, bleibt sie für das
Personal eine Mesalliance, eine Schande, ein Opfer von Gerüchten, besonders gemein jenes vom Franzosenbastard ihrer erstgeborenen Tochter. Selbst in der Phantasie der Enkel verschwim-
men die Grenzen zwischen Wirklichkeit und Möglichkeit, zwischen Zutrauen und Mißtrauen und greifen über auf den Herrn
der Mißgunst, indem sie Liebe in Eifersucht verwandeln. Einem
gewaltigen Zornesausbruch aus nichtigem Anlaß gegenüber seiner Frau folgt eine gespannte Ruhe und die Versuchung, durch
Rückkehr an den Anfang ihrer Geschichte sich ihrer unverän-
ten Zuneigung durch Wiederholung dessen, was damals allmorgendlich in der Küche geschah, zu vergewissern. Die daraus fol-
gende Fischmahlzeit endet mit dem Erstickungstod des Fabri-
kanten an einer Gräte.

Nichts bleibt, wie es ist und war. Alles ist in einem ständigen
Fluß, fortwährender Veränderung unterworfen. Gunst hat sich
vielfach in Mißgunst verwandelt. Dies zeigt die späte Heimkehr
eines der begünstigten Brüder. Der russischen Kriegsgefangen-

schaft zu spät entronnen, gerät er in die innere Gefangenschaft seines Hungertraumas und seiner Alkoholsucht. Verbannt von der stellvertretenden Herrschaft auf der Mißgunst in eine enge Dachkammer, wird er zum unvorzeigbaren Gast, wo er doch eigentlich der Herr hätte sein sollen. Aus dieser Isolation erlöst ihn endlich der von der Familie inständig herbeigesehnte Tod. „Mach, daß du wegkommst" ist der mit ihm verbundene, leitmotivisch eingefügte Satz.

Auch die außergewöhnliche musikalische und mathematische Begabung der erstgeborenen Tochter verkehrt sich auf Grund einer psychischen Erkrankung in ein permanentes Zahlengebrabbel und in dissonanten Schauergesang.

John von Düffel, Dramaturg und Stückeschreiber, führt in seinem ersten Roman sein Talent vor für eindrucksvolle Szenarien. Mit dem vom hellen Wasser der Diemel und vom dunklen der Orpe umflossenen Ort der „Mißgunst" entwirft er eine Welt- und Lebensbühne, auf der die Personen sinnbildhaft agieren, verbunden durch das Motiv des Wassers, in dessen Sog sie einem dunklen Ende entgegengetragen werden. Wegscheide zwischen Leben und Tod ist der schwarze Fluß der Unterwelt.

Der Ich-Erzähler, Enkel des letzten Herrn der Mißgunst, dem ein Sohn als Nachfolger versagt blieb, begegnet in phantastischer Szenerie an einem See in Irland seinem Großvaters zweimal in der phantastischen Gestalt eines Wiedergängers, ausgestattet mit einem kolossalen Fang silbrig glitzernder, gesprenkelter Forellen, zu einer Zeit und an einem Ort, wo die übrigen Angler leer ausgegangen waren. Die Begegnung zu einer unmöglichen Zeit und an einem unmöglichen Ort verweist auf das ungewisse Schicksal des Menschen nach dem Tod, nach der Rückkehr zum Wasser.

Auch der Enkel kehrt noch einmal im letzten Kapitel in das Herrenhaus auf der Mißgunst zurück. Nach dem Tod des Großvaters hat das Anwesen den Besitzer gewechselt. Das ehemalige Herrenhaus soll funktionalen Fabrikhallen weichen.

Aus der Erinnerung weht den Besucher der „süße Grabesgeruch der Orpe" an. Im Büro bringt er sich in den Besitz von

Kohlezeichnungen seines Großvaters, die die Vergangenheit noch einmal auferstehen lassen. Die Zeichnungen, die allesamt das Fabrikgelände zwischen Diemel und Orpe festhalten, auf denen jedoch von Mal zu Mal der dunkle Strom der Orpe breiter und schwärzer fließt, erscheinen dem Enkel wie ein „Abschiedsbrief", Ausdruck des Lebens, das unweigerlich in den Tod mündet.

Im Erzählen von der Macht des Wasser, vom ewigen Fließen zwischen Quelle und Mündung, Geburt und Tod, begreift der Erzähler sein eigenes Schicksal, das Eintauchen in den schwarzen Abgrund des Wassers, das ihn nur für kurze Zeit auf seiner lichten Oberfläche trägt. Daran ändert auch sein noch so entschiedenes „Nein" nichts.

Burkhard Spinnen

Ein offener Brief an den Autor.
Georg Kleins „Libidissi" (1998)

Lieber Georg Klein,
ich weiß, man tut das nicht. Oder man sollte sich wenigstens
bemühen, es zu lassen. Deshalb bitte ich Dich auch sogleich und
auf diese Weise um Entschuldigung, freilich in der Hoffnung,
daß Du verstehen wirst, warum ich es dennoch tue.

Was aber tut man nicht – und was tue ich? Antwort: Man geht
nicht hin und macht wichtige Strömungen, Absichten, Probleme oder gar Trendwenden in der zeitgenössischen Literatur an
einem einzigen Buch fest! Das tut man nicht: erstens, weil es aus-
sieht, als habe man sich die Zeit sparen wollen, die es braucht,
um alles sonst noch Relevante zu lesen; zweitens, weil es nach jener Besserwisserei klingt, die sich, getarnt als wissenschaftliche
Exempelbildung, so gern in Hauptseminaren spreizt. Mit einem
Wort, man geht nicht hin und sagt: An Georg Kleins Roman „Libidissi" kann man sehr viel von dem studieren, das wichtig und
bestimmend ist in der deutschen Literatur der letzten Jahrhun-
dertwende.

Ich tu's aber dennoch, lieber Georg Klein, und am meisten
aus folgendem Grunde: Dein Roman „Libidissi" kommt so
wunderbar unvergleichlich (vulgo inkompatibel) daher, daß es
allzu nahe liegt, seine Würdigung in einer Separat- oder Sonder-
rubrik zu unternehmen – und das mit der Hoffnung obendrein,
es würde auch noch den Autor freuen. Aber genau das würdigt,
so denke ich, Dein Buch nicht ausreichend, jedenfalls nicht so,
wie ich es mir gewürdigt wünschte: nämlich im Kontext. Eben
dies zu tun aber versuche ich jetzt; denn der Reiz, die Kraft, der
Charme und überhaupt fast alles an „Libidissi" speist sich für

mich aus dem elementaren NEIN dieses Romans zu den Regeln
und Dogmen der weiland zeitgenössisch-zeitgemäßen deutschen
Prosa (oder den Ondits darüber).

Wogegen aber richten sich diese NEINS?

Das erste NEIN gilt dem literarischen Verdikt über Exotis-
mus, Science Fiction und anderen Formen des stoffreichen
Schreibens. – Für eine tonangebende deutsche Avantgarde-Pro-
sa verbot sich bis in die neunziger Jahre jeder Aufenthalt in er-
dachten Welten, die den Verdacht erregen konnten, auch in
GEO oder in der Science Fiction-Literatur Schauplatz sein zu
können. Solche Austreibung des Exotischen oder Phantastischen
aus dem Kanon literarisch zugelassener Topoi hatte eine lange
Tradition; ihre durchaus nachvollziehbaren Gründe liegen in der
Tendenz der Avantgarde, alles stofflich Fixierte und damit alles
tendenziell journalistische Schreiben aus ihrem Gebiet zu ver-
bannen. Freilich war längst des Guten zuviel verboten. Die Sorge, eine (fiktive) Exkursion ins geographisch oder sozial oder
kulturell Fremde könnte den landläufigen Reisebericht konno-
tieren, war längst zu der Panik gesteigert, daß schlechthin jede
Weltschöpfung Ausweis der Trivialität sei. Das Maß an stoffli-
cher Erfindung sei daher, so hieß es nachdrücklich, möglichst
niedrig zu halten. Hier vielleicht einmal eine real existierende
Straßenecke oder dort ein einsames Zimmer als die Spielorte eines aus der Welt gesetzten und von ihr befreiten Bewußtseins –
so viel durfte sein, mehr Erfindung aber stand im Ruch, schlech-
te Literatur anzuzeigen.

Ich weiß, ich bin ungerecht! (Wir stehen ja bekanntlich auf
den Schultern von Riesen.) Aber kann man die Lust an der Erfindung, die sich im Roman „Libidissi" eine ganze Stadt geschaffen hat, eben jenes Libidissi, das irgendwo in einem fern-
asiatisch-südamerikanisch-mittleren Osten liegt, kann man die
Lust an dieser Erfindung eines ungemein diffizilen und mit allen
seinen (Verkehrs)Adern wiederum an fremde Kulturen geschlos-
senen Gebildes tatsächlich verstehen, ohne dabei an die Lust zu
denken, die es macht, ein Bilderverbot zu übertreten? Ich denke: nein! Die Stadt Libidissi ist, gemessen an mitteleuropäischen

Idealen wie Urbanität und Toleranz, genauso ungemein „inkorrekt", wie ihre Darstellung es ist, gemessen an den Vorschriften einer literarischen Spätmoderne, in der der Lakonismus dergestalt verbindlich gesetzt war, daß er zum Modus der Geschwätzigkeit werden konnte. Dabei ist alles an der Stadt Ausdruck oder Spiegelbild ihrer Beschreibung, also ihrer Erschaffung. Das heißt, ihre vertrackte Architektur und ihre noch viel vertracktere Kultur laden permanent zu einer allegoretischen Deutung des Ganzen und seiner Details ein. Dauernd will es scheinen, als sei Libidissi eine Allegorie auf etwas Zeitgenössisches und als versteckten sich überall in seinen Gassen Verweise und Anspielungen auf Empirisches. Doch mit solchem Forscherdrang stößt man nicht aufs Wesentliche. Denn es macht die Kraft und den Reiz dieser Konstruktion und dieses Erzählens aus, daß sie ihr Schwelgen im Ganzen und im Detail nicht einer einsinnigen Absicht und erst recht nicht einem glatt aufgehenden Endsinn unterstellen. Man kommt, wenn man nach dem Verfahren „X bedeutet Y" verfährt, nicht weit in der Lektüre. Im rechten Moment entzieht sich alles. Libidissi bleibt, allen politischen und zeitgeschichtlichen Implikationen zum Trotz, nirgendwo – im Sinne der Utopie. Ganz konkret an ihm aber ist die Lust an seiner Erschaffung. Und ich vermute jetzt einmal: Libidissi heißt (auch) so, weil Du, lieber Georg Klein, es aus einer zwar ästhetisch organisierten, aber nicht rational gefesselten Libido des Erzählens heraus geschaffen hast! Und eben diese Erzähllust läßt Dich auch vor Orten und Figuren nicht halt machen, die im Verdacht minderer Literaturqualität stehen. Dein Crossover in die Terrains von Agentenroman und Science Fiction entspringt nicht einer postmodernen Kalkulation, sondern ist Ausdruck jenes libidinös veranlaßten Erfindungsreichtums, dessen Existenzberechtigung in der deutschen Literatur erst seit einigen Jahren wieder zugegeben und dessen Qualitäten angemessen gewürdigt werden.

Das zweite NEIN gilt dem Verdikt über das Rhetorische. – Ich hatte schon vom Lakonismus als der lingua infranca der späten Moderne gesprochen. Auch hier gründet die Geschichte eines Tabus in verständlichen Ängsten und Absichten. Schon immer, selbst noch zu Zeiten des Versmaßes, stand das Rhetorische unter dem Verdacht, das bloß schöne Sprechen zu sein. Literatur zu schreiben hieß damals rhetorisch, aber eben nicht bloß rhetorisch zu schreiben. Bei dieser Gratwanderung war die Literatur lange unter sich. Doch als das Schönsprechen zum Zweck einer besseren Aufbereitung der Ware Nachricht von den Zeitungen zunächst zögerlich adaptiert und dann vollständig vereinnahmt wurde, sah sich die Literatur mit dem Umstand konfrontiert, daß bald jeder rhetorische Ornatus nur noch als Schmuckschatulle und jede gelungene grammatikalische Konstruktion als Präsentationsvehikel für die jeweils neueste Nachricht aufgefaßt werden mußte. Das war um 1900, und es begannen damals die bekannten Zerschlagungen (oder Dekonstruktionen) erzählerischer oder darstellerischer Ganzheit. Sie waren Mittel einer Derhetorisierung, die zum Schutz der Literatur vor der Verwechslung mit der Zeitung dienen sollte. Das hatte durchaus seinen Sinn, es ist nicht darüber zu richten!

Andererseits darf, ja muß bemerkt werden, daß das Rhetorikverbot der späten Moderne sich angesichts des aktuellen Sprechens vor allem der Massenmedien in einen Notwehrexzeß, besser noch: in einen Aufruf zur Selbstverstümmelung verwandelt hatte. Längst bedienen sich von der Werbung über den Videoclip bis hin zur Tagesschau alle Formen massenmedialer Kommunikation der Mittel des avantgardistischen Kampfes gegen die Rhetorik des journalistischen Alltagssprechens. Dergestalt verwandelte sich das spätmoderne Dogma der Dekonstruktion in eine Art Wacheschieben vor den Toren eines längst ausgeräuberten Heiligtums. Wenn es überhaupt noch eine Funktion hatte, dann die: eine in dieser überkommenen Form längst nicht mehr praktizierbare Unterscheidung zwischen Hoch- und Niedrigliteratur mit Kriterien zu versehen. Haupteffekt dieses Dogmas aber war, die avancierte Literatur immer weiter von der Gegenwart und ihrer Sprache abzutrennen; und ein Nebeneffekt bestand darin, daß auch die nicht- oder nicht-mehr-dekonstruktive Literatur sich von der Kritik schnell auf die „Fernsehspielsprache" festgelegt sah und glauben mußte, ohne eine „kontrollierte Künstlichkeit" (Botho Strauß) bringe sie sich in den Ruch der Trivialität.

Dein „Libidissi" nun, lieber Georg Klein, ist für mich ein durch und durch rhetorisches Buch – und das im allerbesten Sinne! Denn einerseits kann angesichts der erzählerischen Lust-Fülle des Textes niemand ernsthaft behaupten wollen, das Rhetorische seiner Sprache verhinderte die „Authentizität" von Figuren und Schauplätzen; andererseits signalisiert eben dieses Rhetorische in jedem Satz, daß es sich hier – bei aller Liebe zum Stoff – um Literatur und immer wieder Literatur handelt. „Libidissi" steht für ein Credo: Was Literatur an Welt, an Gegenwart oder an Utopie erschaffen und vermitteln will, nichts davon ist durch ein schieres Aussprechen der Gegenstände zu erreichen. Was immer Literatur vielmehr herbeirufen will, bedarf zu seinem Erscheinen des Zauberwortes. Literatur ist zum ästhetischen Nulltarif nicht zu haben; die Anstrengung ist immer primär eine der Sprache, und nur an ihr ist zu ermessen, was erreicht und was gelungen ist.

Das dritte und letzte NEIN gilt schließlich der Moralverpflichtung. – Die gerechte Empörung der modernen Literatur über die moderne Herrschaft und der nie zu Ende zu würdigende Aufstand von Schriftstellern gegen Gewaltherrscher hat in der späten Moderne zu einer immer habitueller, dabei aber sowohl schlichter wie auch dogmatischer werdenden Identifizierung von Literatur und gutem Willen geführt: auf eine Moralästhetik, die die politische Absicht über jede Kunstform stellte. Auch hier ist die Genese des Irrtums nachvollziehbar; immer noch und immer wieder sind besonders hier in Deutschland aus dem historischen Verhältnis von Kunst und Macht wichtige Lehren zu ziehen. Aber es gab auch ungute Resultate der Verpflichtung aller Literatur auf eine politische Generalkorrektheit, wie die schwierige und in sich wiederum symptomatische „Was bleibt?"-Debatte der Nachwendezeit vorgeführt hat.

Mit „Libidissi", Georg Klein, aber hast Du ein verteufelt unkorrektes Buch geschrieben! Eine Aufzählung der Vergehen wür-

de Seiten füllen. Schon daran, wie das Wort „deutsch" und seine
Konnotate in „Libidissi" erscheinen, läßt sich Deine Absage an
das Korrekte erkennen. Ich belasse es daher dabei, nur das letzte
Beispiel aus dem Text zu zitieren: Dort machst Du tatsächlich
den Versuch, das – unausgesprochen bleibende – „altertümeln-
de einsilbige deutsche Grußwort", das eine „historische Bos-
heit" aus der deutschen Sprache und Literatur gerissen hat, wieder an seinen alten Platz zurückzuführen. Das ist unerhört! Aber
solcher Repatriierung von Topoi und Vokabeln ist ein Bestreben
des Buches gewidmet; es will der Literatur ein Terrain zurücker-
obern, das sie nach den Verdikten des politisch korrekten Geba-
rens hat verlassen müssen. Ich kenne und schätze, lieber Georg
Klein, Deine Integrität und Deinen scharfen kritischen Geist.
Doch ich müßte sie nicht kennen – allein aus der Lektüre des
Textes kann ich mir vollkommen sicher sein, daß hier keine andere Absicht waltet als die, der Literatur alle Aspiranz auf das
Sagbare zu erhalten und sie keiner – wie auch immer gutgemein-
ten – Zensur zu unterstellen. In diesem Sinne ist das Buch wahrhaft inkorrekt, provokant und gefährlich. Eben wie gute Literatur.

   Das war es, lieber Georg Klein, was ich sagen wollte. Vielleicht habe ich zu weit, ganz sicher aber habe ich zu kurz gegrif-
fen. Nie kann mir, wenn ich über Texte von Lebenden rede,
wohl sein in meiner Haut. Als Germanist weiß ich, wie grauen-
haft die Zeitgenossen irren. Doch als Autor bin ich nicht imstande, auf das gerechte Urteil der Nachwelt zu hoffen. So bleibt
diesseits nichts als lebendige Zeitgenossenschaft. Deshalb, lieber
Georg Klein: A bientôt! Und: Chapeau.

Rainer Moritz

Moder unter Moder.
Karen Duves „Regenroman" (1999)

Gleich mit ihrem ersten Roman, dem „Regenroman", gelang
der 1961 geborenen Karen Duve der Durchbruch. Zuvor war sie
trotz mehrerer Auszeichnungen für ihre Kurzgeschichten und
eines in der kleinen Achilla Presse erschienenen Erzählbandes nur
Eingeweihten ein Begriff gewesen. Obwohl seit dem Erscheinen
des „Regenromans" immer wieder versucht wurde, Karen Duve
dem „Fräuleinwunder", den „Jungen Wilden" oder den „Pop-
Literaten" der Gegenwartsliteratur zuzuordnen, ist ihre Prosa
nicht mit gängigen Etiketts zu beschreiben. Die Kritik, die den
„Regenroman" meist freundlich aufnahm, erkannte in ihr eine
Autorin von hoher Sprachgewalt und ungebremstem Einfalls-
reichtum.

Ähnlich wie bei Matthias Polityckis „Weiberroman" oder Ul-
rike Kolbs „Roman ohne Held" rückt Karen Duve die Gat-
tungsbezeichnung in den Haupttitel und zeigt sofort an, daß das
Wetter in ihrer Geschichte weit mehr als ein Dekorum ist. Der
ständige Niederschlag, der Menschen und Orte im „Regenroman" traktiert, ist kein Leitmotiv, sondern Thema im engeren
Sinne. Es nieselt, regnet und schüttet unaufhaltsam; die Begleit-
erscheinungen des Feuchten und Modrigen nehmen die Figuren
in Beschlag. Nirgendwo scheint Rettung vor der Nässe zu exi-
stieren, und so ist es nur konsequent, daß Leon, einer der Protagonisten, sein Leben als Moorleiche beschließt.

Schauplatz dieser nassen Orgie ist eine verfallene Kate irgendwo in der Einsamkeit Mecklenburgs. Der Schriftsteller Leon Ul-
bricht, Ende Dreißig, verläßt Hamburg und zieht sich mit seiner
merklich jüngeren Frau Martina dorthin zurück, wo sich nicht

einmal Fuchs und Hase gute Nacht sagen, um ein Auftragswerk
zu beenden. Der Zuhälter und Ex-Boxchampion Benno Pfitzner
will sein Leben literarisch nobilitieren und erteilt Leon die Or-
der, seine Autobiographie zu Papier zu bringen. Leon (der Züge
des Macho-Dichters Wolf Wondratschek trägt) ist kaum mehr
als die Karikatur eines Schriftstellers. Bislang nur mit Gedich-
ten, „die sich nicht reimten und nicht verkauften", hervorgetre-
ten, ist er den Anforderungen der Mecklenburger Abgeschie-
denheit nicht gewachsen. Das erworbene Haus entpuppt sich als
vom Schimmel befallene Ruine, die in sich zusammenfällt. Aufgrund seines handwerklichen Ungeschicks gelingt es Leon nicht,
den Verfall aufzuhalten. Seine Frau distanziert sich zunehmend
von ihm und wendet sich dem Hund Noah zu; ein Hexenschuß
macht Leon bewegungsunfähig, und sein Auftraggeber Pfitzner
zeigt sich alsbald unzufrieden mit Leons sozial engagierten literarischen Bemühungen und entzieht ihm seine Gunst – zumal
Dichter in seinen Augen ohnehin eine abnorme Spezies darstellen: „Ein Schriftsteller ist einer, der nicht scheißen kann, weil er
den ganzen Tag vor der Schreibmaschine sitzt und sich nicht von
der Stelle rührt. Aber statt daß er nun aufsteht und ein paar Run-
den um den Block dreht, bleibt er sitzen und schreibt darüber,
daß er nicht scheißen kann."

Das skurrile Setting des „Regenromans" wird bereichert
durch Nebenfiguren von großer Originalität: die verhaltensauf-
fälligen Nachbarn Kay und Isadora Schlei, der Tierarzt, der es
satt hat, ständig Kleinvieh zu behandeln, Leons Freund Harry,
der seinen Kampfhund der Elbe anvertraut, oder der Krämer
Guido Kerbel, der sich gerne zurückzieht, um, in Frauenkleidern
gewandet, zu masturbieren. Im kraftvoll in Szene gesetzten
Show-Down des Romans schaffen es die robusten Schlei-Schwe-
stern, Leon und Martina aus den Fängen des Zuhälters zu befrei-
en, und befördern diesen (und Harry) mit Brachialmethoden ins
Jenseits. Leon selbst hat davon wenig: Martina verläßt ihn endgültig, und er tritt in geistiger Verwirrung den Weg ins Moor an,
das ihn langsam aufnimmt: „Er wühlte sich mit Kopf und Händen hinein. Schlamm drang in seinen Mund und seine Nase.

Schlamm füllte seine Gehörgänge und jede Falte seine Körpers. Leon schmatzte und schluckte, füllte seinen Magen mit Schlamm und Dunkelheit. Wie gut es war, Moder unter Moder zu sein. Leon sank zurück in den Schoß seiner wahren Mutter."

Leons Ende verdeutlicht den thematischen Hauptstrang des Buches: Die landschaftliche Weite des Ostens eröffnet einen neuen, ungewöhnlichen Zugang zur Natur, die alles zu verschlingen beginnt. Die Menschen in diesem Roman verlieren ihre Konturen, werden vom Regen hinweggespült, von Unmengen glitschiger Nacktschnecken bedroht und vom Häuserschutt fast begraben; sie versinken im Schlamm und im Moor und sind, wie Martina, froh, sich ins rettende Hamburg flüchten zu können. Auch die nicht dezent gehaltene Erotik des „Regenromans" steht unter solchen Vorzeichen: Leons unkonventionelle Paarung mit der fettleibigen Isadora ist eine Orgie des Sich-Verlierens, während deren der anfänglich angewiderte Mann nach und nach genußvoll in die Fleischmassen seiner Partnerin eintaucht. Und auch Martinas Neigung, sich den leckenden Liebkosungen des Hundes Noah hinzugeben, überspringt die Grenzen bürgerlicher Wohlanständigkeit. Ausscheidungen jeder Art spielen eine wichtige Rolle; den Zusammenhang von Erotik und Untergang verkörpert die unter Bulimie leidende Martina am deutlichsten: Freß- und Kotzanfälle bestimmen ihren Tagesablauf und rühren, so die Erzählerbehauptung, daher, daß Martina sich in der Jugend versündigt habe, als der Vater sie bei Fellatioübungen auf dem Schrottplatz überraschte.

Karen Duves Erstlingsroman wartet, je nach Laune des Interpreten, mit einer Fülle von Symbolen und Konnotationen auf. Ob es der Autorin indes ernst ist mit ihrem Griff in die Trickkiste der abendländischen Deutungsmuster, darf bezweifelt werden. Eine große – und im Kontext anderer Gegenwartsromane seltene – Qualität des Buches liegt darin, mit immensem (Sprach-)Witz ein Feuerwerk urkomischer Szenen abzubrennen. Die Figuren des „Regenromans" sind absonderliche Charaktere, die den Eindruck erwecken, von ihrer Verfasserin zu einer großen Komödie in die ostdeutsche Provinz bestellt worden zu sein.

Wenn der im Moor versinkende Leon räsoniert: „Irgendwann war er geboren worden, und jetzt starb er, und was sich dazwischen ereignet hatte, machte, wenn man es streng betrachtete, nicht viel Sinn", scheint sich darin ein poetischer Kommentar zu verstecken, der den Roman als Farce enttarnt.

Karen Duve ist eine Autorin, die sich wohltuend abhebt von der oft einförmigen Literaturproduktion der neunziger Jahre. In dem Essay „Einige Bücher und Schriftsteller, die mir wichtig waren" (in: Jürgen Jakob Becker/Ulrich Janetzki (Hrsg.): Helden wie wir. Junge Schriftsteller über ihre literarischen Vorbilder) erinnert sie sich an ihre ersten Lebenserfahrungen und betont, daß sie, die lang gediente Taxifahrerin, nie ein intellektuell geprägtes Literaturverständnis hatte: „Daß ich versuchte, Schriftstellerin zu werden, schien mir eine ungeheure Anmaßung zu sein, und alle meine Bekannten teilten diese Zweifel. Einer der drei Philosophie studierenden Taxifahrer setzte sich neben mich ins Taxi und sagte: ‚Du denkst wahrscheinlich, du bist intellektuell. Aber das bist du nicht. Ich glaube, du versuchst bloß, uns nachzumachen.'" Der „Regenroman" lebt davon, permanent mit sogenannten intellektuellen Motiven zu spielen, sich darüber zu mokieren und so eine überraschende Eigenständigkeit zu gewinnen. „Nachgemacht" ist in diesem Buch wenig.

Daniela Strigl

„Die Lebenden leben und die Toten sind tot".
Norbert Gstreins „Die englischen Jahre" (1999)

Bücher über das Exil gibt es viele, dieses ist aus mehreren Gründen merkwürdig – und bemerkenswert. Von Beginn an verwahrt
es sich gegen das vorgegebene Falsche, das Zurechtgereimte, das
Ondit: „Am Anfang stand für mich der Mythos, Hirschfelder,
die Schriftsteller-Ikone, der große Einsame, der Monolith, wie
es hieß, der seit dem Krieg in England ausharrte und an seinem
Meisterwerk schrieb." Gleich der erste Satz macht klar, daß diese Bilder und Zuschreibungen einer genaueren Prüfung nicht
standgehalten haben oder, aus der Perspektive der Lektüre,
nicht standhalten werden: Am Ende wird etwas anderes stehen.
Die Haltung der Ich-Erzählerin ist eine zutiefst skeptische. Immer wieder diagnostiziert sie, bei sich und anderen, Phrasen, Klischees, Kitsch, Geschmäcklerisches. Derjenige, auf dessen strengen Maßstab sie sich beruft, ist aber just derselbe, der ihr den
Mythos Hirschfelder schwärmerisch nahegebracht hat: ihr Ex-
Mann Max, der Schriftsteller, den sie durchaus kritisch sieht. Er
zog seinerzeit mit einer in Wien vorgetragenen Hommage à
Hirschfelder die Pfeile der Kritik auf sich, die ihm vorwarf, er
habe bloß einer Mode gehuldigt, der jüdische Emigrant sei ihm
als Nichtjuden völlig fremd, „er wisse nichts vom Exil und hätte
bei seinen Dorfgeschichten bleiben sollen". Mit dieser selbstiro-
nischen Anspielung, die gleich der Kritik an diesem Roman den
Wind aus den Segeln nehmen soll, verweist Norbert Gstrein auf
ein biographisches Defizit: Der Autor von „Einer" und „An-

derntags", der Tiroler mit dem alpenländischen Namen, tritt gleichsam als Usurpator der (Wiener) Exilgeschichte auf.

Eigenwillig sind auch die beiden Erzählperspektiven des Romans: Es spricht die geschiedene Frau des Schriftstellers, eine Wiener Ärztin, die einen längeren Urlaub zur Recherche in England nützt. In acht symmetrisch angeordneten Kapiteln erzählt sie abwechselnd in der ersten und in der zweiten Person; einmal berichtet sie die Erlebnisse und Ergebnisse ihrer Spurensuche, dann wieder phantasiert sie in konkreten Szenen Hirschfelders Geschichte, wie sie „hätte sein können", wobei die ungewöhnliche Anrede als Du in dem Maß, in dem sie Intimität zwischen der Erzählerin und dem verstorbenen Protagonisten herstellt, auch Distanz zwischen ihr und dem Leser erzeugt.

Das Frappierendste des Buches wird dem Leser aber erst gegen Ende der Lektüre klar: Die Geschichte Hirschfelders, die in den Anrufungen der Erzählerin rekonstruiert wird, ist nicht die Geschichte jenes Mannes, der sich so nannte und dessen Spur sie zu verfolgen glaubte. Die drei (Ex-)Frauen des verblichenen Schriftstellers, die der Besucherin aus Österreich Rede und Antwort stehen, wissen davon nichts. Ein Geheimnis immerhin vertraut seine Witwe Margret ihr an: Ihr Gatte habe vor mehr als fünfzig Jahren einen Mann getötet. Was der Autor mosaikartig zusammensetzt, ist die Geschichte eines Rollentausches. Gabriel Hirschfelder, der Emigrant aus Wien, wird nach Kriegsausbruch wie viele seiner Schicksalsgenossen von den britischen Behörden als „enemy alien" interniert und auf die Isle of Man verbracht. Dort im Lager teilt er sein Zimmer mit einem gewissen Harrasser, einem ‚arischen' Landsmann aus dem Salzkammergut. Aufgrund einer verlorenen Spielwette nimmt Hirschfelder dessen Platz auf der „Arandora Star' ein, die ‚feindliche Ausländer' in das britische „dominion" Kanada deportieren soll und am 2. Juli 1940 vor der irischen Küste von einem deutschen Torpedo versenkt wird – die Hälfte der knapp 1700 Mann an Bord kommt um. Auch Gstreins fiktiver Held Hirschfelder findet in dieser historischen Katastrophe den Tod: Er ist also der Mann, den der vermeintliche Hirschfelder auf dem Gewissen hat.

Von diesem Wechsel der Identitäten her werden die Anspielungen erst verständlich, die den Roman durchziehen. Da heißt es, der alte Hirschfelder habe zwei ehemalige Mithäftlinge als Juden beschimpft, „als wäre er selber keiner". Die bettelarme galizische Heimat seiner Vorfahren habe er so pittoresk ausgemalt, daß es sogar seiner ersten Frau Catherine als peinliche „Folklore" erschien. Ihr sind überhaupt die wenigen und widersprüchlichen Äußerungen über seine Eltern aufgefallen, auch „seine Kälte, und sie habe immer den Eindruck gehabt, er hätte seine Erinnerungen mit ihren ganzen Ungereimtheiten versiegelt ... und übriggeblieben war eine eingefrorene Version". Dann war da der Brief seiner (eben nicht: seiner) ersten Liebe, der Emigrantin Clara, der ihn nach über vier Kriegsjahren erreichte und den er nicht beantwortet hat. Die Erzählerin wundert sich, daß weder Clara noch jener Harrasser in Hirschfelders (in Wirklichkeit: Harrassers) Lager-Tagebuch je vorkommt. Und da ist auch noch das Lieblingsbild des falschen Hirschfelder in der Tate Gallery: William Turners „Snow Storm" stellt ein Schiff in Seenot dar.

Mit dieser fiktiven Enttarnung eines allseits verehrten Exilautors hat Norbert Gstrein eine gesellschaftliche Übereinkunft in Frage gestellt und ein politisches Skandalon geliefert. Am Ende des Jahrhunderts zieht er das Überlebendenpathos unserer Nachkriegszeit in Zweifel: Nicht alles, was schön klingt, ist auch wahr, lautet die Botschaft – gerade auf dem heiklen Terrain der NS-Zeit darf Skepsis kein Sakrileg sein. In der Realität der wissenschaftlichen Welt wurden Paul de Man und Hans-Robert Jauß demaskiert, gab es den SS-Mann Schneider, der als Hans Schwerte zum honorigen Literaturprofessor mutierte. Doch Gstrein setzt keineswegs plakativ auf die einfache Vertauschung der Rollen von Nazi und Flüchtling. Nirgends im Buch ist Harrasser als Nazi überführt. Daß er aus dem Salzkammergut stammt, einer einst berüchtigten braunen Hochburg, mag darauf hindeuten, die Gegend war aber ebenso bei jüdischen Intellektuellen als Sommerfrische höchst beliebt, auch nach dem Krieg. Ganz bewußt hat Norbert Gstrein keinen deutschen, sondern einen österreichischen Roman geschrieben – nicht nur inhaltlich, sondern auch sprachlich, mit einer ungewöhnlich konsequenten Verwendung süddeutscher Lexik („Kasten", „Geriß") und Syntax („ist gestanden"). Der Name Harrasser verrät jedenfalls eine ‚bodenständige' Herkunft – fast genauso, nämlich Harraser, nannte Josef Weinheber 1932 den autobiographischen Helden seines mit dem ‚verjudeten' Literaturbetrieb abrechnenden Romans „Gold außer Kurs".

Bei Gstrein besteht Harrassers eigentliche Schuld in einem Verrat: Er hat es nicht gewagt, ein jüdisches Mädchen zu beschützen, das seine Eltern in ihrem Gasthaus gegen Bezahlung versteckt hielten. Die Erzählerin erklärt Harrassers Ausharren in England auch mit seinem schlechten Gewissen. Seine existentielle Anmaßung, das Sich-feiern-Lassen für ein nicht erlittenes Schicksal, findet sie zwar geschmacklos, keineswegs jedoch erscheint er als Bösewicht. Die Dinge sind noch sogar komplizierter, gibt sich doch der falsche Hirschfelder, wenn er nach 1945 in seine Heimat fährt, als gebürtiger Engländer namens Smith aus, weil er es dort sonst nicht aushalten könne, während der echte Hirschfelder strenggenommen gar kein Jude, sondern ‚Halbjude' ist, Frucht eines vorehelichen Fehltritts seiner Mutter, und ausgerechnet einen Nazi (aus dem Salzkammergut!) zum Vater hat. Genüßlich und souverän treibt Gstrein sein Spiel mit Brüchen und Brechungen, stellt er scheinbar Unumstößliches immer wieder auf den Kopf. Daß die Kategorien von Opfern und Tätern, Verfolgern und Verfolgten – im Namen Hirschfelder steckt das gehetzte Wild – stets aufs neue durcheinandergeraten, illustriert der Roman am brisanten Beispiel der britischen Internierungspolitik, die dazu führte, daß Flüchtlinge in ihrem Refugium als Spione verdächtigt, gemeinsam mit ihren Todfeinden, den Nazis, in Lager gesperrt und auf hoher See der Vernichtung durch das Deutsche Reich preisgegeben wurden. Auf der Isle of Man interniert war zum Beispiel der österreichische Dichter Theodor Kramer, der wie Hirschfelder später eine Stelle als Bibliothekar fand.

Gstrein verschränkt Hirschfelders Festnahme in England in einer Rückblende kühn mit der Festnahme des Ziehvaters durch

die Nazis. Er provoziert auch, wenn er in seinen Figuren das Phänomen der deutschnationalen Juden zur Sprache bringt, die Arroganz der Assimilierten gegenüber ihren ostjüdischen ‚Brü-
dern', die Scheinheiligkeit eines Exil-Historikers oder die Eitel-
keit der grande dame des Exils, Hilde Spiel, die, leicht durch-
schaubar, als „die Katz" figuriert.

Gstreins Bemühen, der Schwarzweißmalerei mit einer Art
Schattierungswut entgegenzutreten, hat freilich auch eine Tie-
fendimension: Indem er erzählt, kritisiert er die Unzuverlässig-
keit des Erzählens. Wenn die Erzählerin feststellt, daß das Bild
des Gesuchten immer unschärfer wird, je mehr man ihr von ihm
erzählt, ergeht es ihr ganz ähnlich wie der Heldin von Marlene
Streeruwitz' Roman „Nachwelt". Mit der Zusammenfassung,
die er zum Schluß liefert, scheint Gstrein den Leser, dem er so
viel (auch manch falsche Fährte) zugemutet hat, plötzlich zu unterschätzen. Doch die Auflösung verknüpft er brillant mit einer
neuen Verrätselung und Verästelung: Was war dieser Hirsch-
felder/Harrasser eigentlich für ein Autor? Immer deutlicher erscheint er als Max' Seelenverwandter, immer klarer wird so das
investigative Motiv der Erzählerin, die in dem falschen Flüchtling den abhandengekommenen Mann zu verstehen sucht.

Hirschfelder hat seit einem halbbiographischen Erzählband
aus den Fünfzigern nichts veröffentlicht, das angebliche Meisterwerk „Die Lebenden leben und die Toten sind tot", Gerüchten
gemäß eine romanhafte Verflechtung von einundzwanzig Le-
bensläufen einer Wiener Maturaklasse, ist im Nachlaß nicht auffindbar, hat es nie gegeben. Was Hirschfelder wirklich schrieb,
Memoiren unter dem Titel „Die englischen Jahre", hat er ver-
nichtet, weil darin die Wahrheit stand. Und wer schreibt nun
seine Biographie? Angeblich ist es seine ‚mittlere' Ehefrau Ma-
deleine, eine Wiener Journalistin. Aber wie steht es dann mit
dem vorliegenden Buch? Als die Erzählerin Max nach fünf Jahren der Trennung trifft, um ihm vom Sturz seines Abgottes zu
berichten, meint der bloß, sie solle darüber einen Roman verfas-
sen, und als sie das von sich weist, fängt er selbst Feuer: Er würde das Buch aus der Sicht einer Frau schreiben, aber seinen Na-

men ändern, um diesmal der „Wiener Bande" zu entkommen.
Wieder eine Tarnung also, aber alles bleibt offen, denn Max ist
ein „unzuverlässiger Zeitgenosse". Vielleicht ist doch sie es, die
„aus seinem Pappkameraden einen wirklichen Menschen gemacht hat"? Vielleicht ist sie der bessere Autor?

Norbert Gstrein macht sich im empfindlichen Vielredner
und Allesversprecher Max, der wie Hirschfelder den Kult der
Einsamkeit („als gäbe es einen schon nicht mehr") feiert und
seinen Figuren gegenüber merkwürdig unbeteiligt wirkt, mit
großer Gelassenheit über die eigene Rolle als Schriftsteller lustig;
man könnte sogar die Erwähnung eines Ballonunglücks als persönliche Anspielung auf Gstreins wenig akklamierten Roman
„O_2" verstehen. Die Distanz, die er gegenüber seiner Geschichte
wahrt, ist freilich kein Betriebsunfall, er hat sie mit immer neuen
Sperren und Schranken aufwendig hergestellt – ein Spielverder-
ber aus Überzeugung. Dennoch gelingen ihm empathische Au-
genblicke, etwa die grandiose Schilderung des Schiffsunglücks
aus der Sicht des untergehenden Hirschfelder. „Und sie lebten,
da sie ja nicht der Tote waren, ihr Leben weiter", heißt es bei
Robert Frost. Davon handeln „Die englischen Jahre" genauso wie
von den Bildern und Konstruktionen der Überlebenden. Nicht
zuletzt ist Norbert Gstreins Roman ein verstörendes Liebäugeln
mit dem Verschwinden, dem Verschwinden von Manuskripten,
von Photos, von Identitäten, von Gewißheiten und von Menschen, ein Spekulieren mit der Lust des Nichtexistierens: „Die
Sonne kam hervor, und ohne daß du es noch gemerkt hättest,
begann der Meeresspiegel in ihrem Licht zu leuchten."

Martin Hielscher

Zwischen Körper und Politik.
Michael Kumpfmüllers „Hampels Fluchten" (2000)

Der 1961 in München geborene und in Berlin lebende Autor Michael Kumpfmüller hat mit seinem Debütroman „Hampels Fluchten" (2000), der, eingeführt vom Herausgeber Frank Schirrmacher, in der Frankfurter Allgemeinen Zeitung vorabgedruckt wurde, ein Buch vorgelegt, das mit seiner eigenwilligen, unverwechselbaren Sprache und seinem ungewöhnlichen Blick auf die deutsche Geschichte auf Anhieb überzeugen konnte. Der mit einer großen erzählerischen Raffinesse komponierte Roman erregte erhebliches Aufsehen, wurde nicht nur in den Feuilletons zu einem nationalen Diskussionsthema und wird in viele Sprachen übersetzt. Was ist das Ungewöhnliche an „Hampels Fluchten"?

Michael Kumpfmüller erzählt eine ungewöhnliche Lebensgeschichte, die Geschichte seines Heinrich Hampel, der am 25. August 1931 geboren wird und am 25. September 1988 stirbt, und er erzählt sie auf eine ungewöhnliche Weise. Der Roman setzt damit ein, daß Heinrich Hampel, Bettenhändler aus Regensburg, aber ursprünglich aus Jena stammend, im Jahre 1962 die Grenze der Bundesrepublik in Richtung DDR überschreitet, ein unerhörter Vorgang. Hampel verläßt die Bundesrepublik aber nicht, weil er sich von dem anderen politischen System angezogen fühlt, sondern weil er Bankrott gemacht hat, sein Bettengeschäft ist ruiniert, aber auch sein Privatleben. Der begnadete Bettenverkäufer Hampel ist vor allem ein großer Verführer, ein Liebhaber der Mädchen und Frauen, ein Verehrer der weiblichen Natur in all ihren Varianten, dabei kein Zyniker, kein

böser Mensch, der sich daran weidet, eine Unschuld zu korrum-
pieren. Eher ist er selbst, so verantwortungslos und schlitzohrig
er bisweilen handeln mag, ein ewig schuldig-unschuldiger Held,
ein Taugenichts, ein Träumer, ein Simplicissimus, der nie den
Abgesang auf die Welt singen wird.

Als Heinrich Hampel 1962 in die DDR geht, wo er am Ende
elend sterben wird und trotzdem zu hoffen nie aufhört, läßt er
Frau und Kinder und eine Geliebte zurück, der er eine Wohnung
gekauft hat, ein Kind ist ihm gestorben, und er hat schon ein be-
wegtes Leben hinter sich. Geboren und aufgewachsen im Dritten Reich, mit der Familie nach 1945 in die Sowjetunion deportiert, um – sie haben bei Schott, der berühmten Glasfabrik in
Jena gearbeitet – beim Wiederaufbau einer zerstörten Glasfabrik
zu helfen, zurückgekehrt in die stalinistisch geprägte DDR, in
den Westen geflohen und glücklos in Südafrika gewesen, hat
Heinrich schon vieles gesehen und überlebt, bei der Russin Ljus-
ja die Liebe gelernt, bei der deutschen Stalinistin Dora den Versuch unternommen, die Lektionen der Liebe und des Körpers
mit denen der ideologischen Lehrmeister zu verknüpfen, denn
Dora erlaubt ihm nur die Erkundung ihres Körpers, wenn er zu
jedem Körperteil und jeder Liebes-Praxis die Biographie einer
der sozialistischen Ikonen herunterbeten kann, manchmal auch
die der verfemten. Aber mit Dora klappt es nicht, weder politisch noch sexuell, und so verhilft sie ihm, übrigens eine Betten-
verkäuferin, hellsichtig zur Flucht in den Westen.

Das Dora-Kapitel ist ein erzählerisches Glanzstück dieses reichen Romans, der die Sowjetunion der Nachkriegszeit ebenso
atmosphärisch zu fassen vermag wie das Deutschland der fünfziger und sechziger Jahre, die DDR und Südafrika. Das Dora-
Kapitel ist aber auch ein Schlüssel zum Verständnis des Romans,
der auf ganz merkwürdige Art deutsche Geschichte zwischen
West und Ost, zwischen den ideologischen Blöcken und dem
davon mehr oder weniger geprägten Alltags-, Familien-, Ar-
beits- und Liebesleben erzählt, als Geschichte eines begabten,
aber schwachen Mannes, der alles Wesentliche nur im Bett, am
eigenen und vor allem am fremden Leib erfährt.

Denn was Heinrich mit Dora hätte glücken können, ist vom Kleinen ins Große gewendet, die Verbindung zwischen dem privaten und dem gesellschaftlichen Glück, zwischen Körper und Politik – und davon, wie und warum das mißglückt, handelt unter anderem dieser Roman.

Heinrich Hampel ist eine der halb schelmisch, halb unglücklich handelnden Figuren aus dem reichen Taugenichts-Arsenal der deutschen Literatur und – mit diesem deutschesten aller Vornamen – ein Nachfahre wohl eher des Grünen Heinrich und des Heinrich von Ofterdingen als der eines Faust, und er ist ein „niederer" Held, ein „Zuschauer der Geschichte", wie der Autor sagt, der mit diesem Roman auch zeigt, wie man die Geschichte des zwanzigsten Jahrhunderts als „Geschichte von unten" erzählen kann.

Aber das Dora-Kapitel zeigt noch mehr, es ist nämlich voller Komik, wenn Dora die sexuellen Komplikationen mit Heinrich als „Systemproblem" erlebt und meint, Heinrich passe wohl eher nach Rußland (wegen seiner Größe) oder auch in den Westen, oder wenn Trotzki zum Synonym für eine von Dora bevorzugte sexuelle Praktik wird.

„Hampels Fluchten" ist nicht nur im einzelnen und in vielen Episoden voller Komik und Ironie, der Roman ist es auch in seiner Faktur. Mit seinen dreizehn Kapiteln, die jeweils aus dreizehn Abschnitten bestehen – und dem entsprechen dreizehn Frauengeschichten –, beschreibt er die Figur einer Parabel: „Seine Linie", so Erhard Schütz in seiner Rezension des Romans, „beginnt im Wendepunkt vom Westen nach Osten, in dem Vergangenheit und Zukunft in der Gegenwart noch dicht beieinander liegen. Dann schreitet er in der einen Richtung der Linie immer weiter auf die Gegenwart, Heinrichs Zukunft fort, auf der anderen, im jeweils nächsten Kapitel, führt er immer weiter in die Vergangenheit zurück – bis am Ende – am weitesten voneinander entfernt und zugleich auf einer Höhe – das Ende und der Anfang von 1945 stehen, parallel zu Heinrichs körperlicher und geistiger Auflösung im Zeitpunkt der nahenden Auflösung der DDR."

„Alles hat sich am Ende gelohnt", steht auf dem Stein für die Toten der Jahre 1985 bis 1988 auf dem Nordfriedhof in Jena, wo Heinrich beerdigt wird, der in der DDR so weitergemacht hat wie im Westen, mit den Frauen, den krummen Geschäften, den Schulden, und für den es sich nicht gelohnt hat. Er ist ein Sorgenkind des Lebens geblieben und schlimm gescheitert und will, „dumm", uneinsichtig, wie er ist, noch kurz vorm Ende noch einmal ganz vor vorne wieder anfangen. Die letzten Zeilen des Romans geben ein Gespräch zwischen Vater und Tochter wieder (die Familie ist Heinrich in die DDR gefolgt, aber zerbricht endgültig dort): „Man müßte noch einmal von vorne anfangen können, sagte sie.

Ja, fangen wir noch einmal von vorne an.

Am besten gleich morgen, sagte sie.

Ja, morgen wäre ihm eigentlich ganz recht."

Daß Kumpfmüllers armer Heinrich mehr über das Glück begreift als alle anderen in dieser Geschichte und es nicht festhalten kann, daß er kurz vor dem Zusammenbruch der DDR, wo er dreimal im Gefängnis gelandet ist, stirbt und unter anderen Umständen durchaus hätte gerettet werden können, daß die am meisten geliebten – nicht nur begehrten – Frauen die wenigen sind, die er nicht bekommt, daß sein treuester Freund sein Führungsoffizier bei der Stasi ist, der ihn in den Dienst gepreßt hat, das alles macht diesen großen Roman zu einer traurigen, manchmal tragischen Geschichte, aber auch zu einer exemplarischen. Und in all diesen schwachen Helden, die weniger Geschichte machen als sie erleiden, lebt, wie in Franz Biberkopf und Oskar Matzerath, dem Untergang zum Trotz auch ein plebejischer Wille zum Weitermachen fort, und morgen ist es ihnen eigentlich auch ganz recht.

Michael Kumpfmüller, der in Tübingen, Wien und Berlin Geschichte und Germanistik studiert hat, hat über Stalingrad in der deutschen Literatur promoviert und unter anderem als Journalist preisgekrönte Reportagen für das FAZ-Magazin, die Süddeutsche Zeitung, die Zeit, NZZ Folio geschrieben sowie für das Fernsehen produziert. Er lebt mit seiner Frau, ebenfalls einer

Journalistin, und zwei Söhnen in Berlin. Mit „Hampels Fluchten" hat er sich auf Anhieb in die deutsche Gegenwartsliteratur eingeschrieben.

Bibliographische Hinweise (Auswahl)

Behrens, Katja (geb. 1942)
Die weiße Frau. Erzählungen. Frankfurt a. M. 1978
Die dreizehnte Fee. Roman. Düsseldorf 1983
Im Wasser tanzen. Ein Erzählzyklus. Frankfurt a. M. 1990
Salomo und die anderen. Jüdische Geschichten. Frankfurt a. M.
1993
Die Vagantin. Roman. Frankfurt a. M. 1997

Berg, Sibylle (geb. 1962)
Ein paar Leute suchen das Glück und lachen sich tot. Roman. Leip-
zig 1997
Sex II. Roman. Leipzig 1998
Amerika. Roman. Hamburg 1999
Gold. Hamburg 2000
Das Unerfreuliche zuerst. Herrengeschichten. Köln 2001

Bessing, Joachim (geb. 1971)
Tristesse Royale. Das popkulturelle Quintett mit Joachim Bessing,
Christian Kracht, Eckhart Nickel, Alexander v. Schönburg und
Benjamin v. Stuckrad-Barre. Berlin 1999
Wir-Maschine. Roman. Stuttgart 2001

Beyer, Marcel (geb. 1965)
Das Menschenfleisch. Roman. Frankfurt a. M. 1991
Flughunde. Roman. Frankfurt a. M. 1995
Falsches Futter. Gedichte. Frankfurt a. M. 1997
Spione. Roman. Köln 2000

Böldl, Klaus (geb. 1964)
Studie in Kristallbildung. Roman. Frankfurt a. M. 1997
Südlich von Abisko. Erzählung. Frankfurt a. M. 2000

Brussig, Thomas (geb. 1965)
Helden wie wir. Roman. Berlin 1995
Am kürzeren Ende der Sonnenallee. Berlin 1999
Wasserfarben. Roman. Berlin 2001 (erstmals 1991 unter dem
    Pseudonym Cordt Berneburger veröffentlicht)
Leben bis Männer. Frankfurt a. M. 2001

Düffel, John von (geb. 1966)
Oi. Stück. Gifkendorf 1995
Solingen. Gifkendorf 1995
Missing Müller. Stück. Gifkendorf 1997
Die Unbekannte mit dem Fön. Gifkendorf 1997
Vom Wasser. Roman. Köln 1998
Born in the RAF. Lebensbeichte eines Terroristenkindes. Stück.
    Gifkendorf 1999
Rinderwahnsinn. Stück. Gifkendorf 1999
Zeit des Verschwindens. Roman. Köln 2000
Ego. Roman. Köln 2001

Duve, Karen (geb. 1961)
Im tiefen Schnee ein stilles Heim. Erzählung. Hamburg 1995
Regenroman. Frankfurt a. M. 1999
Keine Ahnung. Erzählungen. Frankfurt a. M. 1999

Franck, Julia (geb. 1970)
Der neue Koch. Roman. Zürich 1997
Liebediener. Roman. Köln 1999
Bauchlandung. Geschichten zum Anfassen. Köln 2000

Genzmer, Herbert (geb. 1952)
Cockroach Hotel. Angst und bange Geschichten. Frankfurt a. M.
    1986
Manhattan Bridge. Frankfurt a. M. 1987
Freitagabend. Frankfurt a. M. 1988
Die Einsamkeit des Zauberers. Roman. Frankfurt a. M. 1991
Das Amulett. Roman. Frankfurt a. M. 1993
Letzte Blicke, flüchtige Details. Roman. Frankfurt a. M. 1995

Goetz, Rainald (geb. 1954)
Irre. Roman. Frankfurt a. M. 1983

Krieg. Stücke. Frankfurt a. M. 1986
Hirn. Schriftzugabe. Frankfurt a. M. 1986
Kontrolliert. Geschichte. Frankfurt a. M. 1988
Festung. Stücke. Frankfurt a. M. 1993
1989. Material. Frankfurt a. M. 1993
Kronos. Berichte. Frankfurt a. M. 1993
Rave. Erzählung. Frankfurt a. M. 1998
Jeff Koons. Stück. Frankfurt a. M. 1998
Celebration. Bilder und Texte zur Nacht. Frankfurt a. M. 1999
Abfall für alle. Roman eines Jahres. Frankfurt a. M. 1999
Dekonspiratione. Erzählung. Frankfurt a. M. 2000

Gruenter, Undine (geb. 1952)
Ein Bild der Unruhe. Roman. München 1986
Nachtblind. Erzählungen. München 1989
Das gläserne Café. Erzählungen. Düsseldorf 1991
Vertreibung aus dem Labyrinth. Roman. München 1992
Epiphanien, abgeblendet. 56 Prosastücke. Frankfurt a. M. 1993
Der Autor als Souffleur. Journal 1986-1992. Frankfurt a. M. 1995
Das Versteck des Minotaurus. München 2001

Gstrein, Norbert (geb. 1961)
Einer. Erzählung. Frankfurt a. M. 1988
Anderntags. Erzählung. Frankfurt a. M. 1989
Das Register. Roman. Frankfurt a. M. 1992
O_2. Novelle. Frankfurt a. M. 1993
Der Kommerzialrat. Bericht. Frankfurt a. M. 1995
Die englischen Jahre. Roman. Frankfurt a. M. 1999
Selbstportrait mit einer Toten. Frankfurt a. M. 2000

Hahn, Ulla (geb. 1946)
Herz über Kopf. Gedichte. Stuttgart 1981
Spielende. Gedichte. Stuttgart 1983
Freudenfeuer. Gedichte. Stuttgart 1985
Unerhörte Nähe. Gedichte. Stuttgart 1988
Ein Mann im Haus. Roman. Stuttgart 1991
Liebesgedichte. Stuttgart 1993
Epikurs Garten. Gedichte. Stuttgart 1995
Galileo und zwei Frauen. Neue Gedichte. Stuttgart 1997
Das verborgene Wort. Stuttgart 2001

Haslinger, Josef (geb. 1955)
Der Konviktstatus und andere Erzählungen. München 1980
Der Tod des Kleinhäuslers Ignaz Hajek. Novelle. Darmstadt 1985
Politik der Gefühle. Ein Essay über Österreich. Berlin 1987
Wozu brauchen wir Atlantis. Essay. Wien 1990
Opernball. Roman. Frankfurt a. M. 1995
Hausdurchsuchung im Elfenbeinturm. Essay. Frankfurt a. M. 1996
Das Vaterspiel. Roman. Frankfurt a. M. 2000
Klasse Burschen. Essays. Frankfurt a. M. 2001

Hettche, Thomas (geb. 1964)
Ludwig muß sterben. Roman. Frankfurt a. M. 1989
Inkubation. Frankfurt a. M. 1992
Nox. Roman. Frankfurt a. M. 1995
Animationen. Köln 1999
Null. Literatur im Netz (Hrsg. mit Jana Hensel). Köln 2000
Der Fall Arbogast. Roman. Köln 2001

Hürlimann, Thomas (geb. 1950)
Die Tessinerin. Eine Erzählung. Zürich 1981
Die Glasfrau und andere merkwürdige Geschichten. Zürich 1985
Das Gartenhaus. Novelle. Zürich 1989
Der letzte Gast. Komödie. Zürich 1990
Innerschweizer Trilogie. De Franzos in Ybrig/Dämmerschoppen/
  Claus Lymbacher. Zürich 1991
Die Satellienstadt. Geschichten. Zürich 1992
Das Holztheater. Geschichten und Gedanken vom Rand. Zürich
  1997
Der große Kater. Roman. Zürich 1998
Das Einsiedler Welttheater. Zürich 2000
Fräulein Stark. Novelle. Zürich 2001

Jelinek, Elfriede (geb. 1946)
Wir sind Lockvögel, Baby! Roman. Reinbek 1970
Die Liebhaberinnen. Roman. Reinbek 1975
Die Ausgesperrten. Roman. Reinbek 1980
Die Klavierspielerin. Roman. Reinbek 1983
Oh Wildnis, oh Schutz vor ihr. Prosa. Reinbek 1985
Lust. Roman. Reinbek 1989

Theaterstücke. Reinbek 1992
Die Kinder der Toten. Roman. Reinbek 1995
Ein Sportstück. Reinbek 1998
Gier. Ein Unterhaltungsroman. Reinbek 2000
Das Lebewohl. 3 kl. Dramen. Berlin 2000

Jenny, Zoe (geb. 1974)
Das Blütenstaubzimmer. Roman. Frankfurt a. M. 1997
Der Ruf des Muschelhorns. Roman. Frankfurt a. M. 2000

Kelling, Gerhard (geb. 1942)
Beckersons Buch. Roman. Frankfurt a. M. 1999

Klein, Georg (geb. 1953)
Libidissi. Roman. Berlin 1998
Anrufung des Blinden Fisches. Berlin 1999
Barbar Rosa. Roman. Berlin 2001

Koch, Roland (geb. 1959)
Die tägliche Eroberung. Roman. Köln 1991
Helle Nächte. Erzählungen 1995
Das braune Mädchen. Roman. Köln 1998
Paare. Roman. Köln 2000

Kracht, Christian (geb. 1966)
Faserland. Roman. Köln 1995
Ferien für immer. Die angenehmsten Orte der Welt (mit Eckhart
   Nickel). Köln 1998
Mesopotamia. Ernste Geschichten am Ende des Jahrtausends
   (Hrsg.). Stuttgart 1999
Der gelbe Bleistift. Köln 2000
1979. Roman. Köln 2001

Krausser, Helmut (geb. 1964)
Könige über dem Ozean. Roman. München 1989
Spielgeld. Erzählungen & andere Prosa. Gauting 1990
Fette Welt. Roman. München 1992
Melodien. Roman. München 1993
Die Zerstörung der mitteleuropäischen Städte. Erzählungen. Mün-
   chen 1994

Mai. Juni. Tagebücher. Reinbek 1995
Thanatos. Roman. München 1996
Der große Bagarozy. Roman. Reinbek 1997
Juli. August. September. Tagebücher. Reinbek 1998
Schweine und Elefanten. Roman. Reinbek 1999
Gedichte '79–'99. München 1999
Oktober. November. Dezember. Tagebücher. Reinbek 2000
Schmerznovelle. Reinbek 2001

Kumpfmüller, Michael (geb. 1961)
Hampels Fluchten. Roman. Köln 2000

Lehr, Thomas (geb. 1957)
Zweiwasser oder Die Bibliothek der Gnade. Roman. Berlin 1992
Die Erhörung. Roman. Berlin 1995
Nabokovs Katze. Roman. Berlin 1999
Frühling. Novelle. Berlin 2001

Maron, Monika (geb. 1941)
Flugasche. Roman. Frankfurt a. M. 1981
Das Mißverständnis. Vier Erzählungen und ein Stück. Frankfurt
      a. M. 1982
Die Überläuferin. Roman. Frankfurt a. M. 1986
Trotzdem herzliche Grüße. Ein deutsch-deutscher Briefwechsel
      (mit Joseph von Westphalen). Frankfurt a. M. 1988
Stille Zeile Sechs. Roman. Frankfurt a. M. 1991
Nach Maßgabe meiner Begreifungskraft. Artikel und Essays.
      Frankfurt a. M. 1993
Animal triste. Roman. Frankfurt a. M. 1996
Pawels Briefe. Eine Familiengeschichte. Frankfurt a. M. 1999
Quer über die Gleise. Essays, Artikel, Zwischenrufe. Frankfurt a.
      M. 2000
Herr Aurich. Erzählung. Frankfurt a. M. 2001

Meinecke, Thomas (geb. 1955)
Mit der Kirche ums Dorf. Kurzgeschichten. Frankfurt a. M. 1986
Holz. Erzählung. Köln 1988
The Church of John F. Kennedy. Roman. Frankfurt a. M. 1996
Mode & Verzweiflung. Frankfurt a. M. 1998

Tomboy. Roman Frankfurt a. M. 1998
Hellblau. Roman. Frankfurt a. M. 2001

Neumeister, Andreas (geb. 1959)
Äpfel vom Baum im Kies. Roman. Frankfurt a. M. 1988
Salz im Blut. Roman. Frankfurt a. M. 1990
Ausdeutschen. Frankfurt a. M. 1994
Poetry. Slam. Texte der Pop-Fraktion (Hrsg. mit Marcel Hartges).
  Reinbek 1996
Gut laut. Roman. Frankfurt a. M. 1998

Rabinovici, Doron (geb. 1961)
Papirnik, Stories. Frankfurt a. M. 1994
Suche nach M. Roman. Frankfurt a. M. 1997
Credo und Credit. Einmischungen. Frankfurt a. M. 2001

Ransmayr, Christoph (geb. 1954)
Strahlender Untergang. Wien 1982
Die Schrecken des Eises und der Finsternis. Roman. Wien 1984
Die letzte Welt. Roman. Nördlingen 1988
Morbus Kitahara. Roman. Frankfurt a. M. 1995
Der Weg nach Surabaya. Reportagen und kleine Prosa. Frankfurt
  a. M. 1997
Die dritte Luft. oder Eine Bühne am Meer. Frankfurt a. M. 1997
Die Unsichtbare. Tirade an drei Stränden. Frankfurt a. M. 2001

Schlink, Bernhard (geb. 1944)
Selbs Justiz. Roman (mit Walter Popp). Zürich 1987
Die gordische Schleife. Roman. Zürich 1988
Selbs Betrug. Roman. Zürich 1992
Der Vorleser. Roman. Zürich 1995
Liebesfluchten. Geschichten. Zürich 2000
Selbs Mord. Roman. Zürich 2001

Schneider, Robert (geb. 1961)
Schlafes Bruder. Roman. Leipzig 1992
Dreck. Theaterstück. Leipzig 1993
Die Luftgängerin. Roman. München 1998
Die Unberührten. Roman. München 2000

Sebald, Winfried Georg (geb. 1944)
Nach der Natur. Ein Elementargedicht. Frankfurt a. M. 1988
Schwindel. Gefühle. Frankfurt a. M. 1990
Die Ausgewanderten. Vier Erzählungen. Frankfurt a. M. 1993
Die Ringe des Saturn. Eine englische Wallfahrt. Frankfurt a. M.
1995
Luftkrieg und Literatur. Mit einem Essay über Alfred Andersch.
München 1999
Austerlitz. München 2001

Streeruwitz, Marlene (geb. 1950)
Tolmezzo. Eine symphonische Dichtung. Frankfurt a. M. 1994
Verführungen. 3. Folge. Frauenjahre. Roman. Frankfurt a. M.
1996
Lisa's Liebe. Roman in drei Folgen. Frankfurt a. M. 1997
Können. Mögen. Dürfen. Sollen. Wollen. Müssen. Lassen. Frank-
furter Poetikvorlesungen. Frankfurt a. M. 1998
Nachwelt. Ein Reisebericht. Frankfurt a. M. 1999
Waikiki-Beach. Und andere Orte. Die Theaterstücke. Frankfurt a.
M. 1999
Majakowskiring. Erzählung. Frankfurt a. M. 2000
Dauerkleingartenverein „Frohsinn". A Gothic SF-Novel. Frank-
furt a. M. 2000

Süskind, Patrick (geb. 1949)
Der Kontrabaß. Stück. Zürich 1984
Das Parfum. Die Geschichte eines Mörders. Zürich 1985
Die Taube. Erzählung. Zürich 1987
Die Geschichte von Herrn Sommer. Zürich 1991

Stuckrad-Barre, Benjamin von (geb. 1975)
Soloalbum. Roman. Köln 1998
Livealbum. Erzählung. Köln 1999
Remix. Texte 96-99. Köln 1999
Blackbox. Köln 2000

Treichel, Hans-Ulrich (geb. 1952)
Liebe Not. Gedichte. Frankfurt a. M. 1986
Seit Tagen kein Wunder. Gedichte. Frankfurt a. M. 1990
Von Leib und Seele. Berichte. Frankfurt a. M. 1992

Der einzige Gast. Gedichte. Frankfurt a. M. 1994
Heimatkunde oder Alles ist heiter und edel. Besichtigungen.
Frankfurt a. M. 1996
Der Verlorene. Roman. Frankfurt a. M. 1998
Tristanakkord. Roman. Frankfurt a. M. 2000

Weber, Peter (geb. 1968)
Der Wettermacher. Roman. Frankfurt a. M. 1993
Silber und Salbader. Roman. Frankfurt a. M. 1999

Woelk, Ulrich (geb. 1960)
Freigang. Roman. Frankfurt a. M. 1990
Rückspiel. Roman. Frankfurt a. M. 1993
Tod Liebe Verklärung. Theaterstück. Frankfurt a. M. 1993
Amerikanische Reise. Roman. Frankfurt a. M. 1996
Liebespaare. Roman. Hamburg 2001

Namenregister